Thomas Buergenthal
Ein Glückskind

W0061200

Schriftenreihe   Band 682

Thomas Buergenthal

Ein Glückskind

Wie ein kleiner Junge zwei Ghettos,
Auschwitz und den Todesmarsch überlebte
und ein neues Leben fand

Aus dem Amerikanischen von Susanne Röckel

bpb: Bundeszentrale für politische Bildung

Historische Anmerkungen:
Marion Neiss, Zentrum für Antisemitismusforschung
der Technischen Universität Berlin.

Sämtliche Abbildungen stammen aus dem Privatbesitz
Thomas Buergenthals.

Bonn 2007
Lizenzausgabe für die Bundeszentrale für politische Bildung
Adenauerallee 86, 53113 Bonn

© Für die deutsche Ausgabe: S. Fischer Verlag GmbH,
Frankfurt am Main

Umschlaggestaltung: Michael Rechl, Kassel
Umschlagfoto: © Thomas Buergenthal
Karte: Peter Palm, Berlin
Satz: Pinkuin Satz und Datentechnik, Berlin
Druck und Bindung: GGP Media GmbH, Pößneck

ISBN 978-3-89331-843-8

www.bpb.de

Im Andenken meiner Eltern Mundek und Gerda Buergenthal,
deren Liebe, Charakterstärke und Integrität
dieses Buch inspiriert haben

Inhalt

Vorwort

Dieses Buch hätte wahrscheinlich schon vor vielen Jahren geschrieben werden sollen, als mir die Ereignisse, die ich beschreibe, noch frisch im Gedächtnis waren. Doch mein anderes Leben ist dazwischengekommen – das Leben, das ich seit meiner Ankunft in den Vereinigten Staaten 1951 führe; ein Leben, angefüllt mit erzieherischen, beruflichen und familiären Verantwortlichkeiten, das wenig Zeit für die Vergangenheit gelassen hat. Es kann auch sein, dass ich, ohne mir darüber bewusst zu werden, den Abstand von über einem halben Jahrhundert brauchte, um mein früheres Leben aufzuschreiben, weil dieser Abstand mir erlaubte, auf eine objektivere Weise zu erzählen, ohne allzu sehr auf Details einzugehen, die für meine Geschichte nicht wirklich wesentlich sind. Es ist für mich trotzdem wichtig, sie zu erzählen, denn ihre Wirkung auf den Menschen, der ich geworden bin, hält an.

Natürlich wusste ich immer, dass ich meine Geschichte eines Tages erzählen würde. Ich musste sie meinen Kindern und dann meinen Enkeln erzählen. Ich bin davon überzeugt, dass es für sie wichtig ist zu wissen, wie es war, während des Holocaust Kind zu sein und die Konzentrationslager zu überleben. Meine Kinder hatten Bruchstücke meiner Geschichte zu Hause am Esstisch und bei Familientreffen gehört, aber es war nie die ganze Geschichte. Schließlich ist es nichts, was sich eignet, bei solchen Gelegenheiten erzählt zu werden. Doch es ist eine Geschichte, die erzählt und weitergegeben werden muss, besonders in einer Familie, die während des Holocaust praktisch ausgelöscht wurde. Nur so kann die Verbindung zwischen Vergangenheit und Zukunft für unsere Familie wiederhergestellt werden. Zum Beispiel gelang es mir nie wirklich, meinen Kindern genau und ausführlich zu schildern, wie meine Eltern sich während des Krieges verhielten und welche Charakterstärke sie an den Tag legten, zu einer Zeit, in der andere unter ähnlichen Umständen ihren moralischen Kompass verloren. Die Geschichte ihrer Tapferkeit und Integrität bereichert die Geschichte unserer Familie, und sie darf nicht mit mir begraben werden.

Ich hatte auch den Wunsch, meine Geschichte einem größeren Publikum zu präsentieren. Nicht weil ich glaubte, dass mein frühes Leben im größeren Maßstab der Dinge besonders bemerkenswert gewesen wäre, sondern weil ich seit langem die Meinung hege, dass der Holocaust nicht gänzlich begriffen werden kann, wenn wir ihn nicht mit den Augen derer betrachten, die ihn durchlebten. Den Holocaust zahlenmäßig zu erfassen – sechs Millionen –, wie es gewöhnlich geschieht, ist eine unbeabsichtigte Entmenschlichung der Opfer und trivialisiert die zutiefst menschliche Tragödie, mit der wir es zu tun haben. Die Zahlen verwandeln die Opfer in eine austauschbare Masse namenloser, seelenloser Körper, statt sie als die Individuen sichtbar zu machen, die sie waren. Jeder von uns, der den Holocaust durchlebte, hat eine persönliche Geschichte, die es wert ist, erzählt zu werden, nicht zuletzt deshalb, weil sie der Erfahrung ein menschliches Gesicht verleiht. Wie alle Tragödien brachte der Holocaust seine Helden und Schurken hervor, normale Menschen, die niemals ihre Menschlichkeit verloren, und andere, die, um sich selbst zu retten oder nur wegen eines Stückchen Brots, dabei halfen, ihre Mitmenschen in die Gaskammern zu schicken. Dies ist auch die Geschichte einiger Deutscher, die mitten im Gemetzel ihre Menschlichkeit nicht aufgaben.

Für mich ist die Geschichte jedes einzelnen Überlebenden eine wertvolle Ergänzung der allgemeinen Geschichte des Holocaust. Die Lebensberichte der Individuen vertiefen unser Verständnis jenes katastrophalen Ereignisses, das nicht nur die europäischen Juden als solche vernichtete, sondern auch ihre einzigartige Kultur und ihren Charakter. Deshalb habe ich versucht, meine Geschichte vom Standpunkt des Kindes aus zu erzählen, das ich war und an das ich mich erinnere, nicht aus der Perspektive eines alten Mannes, der über jenes Leben nachdenkt. Meine Geschichte sollte ihren Charakter als ein von der damaligen Zeit geprägtes, persönliches Zeugnis eines kindlichen Überlebenden des Holocaust nicht verlieren.

Dieses Buch enthält meine Erinnerungen an Ereignisse, die über sechs Jahrzehnte zurückliegen. Die Zeit und das Alter spielen dem Gedächtnis so manchen Streich; sicher ist das auch diesen Erinnerungen anzumerken: Namen von Menschen, die erwähnt werden, fehlen oder sind ungenau wiedergegeben; Dinge geraten durcheinander; Ereignisse fanden früher oder später statt als berichtet. Da ich dieses Buch nicht früher schrieb, konnte ich diejenigen, die mit mir in den Lagern waren, nicht mehr befragen und meine Erinnerungen an bestimmte Geschehnisse mit den ihren vergleichen, und das bedaure ich sehr. Natürlich bedaure ich am meisten, dass ich viele Einzelheiten nicht mehr mit meiner Mutter erörtern konnte. Und trotz aller Mühe fand ich es manchmal schwierig, wenn nicht unmöglich – besonders in den ersten zwei Kapiteln des Buches –, klar zwischen den Ereignissen zu unterscheiden, deren Zeuge ich wurde, und anderen, von denen meine Eltern mir erzählten oder von denen ich erfuhr, wenn ich ihren Gesprächen zuhörte. Alles, was ich dazu sagen kann, ist, dass diese Ereignisse mir beim Schreiben deutlich vor Augen standen, so klar wie jede Erfahrung aus erster Hand.

Die Kapitel dieses Buches folgen chronologisch aufeinander, aber die Zeitenfolge der Episoden innerhalb der Kapitel folgt nicht unbedingt dieser Ordnung. Nach so vielen Jahren kann ich mich an einzelne Geschehnisse oft sehr deutlich erinnern, aber ich weiß nicht unbedingt, wann genau sie stattfanden. Für das Kind, das ich war, hatten Datum und Zeit keine Bedeutung. Wenn ich mir heute diese Ära meines Lebens ins Gedächtnis rufe, wird mir klar, dass ich nicht in Begriffen von Tagen, Monaten oder selbst Jahren dachte, wie ich es heute tun würde. Ich wuchs in den Lagern auf, ich kannte kein anderes Leben, und mein einziges Ziel war, am Leben zu bleiben, von einer Stunde auf die andere, von einem Tag auf den anderen. Das war die Verfassung, in der ich mich befand. Ich maß die Zeit einzig in den Kategorien der Stunden, die wir bis zu unserer nächsten Mahlzeit noch zu warten hatten, oder der Tage, die uns blieben, bevor Dr. Mengele höchstwahrscheinlich eine weitere seiner tödlichen Selektionen durchführte. Deshalb hatte ich beispielsweise zu Anfang der Niederschrift dieses Buches keine Ahnung, wann ich 1944 in Auschwitz ankam. Das erfuhr ich erst, als ich die Archive dort zu Rate zog. Aus dem Internet erfuhr ich das Datum meiner Befreiung, das Eintreffen der russischen Armee in Sachsenhausen, und das der Liquidierung des Ghettos von Kielce. Die Recherchen für das Buch beschränkten sich auf solche Dinge; alles andere, was ich erzähle, basiert auf meinen eigenen Erinnerungen.

Hätte ich dieses Buch Mitte der fünfziger Jahre des letzten

14

Jahrhunderts geschrieben, als ich einen ersten Versuch machte, einen Teil meiner Geschichte zu erzählen, und einen Bericht des Todesmarsches von Auschwitz in einer universitären Literaturzeitschrift veröffentlichte, hätten die Ereignisse, die ich in dieser Autobiographie schildere, vielleicht den Anstrich einer größeren Unmittelbarkeit. Zu jener Zeit, unbelastet von der abmildernden Wirkung, die die vergehende Zeit auf das Gedächtnis ausübt, besonders hinsichtlich schmerzlicher Inhalte, konnte ich mich noch deutlich an meine Todesangst erinnern, die Erfahrung des Hungers, das Gefühl von Verlust und Unsicherheit, das mich bei der Trennung von meinen Eltern überwältigte, und meine Reaktionen auf die Gräuel, die ich miterlebte. Die Zeit und das Leben, das ich seit dem Holocaust führte, haben jene Gefühle und Eindrücke gedämpft. Als Autor dieses Buches bedaure ich das, denn sicher wäre der Leser an diesem Teil der Geschichte ebenfalls interessiert. Doch ich bin davon überzeugt, dass ich, hätte ich jene Gefühle und Eindrücke all die Jahre mit mir herumgetragen, kaum ohne tiefgreifende seelische Verwundungen über meine Holocaust-Vergangenheit hinweggekommen wäre. Vielleicht ist es meine Rettung gewesen, dass die Erinnerungen im Lauf der Zeit verblassten.

Meine Erfahrung des Holocaust hatte sehr wesentliche Auswirkungen darauf, wie ich mich als Mensch entwickelte, auf mein Leben als Professor für Völkerrecht, auf Menschenrechte spezialisierter Jurist und internationaler Richter. Vielleicht liegt es auf der Hand, dass meine Vergangenheit mich zu den Menschenrechten und zum Völkerrecht hinzog, ob mir das damals klar war oder nicht. Jedenfalls befähigte sie mich dazu, ein besserer Anwalt der Menschenrechte zu sein, und sei es nur deshalb, weil ich in der Lage war, nicht nur intellektuell, sondern gefühlsmäßig zu verstehen, was es bedeutet, ein Opfer von Menschenrechtsverletzungen zu sein. Ich konnte diese Dinge tief in mir selbst spüren.

Der Leser mag sich fragen, warum dieses Buch mit meiner Ankunft in den USA endet. Ich wählte dieses Ereignis, weil es der natürliche Schlusspunkt der Geschichte war, die ich mit solcher Dringlichkeit zu erzählen wünschte. Es war die Geschichte meines ersten Lebens; mein zweites Leben begann, als mein Schiff am 4. Dezember 1951 in den Hafen von New York einlief.

Von Lubochna nach Polen

Januar 1945. In den offenen Waggons gab es wenig Schutz gegen Kälte, Wind und Schnee, den charakteristischen Erscheinungsformen eines harten osteuropäischen Winters. Auf dem Weg von Auschwitz in Polen zum Konzentrationslager Sachsenhausen in Deutschland durchquerten wir die Tschechoslowakei. Als unser Zug sich einer Brücke näherte, sah ich Leute, die uns von oben zuwinkten, und plötzlich regneten Brotlaibe auf uns herab. Als wir eine weitere Brücke passierten, kamen wieder Brote von oben. Außer Schnee hatte ich nichts gegessen, seit wir, den heranrückenden sowjetischen Truppen nur um wenige Tage voraus, Auschwitz verlassen und nach einem dreitägigen Gewaltmarsch den Zug bestiegen hatten. Das Brot rettete wahrscheinlich nicht nur mir, sondern auch vielen anderen das Leben, die sich mit mir auf diesem Transport befanden. Als Todestransport von Auschwitz sollte er in die Geschichte eingehen.

Es kam mir damals nicht in den Sinn, zwischen den von der Brücke regnenden Broten und der Tschechoslowakei, dem Land meiner Geburt, eine Verbindung herzustellen. Das geschah erst Jahre nach dem Krieg, immer dann, wenn ich eine Geburtsurkunde vorlegen musste. Da ich keine besaß, verlangte man eine eidesstattliche Versicherung von mir, die »auf Treu und Glauben« bestätigte, dass ich am 11. Mai 1934 in Lubochna, Tschechoslowakei, geboren wurde. Wenn ich eines dieser Dokumente unterschrieb, kehrte unweigerlich die Erinnerung an jene Brücken zurück.

Erst nach dem Zusammenbruch des kommunistischen Regimes in der Tschechoslowakei gelang es mir endlich, meine Geburtsurkunde zu bekommen. Sie war die Bestätigung meiner vielen eidesstattlichen Versicherungen, und sie weckte in mir und meiner Frau Peggy den Wunsch, Lubochna zu besuchen; Peggy war neugierig auf meinen Geburtsort, und ich wollte mich jenem Stück Erde auch innerlich wieder nähern, wo ich zum ersten Mal die Augen geöffnet hatte.

Lubochna ist ein kleiner Ferienort in den Bergen der Niederen Tatra in der heutigen Slowakei. Von Bratislava, der Hauptstadt, aus ging die Fahrt kurvenreich einige Stunden an zahlreichen Bächen und Flüssen entlang. Ohne es geplant zu haben, erreichten wir Lubochna im Mai 1991 fast auf den Tag genau siebenundfünfzig Jahre nach dem Tag meiner Geburt. Ein herrlicher, sonniger Tag begrüßte uns, als wir in den kleinen Ort hineinfuhren, der von freundlichen, sanft ansteigenden Bergen umschlossen wird, wie sie für die Niedere Tatra charakteristisch sind, im Gegensatz zu den schrofferen Hängen der Hohen Tatra.

Jetzt verstand ich, warum mein Vater davon geträumt hatte, eines Tages nach Lubochna zurückkehren zu können, und warum auch meine Mutter so gern hier gelebt hatte. Es schien ein so idyllischer Flecken zu sein. Als Peggy und ich den Ort durchwanderten, in der Hoffnung, das Gebäude zu finden, das einst das Hotel meiner Eltern gewesen war, wurde mir bewusst, dass mich bis auf jenes amtliche Stück Papier, in dem der Name Lubochna neben meinem Namen stand, nichts mehr mit dem kleinen Städtchen verband. Das Hotel haben wir nicht gefunden – später erfuhr ich, dass es irgendwann in den sechziger Jahren abgerissen worden war. Wenn mein Besuch mir auch bestätigte, dass Lubochna tatsächlich so schön war, wie meine Eltern erzählt hatten, so musste ich mir nun doch mit großer Traurigkeit eingestehen, dass dieser Ort für meine Familie und mich nicht mehr darstellte als eine historische Fußnote in einer Geschichte, die hier mit der Freude über die Geburt eines Kindes begonnen hatte, bald aber eine ganz andere Wendung nahm.

Kurz vor dem Machtantritt Hitlers im Jahr 1933 war mein Vater, Mundek Buergenthal, aus Deutschland nach Lubochna übergesiedelt. Zusammen mit seinem Freund Erich Godal, einem Karikaturisten und Gegner der Nationalsozialisten, der für eine große Berliner Tageszeitung arbeitete, hatte er beschlossen, ein kleines Hotel in Lubochna zu eröffnen, da Godal dort ein Haus besaß. Die politische Situation in Deutschland wurde für Juden und für Leute, die gegen Hitler und die Ideologie der Nazis waren, von Tag zu Tag gefährlicher. Mein Vater und Godal glaubten aber offenbar, dass die Begeisterung der Deutschen für Hitler in ein paar Jahren abflauen würde und sie dann wieder nach Berlin zurückkehren könnten. Bis dahin, so stellten sie sich vor, wären sie nicht allzu weit von Deutschland weg, könnten dadurch aus nächster Nähe die Ereignisse verfolgen und anderen Freunden, die womöglich gezwungen wären, das Land schnell zu verlassen, für einige Zeit Zuflucht gewähren.

Mein Vater war 1901 in Galizien geboren worden, einem Gebiet in Polen, das vor dem Ersten Weltkrieg zum habsburgischen Österreich-Ungarn gehört hatte. Deutsch und Polnisch waren die Sprachen, die in der Grundschule und auch größtenteils in den weiterführenden Schulen gesprochen wurden. Die Eltern meines Vaters lebten in einem Dorf, das einem reichen polnischen Großgrundbesitzer gehörte. Dessen ausgedehnte Besitzungen wurden von meinem Großvater vä-

Haus Godal
Lubochna · Tatra

STAATSBAD LUBOCHNA, das slowaki[...]
Karlsbad, liegt 600 m hoch traumhaft schö[...]
den dichten Gebirgswäldern der Tatra, umge[...]
von einem romantischen Kranz 12–1500 m h[...]
Berge. Man erreicht Lubochna in elf
stündiger D=Zug=Faht ab Berlin über
Breslau = Oderberg (Bohumin). Ab
15. Mai ist es D=Zug=Station. Lu=
bochna gehört noch nicht zu den Kur=
orten, in denen sich der lärmende Betrieb
der Großstadt fortsetzt. Alles ist zu
absoluter Erho=
lung geschaffen:
die herrliche Ge=
birgs=Waldluft,
das milde Klima,
die tiefe Ruhe
des   Gebirgs=
tales.

Zwischen Kur=
haus und Post, völlig zentral liegt das H[...]
GODAL in einem herrlichen 12000 qm gr[...]
Garten. Es ist ein Landhaus mit 18 Zim[...]
Alle Fremdenzimmer sind mit ganz mode[...]

»Villa Godal«, das Hotel der Familie Buergenthal in Lubochn[...]

niedrigen farbigen Lackmöbeln eingerichtet, jedes Zimmer hat fließendes warmes und kaltes Wasser. — Die Mahlzeiten werden auf der 22 m langen Glasveranda eingenommen, die dem Gebirge zu=

gewandt liegt. — Der Garten hat Liegewiesen, für jeden Gast ist ein Liegestuhl vorgesehen.

Besonderer Wert ist auf die Ver= pflegung gelegt, die absolut erst= klassig ist und nach deutsch=böhmischer Art zubereitet wird. Der Speisezettel eines Tages sieht ungefähr so aus:

Frühstück: 2 Eier oder Aufschnitt ‹ Butter, Konfitüren, Gebäck, Kaffee, Tee oder Kakao nach Wahl.

Mittag: Suppe od. Pastete, 1 Fleischgang mit Ge= müse, Früchte od. Kompott, Süßspeise, Mokka.

Abends: 1 warmer Fleischgang, Käseplatte oder Früchte.

(Abbildungen aus dem Hotelprospekt).

terlicherseits verwaltet – für einen Juden in dieser Zeit und in diesem Teil der Welt eine durchaus ungewöhnliche Beschäftigung. Der polnische Grundbesitzer war in der österreichischen Armee der Kommandeur meines Großvaters gewesen, und nach dem Ende des aktiven Militärdienstes, als beide wieder ins Privatleben zurückkehrten, hatte er ihn in seine Dienste genommen. Nach und nach wurde mein Großvater der Verwalter all seiner vielen Höfe und Ländereien.

Die nächste höhere Schule, die mein Vater besuchen konnte, befand sich in einer ziemlich weit entfernten Stadt. In unserer Familie erzählte man sich gern, dass mein Vater, um zu dieser Schule zu gelangen, eine Zeit lang bei einem Bahnwärter einquartiert wurde, der einen Bahnübergang ganz in der Nähe dieser Stadt überwachte. Da es dort in der Umgebung keinen Bahnhof gab, veranlasste der Bahnwärter morgens und nachmittags den Lokführer mit seiner Fahne, langsamer zu fahren, damit mein Vater auf- beziehungsweise abspringen konnte. Später wurden andere, weniger abenteuerliche Vereinbarungen getroffen, damit er die Schule besuchen konnte.

Nach dem Abitur und dem kurzen Militärdienst in der polnischen Armee während des Russisch-Polnischen Kriegs, der 1919 begann, schrieb sich mein Vater in der Juristischen Fakultät der Universität von Krakau ein. Doch schon vor dem Ende seines Studiums verließ er Polen und zog nach Berlin. Dort wohnte auch seine ältere Schwester, die mit einem bekannten Berliner Modeschöpfer verheiratet war. Mein Vater bekam eine Stelle bei einer jüdischen Privatbank. Er stieg schnell auf und wurde schon als relativ junger Mann Abteilungsleiter, weil er sich beim Investitionsmanagement seiner Bank als äußerst geschickt erwies. Durch seine Position und durch die sozialen Kontakte seines Schwagers hatte er Kontakt zu vielen Schriftstellern, Journalisten und Schauspielern, die damals zur kulturellen Vielfalt Berlins beitrugen. Der Aufstieg Hitlers und die nicht enden wollenden Angriffe seiner Anhänger auf Juden und antifaschistische Intellektuelle, von denen viele zu den Freunden meines Vaters zählten, bewogen den jungen Bankbeamten schließlich dazu, Deutschland zu verlassen und sich in Lubochna niederzulassen.

Meine Mutter, Gerda Silbergleit, kam 1933 in das Hotel meines Vaters. Sie stammte aus der Universitätsstadt Göttingen, wo ihre Eltern ein Schuhgeschäft betrieben. Kurz vor ihrem einundzwanzigsten Geburtstag – sie wurde 1912 geboren – hatten ihre Eltern sie nach Lubochna geschickt, in der Hoffnung, dass ein Ferienaufenthalt in der Tschechoslowakei ihr helfen würde, einen nichtjüdischen Verehrer zu vergessen, der sie hatte heiraten wollen. Außerdem hielten sie es für ratsam, dass ihre Tochter eine Weile die Stadt verließ, in der Juden – und ganz besonders junge jüdische Frauen – auf der Straße ständig von organisierten Nazi-Jugendlichen belästigt wurden. Das Leben in Göttingen war für sie zunehmend mit Unannehmlichkeiten verbunden.

Die Eltern meiner Mutter hatten mit dem Hotel ausgemacht, dass man sie an der deutsch-tschechoslowakischen Grenze abholte. Statt seinen Fahrer zu schicken, entschloss sich mein Vater, selbst zur Grenze zu fahren. Er ließ die junge Frau zunächst aber in dem Glauben, der Hotelchauffeur zu sein. Als sie beim Abendessen an den Tisch des Hoteleigners gesetzt wurde und der sich als der Fahrer entpuppte, geriet sie in Verlegenheit, denn während der Fahrt hatte sie sich intensiv nach Herrn Buergenthal erkundigt. Ihre Mutter hatte ihn ihr nämlich als einen sehr begehrenswerten Junggesellen geschildert. Jahre später, wenn meine Mutter wieder einmal

Gerda und Mundek Buergenthal (1933).

diese Geschichte erzählte, fragte ich mich, ob ihr Aufenthalt in Lubochna von ihren Eltern mit dem Hintergedanken einer möglichen Heirat mit meinem Vater arrangiert worden war und, falls es solch einen Plan gab, mein Vater eingeweiht worden war oder nicht. Das Hotel war meinen Großeltern von einem Freund empfohlen worden, der meinen Vater ebenfalls gut kannte. Sollte das purer Zufall gewesen sein? Wie es sich tatsächlich verhielt, bekam ich nie heraus, aber ich konnte mich des Eindrucks nie erwehren, dass ich nicht die ganze Wahrheit darüber erfahren hatte. Für meine Mutter war es nie etwas anderes gewesen als Liebe auf den ersten Blick, und damit gab sie sich zufrieden.

Drei Tage, nachdem sie sich an der deutsch-tschechoslowakischen Grenze kennengelernt hatten, waren meine Eltern verlobt. Einige Wochen später heirateten sie; allerdings erst, nachdem zuerst mein Großvater mütterlicherseits, Paul Silbergleit, und dann meine Großmutter, Rosa Silbergleit, geborene Blum, nach Lubochna gereist waren, um sich über den Bräutigam ihr Urteil zu bilden. Offenbar überraschte sie die Schnelligkeit, mit der die Verlobung gefeiert worden war, und auch die Hochzeit fand mit einer gewissen Hast statt, aber es war 1933, und für verliebte Kapriolen blieb wenig Zeit. Elf Monate später kam ich zur Welt.

1939 waren wir schon auf der Flucht, mit nur wenigen Schritten Abstand zu den Deutschen; ein ganzes Land, so schien es, hatte einer kleinen, dreiköpfigen Familie den Krieg erklärt, deren einziges Verbrechen darin bestand, dass sie Juden waren.

Wenn ich mein Gedächtnis nach Erinnerungsspuren meines kurzen Lebens in Lubochna absuche, fällt es mir schwer, zwischen dem zu unterscheiden, was meine Eltern mir erzählten, und dem, woran ich mich tatsächlich erinnere. Vermutlich habe ich vieles von dem, was ich als eigene Erinnerung an jene Zeit betrachte, später von meinem Vater oder von meiner Mutter gehört. Meine Mutter erzählte häufig, dass ich ihr im

Thomas Buergenthal im Alter von drei Jahren in Lubochna (1937).

Thomas Buergenthal mit seinen Eltern (Mai 1937).

Alter von drei oder vier Jahren als Dolmetscher diente, wenn sie in den Städten der Tschechoslowakei ihre Einkäufe tätigte. Sie sprach nur Deutsch, während die Ladenbesitzer meistens nur Slowakisch verstanden; ich aber kannte mich offenbar mit beiden Sprachen aus. Wenn wir alle drei zu Hause waren, sprachen wir Deutsch, und Slowakisch muss ich von meinen tschechoslowakischen Kindermädchen gelernt haben.

Nur an einen Tag Ende 1938 oder Anfang 1939 erinnere ich mich deutlich: als meine Eltern mir sagten, dass wir unser Hotel verlassen müssten. In höchster Eile begannen sie, unsere Sachen zusammenzupacken. Jahre später wurde mir berichtet, dass die Hlinka-Garde, eine faschistische Miliz, die damals aus Nazideutschland unterstützt wurde, eine einstweilige Verfügung vorgelegt hatte, die eine ihrer Organisationen als Eigner des Hotels auswies. (Meine Eltern hatten einige Jahre zuvor Erich Godals Anteile an dem Hotel erworben.) Es gab keine Möglichkeit, die Konfiszierung unseres Hotels rechtlich anzufechten. Zu dieser Zeit beherrschten die Hlinka-Garde und ihre Anhänger die Gerichte, und sie drohten, uns des Landes zu verweisen, wenn wir uns gegen die Übernahme des Hotels stellten und Lubochna nicht unverzüglich verließen.

Daher konnten wir nur einige Koffer mitnehmen und mussten alles andere, einschließlich des Hotels selbst, den neuen »Besitzern« überlassen. Aber ich bestand darauf, dass mein Auto mit uns kam! Es war ein kleines rotes Auto mit Pedalen. Es wurde mir gesagt, dass ich es jetzt nicht mitnehmen könne, dass wir aber bald wieder zurück wären und es bis dahin auf mich warten würde. Dieses Auto hatte ich von all meinen Sachen am liebsten. Ich muss gespürt haben, dass ich es nicht wiedersehen würde, denn ich lief in die Abstellkam-

Das rote Auto – Thomas' Lieblingsspielzeug (1937).

mer, um nach ihm zu suchen. Und da war es, auf den Hinter-
rädern gegen einen Pfosten gelehnt, umgeben von Schachteln
und Koffern. Es sah so traurig aus, wie ich mich fühlte. Wenn
ich heute daran denke, habe ich mein kleines rotes Auto noch
immer lebhaft vor Augen.

Nachdem wir Lubochna verlassen hatten, lebten wir eine
Zeit lang in Zilina, ebenfalls in der Tschechoslowakei. Zuerst
wohnten wir bei Freunden, die das Grand Hotel in der Stadt
besaßen. Ich erinnere mich an den Namen des Hotels, weil
es mir sehr viel Spaß machte, mit einem der Türsteher am
Haupteingang zu stehen und, wie es damals Brauch war, den
Vorübergehenden »Grand Hotel!« zuzurufen. Nicht selten
blieben die Leute stehen, um mit mir zu sprechen und mir
manchmal sogar zu meiner größten Freude eine kleine Mün-
ze zuzuwerfen.

Vom Hotel zogen wir in eine kleine Wohnung in Zilina um.
Hier waren meine Mutter und ich oft allein. Mein Vater hatte
Arbeit als Handelsvertreter einer Firma für medizinische Instrumente gefunden und verbrachte viel Zeit damit, in verschiedenen Teilen des Landes Kunden zu besuchen. Offenbar
hatten meine Eltern den größten Teil ihrer Ersparnisse und
die Mitgift, die meine Mutter von ihren Eltern erhalten hatte, dazu benutzt, das Hotel zu erweitern und ihren früheren
Partner auszuzahlen; jetzt war ihr Geld verbraucht. Mit dem
Hotel hatten sie auch das Einkommen, von dem sie gelebt
hatten, verloren.

Als wir in Lubochna lebten, hatte meine Mutter nie kochen
müssen. Das Kochen wurde von der Köchin besorgt, eine ge-
waltige, furchteinflößende tschechoslowakische Matrone, die
meinem Vater in unmissverständlichen Worten mitteilte, dass
seine junge Frau in ihrer Küche nicht erwünscht sei. Jetzt, in

Familie Buergenthal in Zilina (1939).

Zilina, war alles anders, und ich stellte bald fest, dass meine Mutter keine besonders gute Köchin war. Einmal briet sie ein Huhn, ohne es vorher richtig auszunehmen. Als mein Vater anfing zu essen, hatte er plötzlich den Mund voller Maiskörner, den Überresten der letzten Mahlzeit des Hühnchens. Natürlich spuckte er sie aus, und es kam zu einem Riesenkrach, in dessen Verlauf mein Vater rief: »Ich hab gedacht, sie hätten dir in diesem Mädchenpensionat in Göttingen etwas beigebracht!« Sie ging ihrerseits zum Angriff über und erinnerte ihn an irgendein längst vergessenes Ereignis, an dem er angeblich schuld war. Und als er antwortete, dass das nichts damit zu tun habe, dass sie nicht kochen konnte, warf sie ihm vor, ihr auszuweichen. Mir wurde bald klar, dass sie solche Auseinandersetzungen immer gewinnen würde, während er am Ende immer nur dasaß und ungläubig den Kopf schüttelte. Manchmal, wenn sie irgendetwas getan hatte, was mein Vater nicht wissen sollte, machte sie mich zu ihrem heimlichen Komplizen. Als sie zum Beispiel einmal merkte, dass der Putzlappen, nach dem sie gesucht hatte, in den Topf gefallen war, in dem sie zufällig gerade eine Suppe kochte, ließ sie mich schwören, den Mund zu halten, und versicherte mir: »Bestimmt wird Papa nichts davon merken, wenn wir ihm nichts sagen!«

Eines Tages, als mein Vater verreist war, kam die Polizei zu uns in die Wohnung und befahl meiner Mutter, unsere Sachen zu packen. Im Lauf der nächsten Stunde sollten wir bereit sein mitzukommen. Es wurde uns gesagt, dass man uns als Juden und unerwünschte Ausländer des Landes verweise. Der energisch erhobene Einwand meiner Mutter, dass wir nicht ohne meinen Vater gehen könnten, fruchtete nicht. Man brachte uns zur Polizeistation. Das Gebäude und der Hof waren schon voll mit anderen Ausländern. Meine Mutter erkannte einige unserer Freunde unter den Wartenden. Die Leute saßen auf ihren Koffern, Kinder weinten, und ich spürte, dass alle Angst hatten, genau wie ich.

Als wir die Polizeistation betraten, verlangte meine Mutter kurz und präzise auf Deutsch, mit dem Polizeichef oder einem verantwortlichen Beamten zu sprechen. Sie schlug ordentlich Krach und wedelte eindrucksvoll mit einem in Leder gebundenen Dokument mit vielen Stempeln. Nach ein paar Minuten wurden wir in ein Büro geführt. Ein korpulenter, nicht sehr freundlicher Mann in Uniform fragte in einschüchterndem Ton, was der ganze Aufruhr solle und was sie sich überhaupt einbilde. Meine Mutter, die mir in diesem Augenblick sehr groß vorkam, obwohl sie kaum einen Meter zweiundfünfzig maß, knallte ihre Urkunde auf den Schreibtisch des Mannes und schnauzte ihn an: »Wir sind Deutsche!« Sie zeigte auf das Papier, das sie ihren Pass nannte, und fuhr im gleichen Ton fort: »So gehen Sie mit Ihren angeblichen Verbündeten um! Es ist unerhört, dass wir behandelt werden wie Verbrecher!« Sie verlangte, sofort zum deutschen Konsul gebracht zu werden, wo sie sich wegen der skandalösen Behandlung beschweren werde, und warnte den Polizeibeamten: Er und seine Vorgesetzten würden bald merken, dass sich deutsche Behörden so etwas nicht gefallen ließen. Sie würden den größten Ärger bekommen, weil sie Deutsche, die friedlich in der Tschechoslowakei lebten, auf solch ungeheuerliche Weise belästigten. »Warten Sie nur ab, was passiert, wenn mein Mann zurückkommt und uns nicht zu Hause findet!«

Nachdem er sich flüsternd mit einem anderen Mann beraten und den angeblichen Pass noch mehrmals hin und her gewendet hatte, lächelte uns der Beamte unvermittelt an, stand auf und kam hinter seinem Schreibtisch hervor. Er fasste meine Mutter bei der Hand und begann, sich in gebrochenem Deutsch überschwänglich bei ihr zu entschuldigen. Das Ganze sei ein großer Fehler; selbstverständlich deportierten sie keine in der Tschechoslowakei lebenden Deutschen, nur ausländische Juden und andere unerwünschte Elemente, die von vornherein keine Einreiseerlaubnis hätten erhalten sollen. Noch einmal schüttelte er meiner Mutter die Hand, grüßte militärisch und befahl einem Streifenpolizisten, uns nach Hause zu begleiten.

Jahre später erfuhr ich, dass der »Pass« meiner Mutter in Wahrheit ein ähnlich aussehender deutscher Führerschein war. Ihr deutscher Pass war konfisziert worden, als sie versucht hatte, ihn verlängern zu lassen, denn wie anderen im Ausland lebenden Juden hatte man ihr offenbar schon die deutsche Nationalität aberkannt. Bis heute frage ich mich, was sie getan hätte, wenn der Polizeibeamte in der Lage gewesen wäre, das Papier zu lesen, und ihren Bluff durchschaut hätte.

Und immer wieder staune ich über die Klugheit, den Mut und Einfallsreichtum meiner Mutter, Charakterzüge, die sie später noch viele Male und unter noch schwierigeren Bedingungen unter Beweis stellen musste. Aus welchen Quellen schöpfte diese behütete, nicht besonders gebildete junge Frau aus einem wohlhabenden, bürgerlichen Elternhaus, wenn sie es fast verwegen, unerhört listig und gerissen mit jenen aufnahm, die ihr eigenes Leben und das ihrer Familie bedrohten? Wie gelang es ihr, diese Leute richtig einzuschätzen, ihre Schwächen zu erkennen und sie für sich auszunutzen? Als Kind war ich der Meinung, es sei nur natürlich, dass meine Mutter immer wusste, was zu tun war. Doch im Lauf der Jahre wurde mir dieses außergewöhnliche Gespür zutiefst rätselhaft, nicht nur deshalb, weil meine Mutter es zu wiederholten Malen schaffte, der Mordmaschinerie der Nazis ein Schnippchen zu schlagen, sondern auch, weil ihr diese Erfolge scheinbar aus dem Moment heraus gelangen und sie mit der Rasanz eines professionellen Zauberers zu Werke ging. Woher stammten ihre Zauberkräfte? Ich habe es versucht, doch bis jetzt habe ich die intellektuelle und emotionale Ursache dieser besonderen Gabe meiner Mutter nicht ausfindig machen können. Ich weiß nur, dass sie sie besaß.

Als wir die Polizeistation verlassen hatten und wieder zu Hause waren, rief meine Mutter aus: »Diesmal haben wir Glück gehabt!« Aber dann fügte sie hinzu: »Sie kommen sicher zurück«, und durchsuchte die Wohnung nach der Pistole meines Vaters. Er hatte sie in Lubochna gekauft, um Füchse und andere Tiere zu verscheuchen, die manchmal versuchten, in den Hühnerstall hinter dem Werkzeugschuppen des Hotels zu gelangen. Als sie die Waffe gefunden hatte, sagte sie mir, dass wir sie unauffällig wegwerfen müssten, damit die Polizei sie nicht fand, wenn sie das nächste Mal käme. Mit spitzen Fingern ließ sie sie in eine Papiertüte gleiten und verbot mir, sie anzufassen. Am nächsten Tag gingen wir zum Fluss und warfen die Pistole von einer der Brücken aus ins Wasser. Ich verstand nicht ganz, was vorging, fühlte mich aber sehr erwachsen, weil ich bei dieser höchst geheimen Aktion mitmachen durfte. Als mein Vater zurückkam, war er sehr böse, als er erfuhr, dass meine Mutter seine Waffe weggeworfen hatte, aber ändern konnte er nichts mehr daran.

Einige Tage darauf kamen meine Eltern zu dem Schluss, dass die Tschechoslowakei uns nicht mehr genug Sicherheit bot und dass die Zeit gekommen war, das Land zu verlassen. Sie erwarteten, dass sich die Verfolgung von Juden, besonders ausländischer Juden, in der Tschechoslowakei bald noch intensivieren würde. Zudem fürchtete mein Vater, dass er auf einer Fahndungsliste der Gestapo stand, und wenn die Polizei zurückkam, konnte er verhaftet und an die Deutschen ausgeliefert werden. Aber wohin konnten wir gehen? Diese Frage hörte ich meine Eltern immer wieder im Flüsterton erörtern, gewöhnlich nachts, wenn ich im Bett lag und sie glaubten, ich schliefe. Schließlich entschieden sie sich für Polen. Ihrer Meinung nach war Polen das einzige Land, für das wir eine Einreiseerlaubnis erhalten konnten. Und dort würde es meinem Vater auch gelingen, die Visa zu erhalten, die ihm von den britischen Behörden in der Tschechoslowakei versprochen worden waren. Mit diesen Visa konnten wir dann als politische Flüchtlinge nach England weiterreisen.

Bald waren wir auf dem Weg nach Polen. Allerdings kamen wir zunächst nicht sehr weit, denn wir blieben im Niemandsland zwischen Polen und der Tschechoslowakei stecken. Dieser Grenzstreifen maß ungefähr fünfzig Meter von Grenzposten zu Grenzposten. Dazwischen gab es eine ungepflasterte Straße, die durch einen Acker führte. An jeder Seite der Straße lag ein tiefer Abzugsgraben. Der polnische Grenzposten war an einem Ende der Straße, der tschechoslowakische am anderen. Wenn wir zur polnischen Seite der Grenze kamen, befahlen uns die polnischen Grenzwächter, auf die tschechoslowakische Seite zurückzukehren. Die Tschechoslowaken verboten uns aber die Wiedereinreise. Und so ging es tagelang hin und her. Mir schien diese Straße viel länger, als sie wahrscheinlich war, weil wir so oft von einem Ende zum anderen entlangwanderten; wir schleppten unsere Koffer hin und her, während die Grenzwächter hinter uns herschrien, wir sollten ja nicht wagen, noch einmal bei ihnen aufzutauchen.

Wir müssen staatenlos gewesen sein und keine gültigen Reisedokumente besessen haben. Irgendwann muss mein Vater seine polnische Staatsbürgerschaft verloren haben, wahrscheinlich, weil er die deutsche angenommen hatte, die er wiederum – nicht anders als meine Mutter – verloren hatte, als die Nazis den im Ausland lebenden Juden die Staatsbürgerschaft aberkannten. Als Staatenlose im Niemandsland hatten wir weder das Recht, nach Polen einzureisen, noch in die Tschechoslowakei zurückzukehren. Jeden Tag und jede Nacht wartete mein Vater auf die Wachablösung auf der polnischen Seite der Grenze. Sobald er neue Gesichter sah, ließ er uns zum Grenzwächterhaus marschieren und bat darum, eingelassen zu werden, denn er sei Pole. Doch da ihm die nötigen Papiere fehlten, die das beweisen konnten, befahlen uns die Grenzsoldaten, auf die tschechoslowakische Seite zurückzukehren. So gingen wir Tag und Nacht immer hin und zurück. Wir schliefen auf dem Acker neben der Straße zwischen den Grenzposten oder in einem der Gräben. Hin und wieder erlaubte man uns, auf einer Seite in der Wachstube zu schlafen. Wir froren die meiste Zeit, aber hungern mussten wir nicht, denn es kamen tschechoslowakische oder polnische Bauern, die uns Brot und Wurst verkauften. Aber das war alles. Ich war müde und begriff nicht, warum uns niemand erlaubte, die Grenze zu überqueren.

Etwa eine Woche nach unserer Ankunft an der Grenze, an einem Tag, als uns wieder einmal von den Polen befohlen worden war, auf die tschechoslowakische Seite zurückzukehren und wir unsere Habseligkeiten auf der Straße entlangschleppten, kamen schwerbewaffnete deutsche Soldaten auf uns zu. Offenbar hatten die Deutschen in der Zwischenzeit die Tschechoslowakei besetzt, und so kam es, dass wir nun

genau den Leuten in die Hände fielen, denen wir zu entkommen versucht hatten. Ich spürte, dass meine Eltern große
Angst hatten. Einer der Deutschen, allem Anschein nach der
Befehlshaber, wollte wissen, wer wir seien und was wir mitten
im Niemandsland zu suchen hätten. Mein Vater, der auf einmal sehr schlecht deutsch sprach, erwiderte, dass wir Polen
seien und schon über eine Woche hier seien, weil die Polen
uns nicht in unser Land zurückkehren ließen. »Das werden
wir schon sehen«, knurrte der deutsche Offizier. Mit diesen
Worten rief er zwei seiner Soldaten herbei und befahl ihnen,
unsere Koffer zu nehmen. Ich dachte, dass sie uns als Nächstes
irgendetwas Schreckliches antun würden, weil meine Mutter
auf einmal ganz fest meine Hand hielt und mir bedeutete, kein
Wort zu sagen. Doch die deutschen Soldaten begleiteten uns
lediglich zur polnischen Grenze. Als wir dort ankamen, befahlen sie den polnischen Grenzwächtern, uns durchzulassen.
»Diese Leute hier sind Polen!«, schrie einer der Soldaten. »Ich
befehle Ihnen, sie einreisen zu lassen. Und ich rate Ihnen, sie
nicht wieder zurückzuschicken. Sie werden sich noch wun-
dern! Von jetzt an wird alles anders!« Mein Vater übersetzte,
was der Deutsche sagte, und die Polen nickten gehorsam.

So gelangten wir nach Polen. Es muss im März 1939 gewesen sein, denn zu diesem Zeitpunkt marschierten die Deutschen in die Tschechoslowakei ein. Ich war fast fünf Jahre alt.

Kattowitz

An die ersten Tage, nachdem uns der Grenzübertritt endlich erlaubt worden war, habe ich keine Erinnerung. Wir müssen in einer Pension gewesen sein oder für kurze Zeit ein Zimmer gemietet haben, und ich habe wahrscheinlich die meiste Zeit geschlafen. Was mir dann in den Sinn kommt, ist das Bild von uns dreien, wie wir auf einem von einem Pferd gezogenen Heuwagen sitzen, die Koffer an einer Seite aufeinandergetürmt. Auf dem Kutschbock saß ein alter Mann mit einem langen weißen Bart. Er trug einen schwarzen Hut und sprach mit meinem Vater in einer Sprache, die deutsch klang, die ich aber kaum verstehen konnte. Es waren die ersten jiddischen Worte, die ich je hörte, und der Kutscher war der erste chassidische Jude, den ich je sah. Ich höre ihn noch »Schu« sagen, was mich damals ziemlich verwirrte, denn da ich das Wort mit dem deutschen »Schuh« identifizierte, ergab seine Rede keinen Sinn für mich. Erst viel später, als ich von meinen Spielkameraden im Ghetto von Kielce Jiddisch lernte, wurde mir klar, dass der Kutscher *scho* gesagt haben musste, was »Stunde« bedeutet; er hatte meinem Vater mitgeteilt, dass es etwa eine Stunde dauern würde, bis wir unser Ziel erreichten.

Unsere nächste Station war Warschau. Hier hatte mein Vater Verwandte; er stellte ihnen meine Mutter vor, die sie noch nicht kennengelernt hatten, und wir alle wurden mit großer Herzlichkeit, vielen Küssen, viel Gelächter und riesigen Mengen Essen von ihnen willkommen geheißen. Ich hasste diese Besuche, weil alle Frauen, die wir trafen, mich ständig abküssten und mit Essen vollstopften. Glücklicherweise waren auch immer ein paar Kinder da, mit denen ich mich vor den Erwachsenen zurückziehen und spielen konnte.

Doch die Besuche endeten, als ich mich bei einem meiner Spielkameraden mit Keuchhusten ansteckte. Der Arzt sagte meinen Eltern, dass die Luft am Fluss heilende Kräfte habe, und zu meiner größten Freude folgten meine Eltern unverzüglich seinen Empfehlungen und mieteten eine Kutsche, mit der wir auf einer Brücke über die Weichsel, die Warschau mit dem östlichen Vorort Praga verband, hin und her fuhren. Ich liebte diese täglichen Ausflüge und war sehr traurig, als mein Husten immer mehr nachließ und meine Eltern sich entschlossen, Warschau zu verlassen und nach Kattowitz (Katowice) weiterzureisen.

Im Jahr 1939 war Kattowitz, im südlichen Polen, zu einem Sammelpunkt für deutsche Juden auf der Flucht geworden. Hier meldete man sich beim britischen Konsulat in der Hoffnung, die notwendigen Papiere für die Einreise nach England zu bekommen. In Warschau hatte man meinen Eltern gesagt, dass die britische Behörde in Kattowitz sich um unsere Visa-Anträge kümmern werde; je früher wir dort einträfen, desto früher würden wir nach England abreisen können. Mein Keuchhusten hatte unsere Abfahrt nach Kattowitz verzögert.

Wir bezogen dort eine kleine Wohnung. Unsere erste Nacht in dieser Wohnung werde ich nie vergessen. Kaum hatten meine Eltern das Licht ausgeschaltet, schien das Zimmer, das wir uns teilten, lebendig zu werden. Meine Mutter schrie, sie werde bei lebendigem Leib aufgefressen. Als mein Vater aus dem

Bett sprang und das Licht wieder einschaltete, sahen wir, dass die Zimmerwände und unsere Betten mit Wanzen überzogen waren. Sie krabbelten an uns hoch und auf unseren Armen und Beinen entlang. Wahrlich ein beeindruckender Anblick: Im Zimmer mussten Hunderte dieser hässlichen orange-gelblichen Käfer sein, deren Biss wehtat und tagelang juckte.

Meine Mutter wollte auf der Stelle ausziehen, aber mein Vater beruhigte sie und erklärte ihr, dass wir uns glücklich schätzen könnten, diese Wohnung zu haben. Als sie zu der Überzeugung gekommen waren, dass wir tatsächlich keine andere Wahl hatten, als hier zu bleiben, starteten meine Eltern einen gründlichen Wanzenvernichtungsfeldzug. Sie fanden ein paar Kerzen und fingen an, die Wanzen von den Wänden zu brennen; sie schüttelten sie aus dem Bettzeug und zertraten sie auf dem Boden. Es gab ein Waschbecken im Zimmer, und meine Mutter ließ Wasser einlaufen und schüttelte darüber die Bettdecken mit den Wanzen aus, um sie zu ertränken. Die verzweifelten Versuche, uns von den Wanzen zu befreien, müssen die ganze Nacht weitergegangen sein. Ich merkte nichts mehr davon, denn ich schlief nach kurzer Zeit ein, ohne zu ahnen, dass in den Jahren, die uns bevorstanden, die Wanzen unser kleinstes Problem sein würden.

Ich hatte viel Spaß in Kattowitz. Die Flüchtlinge lebten dort in ihrer eigenen kleinen Gemeinde. Auch meine Eltern wurden aufgenommen und freundeten sich bald mit anderen Flüchtlingen an. Wie in Deutschland üblich, wurden diese erwachsenen Freunde sofort zu meinen »Onkeln« und »Tanten«. Ich spielte mit ihren Kindern, und sie passten auf mich auf, wenn meine Eltern irgendetwas erledigen mussten und keine Zeit für mich hatten. Gewöhnlich versammelte man sich in einem Café oder im Park. Man spielte Karten, las

Zeitungen; es gab eine Menge Gerüchte über den Krieg, der bevorstand, und man machte sich ständig Sorgen. Alle Leute warteten auf ihren »Glückstag«. Und ab und zu gab es eine Feier, viele Küsse und viele Tränen: wenn in Form des langersehnten Visums vom britischen Konsulat irgendjemandes »Glückstag« gekommen war und dieser Jemand nach England fahren konnte. Bald verließen alle, die Visa bekommen hatten, die Stadt, meistens in kleinen Gruppen oder vom Konsulat organisierten Transporten.

Unser »Glückstag« sollte auf sich warten lassen. Ich erinnere mich an die Wartezeit: Für mich gab es ausgelassene Spiele in dem reizenden Park von Kattowitz und Badefreuden in einem naheliegenden See. Offenbar unterstützte die Jüdische Gemeinde der Stadt notleidende Flüchtlinge; ebenso erhielten wir Hilfe durch verschiedene der Jüdischen Gemeinde nahestehende Privatleute. Ich weiß noch, dass ich eines Tages mit einem sehr netten Mann einkaufen gehen durfte, der sich mit meinen Eltern angefreundet hatte; als ich heimkam, hatte ich viele Spielsachen und war völlig neu eingekleidet, mit einer neuen Hose, einem Hemd und einer Jacke. Er war der Meinung, dass ich in den Kleidern, in denen meine Mutter mich gern sah, zu deutsch aussähe. Von Zeit zu Zeit wurden wir auch von jüdischen Familien zum Abendessen eingeladen; allerdings geschah dies nicht allzu oft und sicher nicht so oft, wie ich mir wünschte, unserem hässlichen Zimmer und unseren kärglichen Mahlzeiten zu entkommen.

Eines Tages war meine Mutter sehr aufgeregt, als sie nach Hause kam. Sie erzählte meinem Vater, dass sie zusammen mit einer Freundin bei einer bekannten Wahrsagerin gewesen sei. Bevor sie sie aufsuchte, hatte sie ihren Ehering abgenommen. Sie war damals siebenundzwanzig, aber sie sah viel jünger aus;

deshalb überraschte es sie besonders, dass die Wahrsagerin, nachdem sie ihre Karten studiert hatte, erklärte, meine Mutter sei verheiratet und habe ein Kind. Sie wusste nicht nur eine Menge über unsere familiären Verhältnisse, sondern sagte meiner Mutter auch, ihr Sohn sei ein »Glückskind«. Unversehrt werde er den Ereignissen entkommen, die die Zukunft für uns bereithielt.

Mein Vater schimpfte mit seiner Frau, weil sie diesen ganzen »Unsinn« glaubte und sogar Geld dafür ausgab, obwohl wir kaum noch welches hatten. Doch meine Mutter sagte, dass nicht sie, sondern ihre Freundin für den Besuch bei der Wahrsagerin bezahlt habe, weil sie nicht allein hatte gehen wollen. »Und außerdem – vielleicht weiß die Wahrsagerin Dinge, die wir nicht wissen; wie hätte sie mir sonst so viel Richtiges über unsere Familie sagen können?«, erwiderte sie. »Das Einzige, was die Wahrsagerin weiß und was wir nicht wissen, ist, wie man in schlechten Zeiten wie diesen Geld verdient«, sagte mein Vater unwirsch. Der Streit zwischen ihnen ging noch eine Zeit lang weiter.

Damals wusste keiner von uns – und ich erfuhr es erst viel später –, dass die Prophezeiung der Wahrsagerin in den Jahren, in denen wir voneinander getrennt waren, meiner Mutter half, die Hoffnung nicht aufzugeben. Selbst nach dem Krieg, als Freunde sie zu überzeugen versuchten, die Suche nach mir aufzugeben, um sich nicht länger zu quälen, denn es sei einfach unmöglich, dass Tommy überlebt habe, gab sie ihnen zur Antwort, sie wisse ganz sicher, dass ich am Leben sei. Mir gegenüber versicherte sie noch Jahre später, dass alles, was die Wahrsagerin vorhergesagt hatte, eingetroffen sei. »Natürlich glaube ich nicht an so einen Hokuspokus«, sagte sie ganz ernsthaft, nur um sich sofort zu widersprechen, indem sie fragte: »Aber wie willst du erklären, dass sie, was dich und mich betrifft, in allem recht hatte?«

Unser »Glückstag« kam einige Wochen nach dem Besuch meiner Mutter bei der Wahrsagerin. Wir erhielten die wertvollen Visa für die Einreise nach England und sollten Kattowitz am 1. September 1939 verlassen. Wie üblich, herrschte Aufregung unter unseren Freunden; sie wünschten uns Glück und gaben der Hoffnung Ausdruck, dass wir uns bald alle in England wiedersehen würden. Man sagte mir, dass wir schon in ein paar Wochen in England wären und dass wir uns dort vor den Nazis nicht mehr zu fürchten bräuchten.

Doch es sollte nicht sein: Unseren »Glückstag« hatte Hitler zum Datum des Einmarsches in Polen bestimmt. Als wir im Bahnhof von Kattowitz eintrafen, wo unser Zug bereitstehen sollte, sagten uns die Leute vom Britischen Konsulat, dass keine Schiffe mehr aus polnischen Häfen ausliefen. Deshalb hatte man neu geplant und wollte uns nun über die Balkanstaaten nach England bringen. Trotz des großen Ansturms von Menschen, die an jenem Morgen Kattowitz verlassen wollten – wahrscheinlich weil es nicht weit zur deutschen Grenze war –, gelang es uns schließlich, in das für uns reservierte Abteil zu gelangen. Wir waren mit einigen anderen Flüchtlingen zusammen, die ebenfalls noch im letzten Moment ihre Visa bekommen hatten. Nach langem Warten setzte sich der Zug endlich in Bewegung. Allem Anschein nach hatten wir es geschafft, der Gefahr zu entkommen.

Ich weiß nicht mehr, wie lange wir in diesem Zug saßen. Die meiste Zeit kamen wir nicht vom Fleck. Der Zug stand und musste andere Züge vorbeilassen, die Soldaten transportierten. Die Straßen entlang der Gleise waren voller Menschen. Zu Fuß oder mit Pferdewagen flohen sie irgendwohin. Überall sah man lange Kolonnen von Soldaten; sie marschierten zu Fuß, oder sie ritten, oder sie fuhren mit Lastwagen, auf denen schweres militärisches Gerät und Proviant transportiert wurde. Soldaten und Zivilisten bewegten sich in entgegengesetzte Richtungen. Die Zivilisten mussten den Soldaten Platz machen, was auf den engen Straßen nicht immer reibungslos vonstatten ging.

Für mich war der ganze Aufruhr furchtbar aufregend. Die meiste Zeit verbrachte ich damit, den vorbeikommenden Soldaten zuzuwinken und ihre Mützen und Uniformen zu bewundern. Und dann war, ebenso unvermittelt, der Spaß zu Ende. Unser Zug hatte wieder einmal gehalten, diesmal neben einem polnischen Militärzug voller Soldaten und Kriegsgerät. Zu beiden Seiten der Gleise erstreckten sich Felder. Wir standen wahrscheinlich nicht länger als ein paar Minuten, als wir in einiger Entfernung das Geräusch von Flugzeugen hörten, die sich uns näherten. Dann waren sie über uns – zwei oder drei Flugzeuge. Die Leute fingen an zu schreien: »*Niemcy! Niemcy*! (Deutsche! Deutsche!)«, und plötzlich hörte man nichts mehr, außer dem Geratter von Maschinengewehren und dem dumpfen Knall explodierender Bomben. Der Zug begann zu wackeln. Der Lärm war ohrenbetäubend.

Mein Vater packte meine Mutter und mich und schob uns aus dem Zug. »Sie greifen den Militärzug an!«, schrie er gegen den Krach an. »Wir müssen raus, wir müssen raus!« Ein paar Leute waren schon aus dem Zug gesprungen und kletterten über die Gleise in Richtung Felder. Wir folgten ihnen, und hinter uns drängten sich noch mehr Menschen. Die polnischen Soldaten hielten ihre Gewehre aus den Zugfenstern und fingen an, auf die deutschen Bomber zu schießen. Sie hatten nicht viel Glück. Die Flugzeuge drehten ab und kamen wieder, stürzten sich auf die Züge und die Gleise, und einige Waggons gingen in Flammen auf. Immer wieder kamen sie im Sturzflug angeflogen, und der Lärm und das Geratter wollten nicht aufhören.

Als wir das Feld erreicht hatten, warf sich meine Mutter auf mich, und mein Vater schützte uns beide mit seinem Körper. Um uns herum wurde geschrien, wenn die Flugzeuge mit ihrem Maschinengewehrfeuer über unseren Köpfen waren. Sie hätten uns alle ohne Mühe töten können, aber offenbar hatten sie andere Ziele. Dann – ebenso unvermittelt, wie sie aufgetaucht waren –, waren die Flugzeuge wieder verschwunden. Eine Zeit lang warteten wir auf ihre Rückkehr, und als sie nicht kamen, standen wir auf und sahen uns vorsichtig um. Auf unserer Seite des Feldes war offenbar niemand getroffen worden, aber aus einiger Entfernung hörte man lautes Wehgeschrei, und ein paar Kinder weinten. Etliche Waggons brannten; überall war Rauch. Auf der anderen Seite der Gleise, in der Nähe ihres Zuges, lagen viele verletzte und tote Soldaten. So weit das Auge reichte, waren die Gleise zerstört worden.

Nach einer Weile machte sich mein Vater auf die Suche nach unseren Habseligkeiten. Er fand ein paar Taschen und schleppte sie auf das Feld hinaus. Bald waren andere aus unserer Gruppe bei uns. »Was nun?«, fragte man sich, und: »Wo sind wir?« Offenbar konnte diese Fragen niemand beantworten, und außer meinem Vater sprach keiner in der Gruppe Polnisch. Bald erfuhr er von ein paar Bauern, die vorbeikamen, dass wir uns in der Gegend von Sandomierz befanden, einer etwa zweihundert Kilometer von Kattowitz entfernten kleinen Stadt.

Wir übernachteten in einer Scheune, und dann begann für

unsere kleine Gruppe der Marsch nach Osten, zur russischen Grenze, zu Fuß oder manchmal in gemieteten Pferdewagen. Auf den Straßen wimmelte es von Menschen, Soldaten und Zivilisten. Wie wir versuchten die meisten Zivilisten, aus der Reichweite der einmarschierenden Deutschen zu gelangen. Jeden Tag waren mehr Menschen unterwegs. Wir schliefen auf den Feldern oder in Scheunen und kamen nur im Schneckentempo vorwärts. Die Bauern nahmen uns für die Übernachtung in ihren Scheunen Geld ab und verkauften uns Essen. Oft waren die Scheunen schon von anderen belegt, wenn wir kamen; dann mussten wir unter freiem Himmel schlafen. Einige Bauern waren freundlich zu uns, andere nicht. Von diesen wurden wir häufig beschimpft. Hier erfuhr ich zum ersten Mal, dass wir *parszywe zydy*, räudige Juden, waren.

Es gab Gerüchte, dass überall deutsche Spione ihr Unwesen trieben. Mein Vater hörte, dass die polnische Regierung die Bevölkerung ermahnte, vor einer deutschen »fünften Kolonne« auf der Hut zu sein. Unsere kleine Gruppe war verdächtig, weil außer meinem Vater alle ihre Mitglieder nur Deutsch sprachen. Immer häufiger musste mein Vater irgendjemandem erklären, wer wir waren, und argwöhnischen polnischen Beamten unsere englischen Reisedokumente zeigen. Nach einiger Zeit ging er nur noch allein in die Dörfer, um für uns alle Essen zu kaufen und nach den neuesten Nachrichten zu fragen. Manchmal ging ich mit ihm. In den Häusern der Bauern hörten wir Radio und unterhielten uns mit den Leuten. Die Information, die wir mitbrachten, wenn wir zurückkehrten, war immer die gleiche: »Es sieht nicht gut aus. Die Deutschen rücken vor; die polnische Armee ist auf dem Rückzug.«

Ab und zu sprach mein Vater mit jemandem, der kurz zuvor in Russland gewesen war und von dort Nachrichten mitbrachte. Auch dann war es immer die gleiche Botschaft: »Es passieren schreckliche Dinge dort. Als Ausländer sollte man sich fernhalten. Viele Fremde werden nach Sibirien geschickt.« Keiner in unserer Gruppe wollte diesen Berichten Glauben schenken, denn wir hofften ja, jenseits der russischen Grenze den Deutschen zu entkommen. Schließlich traf mein Vater die Entscheidung, sich allein auf den Weg zu machen, um die Lage besser einschätzen zu können. Ein paar Tage später war er zurück und erklärte, es sei besser, wenn wir unser Glück in Polen versuchten. Ich weiß nicht, ob er tatsächlich in Russland gewesen war – wir waren nicht sehr weit von der polnisch-russischen Grenze entfernt – oder nur mit Leuten an der Grenze gesprochen hatte, doch er war jedenfalls davon überzeugt, dass es ein Fehler wäre zu versuchen, in Russland Zuflucht zu finden. »Die Verhältnisse dort sind grauenhaft«, berichtete er, »besonders für Ausländer. Sehr viele Leute kommen ins Gefängnis oder werden deportiert. Wer Glück hat, wird an der Grenze zurückgeschickt.« »Wenn nicht nach Russland, wohin sollen wir dann?«, fragte jemand, und es folgte eine lange und hitzige Debatte über das Schicksal, das uns in einem von Deutschen beherrschten Polen erwartete, die sich bis in die Nacht hinein fortsetzte. Als ich am nächsten Morgen erwachte, stand der gemeinschaftliche Entschluss fest. Statt weiterhin zu versuchen, über die Grenze nach Russland zu gelangen, würden wir uns auf den Weg nach Kielce machen, einer Stadt westlich von Sandomierz mit einer großen Jüdischen Gemeinde, die uns vielleicht aufnehmen würde.

Auf den Straßen hatte sich wenig verändert. Sie waren immer noch völlig verstopft. Wir wurden ständig angehalten und nach unseren Papieren gefragt. Oft war die Situation angespannt, obwohl mein Vater sich nach Kräften bemühte, polnische Offiziere davon zu überzeugen, dass wir keine deutschen Spione waren. Was man von der Front hörte, war nach dem, was mein Vater berichtete, ebenfalls wenig verheißungsvoll. Jeden Tag wurde es schlimmer. Die Polen gaben deutschen Spionen die Schuld für ihre eigenen militärischen Misserfolge und den schnellen Vormarsch der Deutschen.

Mein Vater versuchte sein Bestes, uns alle aufzuheitern. Er sagte immer wieder, dass wir bald in Kielce seien und wieder in richtigen Betten schlafen könnten. Ich hörte nichts lieber, aber an der trostlosen Stimmung, unter der wir litten, änderte das wenig. Einmal hörte ich jemanden fragen, worauf wir uns denn noch freuen könnten. »Entweder die Polen erschießen uns, weil sie uns für Spione halten, oder die Nazis, weil wir Juden sind.« »Was wäre wohl besser?«, fragte einer meiner »Onkel« aus der Gruppe grinsend, und alle lachten. Aber nach einer Weile kam uns nichts mehr komisch vor.

Ein paar Tage nach unserer Entscheidung, nach Kielce zu gehen, hörten wir ein Geräusch, das sich zunächst anhörte wie ein entferntes Gewitter. »Artilleriefeuer«, sagte mir mein Vater, »aber es ist weit weg von hier.« Dann zeigte er mir, wie man es viel besser hören konnte: wenn man sich hinlegte und das Ohr auf den Boden drückte. Eine Weile machte es mir Spaß, dieses Spiel zu spielen. Auf den Straßen und auf den Feldern ringsum waren immer mehr polnische Soldaten mit ihren Geschützen zu sehen. Schließlich beanspruchten die Truppen, die sich auf dem Rückzug befanden, die gesamte Straßenbreite, und allen Zivilisten wurde befohlen, ihnen Platz zu machen. Wir warteten im Straßengraben. Es schien Stunden zu dauern, bevor der letzte polnische Soldat an uns vorbeigezogen war. Plötzlich hörten wir das Dröhnen schwerer Fahrzeuge, die sich näherten, und sahen dichte Staubwolken in der Ferne. »Panzer! Deutsche Panzer!« Ich konnte den Schrecken, der uns alle durchfuhr, fast mit Händen greifen. Doch dann hörte ich die beruhigende Stimme meines Vaters: »Bleibt ruhig! Rennt nicht! Und sagt nichts, wenn ihr nicht angesprochen werdet!«

Als die Panzer vorrückten – sie kamen auf der Straße und quer über die Felder auf uns zu –, hüllten sie uns in Rauch und Staub. Einer von ihnen blieb stehen, und ein junger Soldat, dessen Körper aus dem offenen Geschützturm ragte, das Gesicht von Ruß geschwärzt, schrie uns auf Deutsch etwas zu. Er wollte wissen, wer wir seien. Nach einigem Zögern antwortete jemand aus unserer Gruppe, wir seien Juden, und ein anderer fügte hinzu: »Deutsche Juden.« »Ihr habt nichts zu befürchten«, schrie er zurück. »Der Krieg ist bald vorbei, und dann können wir alle wieder nach Hause gehen.« Er winkte, und der Panzer fuhr weiter. Diese ermutigenden Worte brachten uns ein wenig Erleichterung. Wir begannen wieder, untereinander Witze zu machen und zu lachen. Doch das Schicksal wollte es, dass dies für lange Zeit die freundlichsten Worte waren, die irgendein Deutscher an uns richtete.

Ungeachtet dessen, was der junge Soldat gesagt hatte, spürten wir bald, dass der Krieg für uns noch lange nicht zu Ende war. Wir gingen weiter, wie wir es uns vorgenommen hatten. Bei Opatów, etwa sechzig Kilometer östlich von Kielce, überließ uns ein wohlhabender polnischer Bauer eine Scheune auf seinem Grundstück. Mein Vater führte ein langes Gespräch mit ihm, und meine Mutter war besorgt, weil er nicht wiederkam. Als er schließlich wieder da war, flüsterten die beiden. Später erfuhr ich, dass der Bauer zusammen mit ein paar Freunden gerade dabei gewesen war, eine Widerstandsgruppe zu bilden, um gegen die Deutschen zu kämpfen. Sie wollten, dass mein Vater bei ihnen mitmachte, denn sie brauchten Leute, die Deutsch und Polnisch sprachen und militärische Erfahrungen hatten. Um Unterkunft und Essen hätten wir uns nicht mehr kümmern müssen, und es hätte sich auch ein Weg gefunden, falsche Papiere für uns zu besorgen. Meine Eltern sprachen mehrere Tage lang über dieses Angebot. Schließlich lehnte mein Vater ab. Beide waren sehr traurig, dass sie so entscheiden mussten, aber die Gefahr der Entdeckung war zu groß. Mein Vater und ich hatten helles Haar und unauffällige Gesichtszüge, wir hätten als Polen gelten können. Aber meine Mutter sprach kein Polnisch, und ihr lockiges dunkles Haar und die braunen Augen verrieten, dass sie Jüdin war. »Polen können einen Juden riechen, auch wenn er kilometerweit weg ist«, sagte mein Vater, »und früher oder später wird uns irgendjemand an die Deutschen verraten.« Als Familie hatten wir keine Chance, auf die Dauer als Polen durchzugehen, und uns als Familie zu trennen kam nicht in Frage. Wir setzten also unseren Treck nach Kielce fort.

Offenbar waren wir dazu verurteilt, die zu bleiben, die wir waren, und das war keine besonders glückverheißende Aussicht. Wir konnten kaum mehr tun als zu hoffen, dass alles irgendwann besser würde. Diese Hoffnung verließ uns nie, und in den Jahren, die kommen sollten, hielt sie uns am Leben, trotz der Tatsache, dass wenig Grund zur Hoffnung auf eine glückliche Wendung bestand. Aber was konnten wir anderes tun, als zu hoffen? Wir waren schließlich Menschen und handelten der menschlichen Natur gemäß.

Das Ghetto von Kielce

Wir lebten ungefähr vier Jahre in Kielce, bis wir Anfang August 1944 auf den Transport nach Auschwitz kamen. Aber »leben« ist wahrscheinlich nicht das richtige Wort, um unser Kerkerdasein in jener trübseligen polnischen Industriestadt mit ihrem Ghetto und den Arbeitslagern zu beschreiben. Rein zufällig fand sich unsere kleine Flüchtlingsgruppe aus Kattowitz in Kielce wieder. Wäre unser Zug nicht gerade an dieser Stelle bombardiert worden, in einer Region, in der eben Kielce die nächste Stadt mit einer großen jüdischen Bevölkerung war – damals wohnten etwa 25 000 Juden dort –, hätten wir uns nie nach Kielce auf den Weg gemacht. Von heute aus gesehen, machte es allerdings kaum einen Unterschied, wohin wir kamen. Das Schicksal der Juden war im Großen und Ganzen in jeder polnischen Stadt dasselbe, und in Kielce war das Leben in jenen Jahren nicht schlechter und nicht besser als irgendwo anders im Land.

Wenn ich an Kielce denke, kommt mir zuerst unsere aus einem Zimmer (einschließlich Küche) bestehende Wohnung im dritten Stock eines alten, ziemlich heruntergekommenen Hauses in der Silniczna-Straße in den Sinn. Das Haus gehörte zu einem vierteiligen Gebäudekomplex, der einen schmutzigen Hof umschloss. Um es zu erreichen, musste man ein großes Tor durchqueren, das an einer lauten Straße lag. Die Wohnung wurde uns vom jüdischen Gemeinderat der Stadt zugewiesen, kurz bevor das Ghetto eingerichtet wurde. Zu dieser Zeit gaben die deutsche Schutzpolizei und die Gestapo den Befehl aus, dass alle Juden in den Teil der Stadt umziehen sollten, in dem der größte Teil der jüdischen Bevölkerung konzentriert war. Er gehörte auch zu den am stärksten vernachlässigten Teilen der Stadt. Wir mussten nicht umziehen, weil unsere Straße sich genau dort befand.

Bis mein Vater Arbeit als Küchenhelfer in der Kantine der Schutzpolizei außerhalb des Ghettos bekam, hatten wir sehr wenig zu essen. In jenen frühen Tagen konnte man immer noch außerhalb des Ghettos Essen kaufen. Die wohlhabenderen jüdischen Familien lebten relativ bequem, wenn man sie mit uns verglich, denn wir besaßen, auch nachdem meine Mutter fast ihren gesamten Schmuck verkauft hatte, kaum Geld. Von seiner neuen Arbeitsstelle kam mein Vater jeden Tag mit einem voll gefüllten großen Essgeschirr nach Hause. Gewöhnlich hatte er unter dem Kartoffelbrei und dem Gemüse, das er mit offizieller Erlaubnis mitnehmen durfte, auch Fleischreste versteckt. Nachmittags warteten meine Mutter und ich schon sehnsüchtig auf ihn und die einzige richtige Mahlzeit des Tages, die er uns mitbrachte. Von Zeit zu Zeit wurden wir auch von reichen Familien in der Nachbarschaft zum Sabbatmahl eingeladen. Ich erinnere mich, dass ich mich wegen des Essens auf diese Mahlzeiten freute. Aber ich fürchtete sie auch, weil sie immer von nicht enden wollenden Gebeten begleitet wurden.

Bald fand ich noch einen anderen Weg, um an etwas zu essen und gelegentlich sogar ein wenig Geld zu kommen. Weil es religiösen Juden am Sabbat und an den Feiertagen nicht erlaubt ist zu arbeiten, können sie an solchen Tagen auch die notwendigen Haushaltspflichten nicht erledigen, etwa das Anzünden des Ofens und das Einschalten der Lampen in ihren Wohnungen. In der Vergangenheit oblag es nichtjüdischen Dienstboten, solche Dinge zu erledigen, oder man beschäftigte eigens dafür polnische Helfer. Nachdem diese Leute das Ghetto nicht mehr betreten durften, wandten sich einige unserer Nachbarn, die wussten, dass wir die religiösen Gebote nicht streng befolgten, an mich und baten mich, ihnen zur Hand zu gehen. So wurde ich ein *schabbes goy*. Es gefiel mir, diese kleinen Pflichten zu erledigen, nicht nur, weil ich dafür bezahlt wurde, sondern auch, weil ich auf diese Weise viele Familien in der Umgebung kennenlernte und sehen konnte, wie sie lebten und wie ihre Wohnungen aussahen. Das Äußere der orthodoxen Juden faszinierte mich – ihre langen *pejess* (Schläfenlocken), ihre *zízess* (Gewandquasten), ihre schwarzen Hüte und Kaftane, ebenso wie die *taléjssim* (Gebetsmäntel) und die *t'filn* (Gebetsriemen), die sie beim Beten an Arm und Stirn trugen. Doch die Mehrzahl der Menschen im Ghetto war nicht orthodox und kleidete sich nicht anders als wir.

Sobald alle Juden in den Stadtteil umgesiedelt worden waren, der dann das Ghetto von Kielce wurde, begann man, es durch Mauern und Zäune abzuriegeln. Bewacht wurde es von jüdischer und polnischer Polizei und von der deutschen Schutzpolizei. Es gab viele Kinder in unserer Nachbarschaft, und so hatte ich bald jede Menge Freunde. In der ersten Zeit war es auch einigen Polen noch erlaubt, im Ghetto Gemüse, Milch und Holz zu verkaufen. Als es Winter wurde, kamen polnische Bauern mit ihren Pferdefuhrwerken voller Feuerholz ins Ghetto. Sie verlangten einen sehr hohen Preis dafür. Wir Kinder erwarteten sie schon und sprangen von hinten auf die Wagen in der Hoffnung, dass der Kutscher uns nicht sah, bevor wir uns wahllos ein paar Holzscheite griffen und davonrannten. Wenn er uns sah, versuchte er, uns mit seiner langen Peitsche zu schlagen. Manchmal traf er, aber im Lauf der Zeit gelang es uns immer besser, uns blitzschnell zu ducken und gebückt aus seiner Reichweite zu laufen. Holz wurde immer gebraucht. Es machte uns aber auch Spaß, dieses Spiel zu spielen, besonders da sich unsere Eltern, die es nicht gern sahen, wenn wir auf die Wagen sprangen, immer über die Scheite freuten, die wir mitbrachten.

Nicht weniger Spaß machte uns das Versteckspielen auf dem unbebauten Acker hinter unseren Häusern. Dort konnten wir manchmal polnische Bäuerinnen beobachten, die ihr Geschäft verrichteten – stehend und mit gespreizten Beinen – ohne dabei ihre langen Röcke zu heben. Auf Kommando fingen wir an zu pfeifen oder auf Blechbüchsen zu hämmern, um sie zu erschrecken und dazu zu veranlassen, ihre Haltung zu verändern – mit dem voraussehbaren Resultat. Dann rannten wir lachend weg, während sie schreckliche polnische Flüche hinter uns herschrien.

Einmal fanden zwei meiner Freunde und ich einen ledernen Kasten mit Gebetsriemen, die von religiösen Juden bei ihren Gebeten benutzt wurden. Man hatte uns gesagt, einen solchen Kasten dürfe man niemals öffnen, es sei eine Sünde. Wer es wagte, das kleine, hebräisch beschriftete Stück Pergament aus der Thora, das der Kasten enthielt, herauszunehmen, würde von Gott zu Boden gestreckt. Aber wir hatten auch etwas anderes gehört: Wenn man sich das kleine Stück Pergament unter die Achsel steckte, würde man fliegen können. Es war kein einfach zu lösendes Dilemma. Natürlich wollten wir fliegen, aber wir hatten auch Angst vor Gottes Zorn. Schließlich holten wir ein Messer und öffneten mit zitternden Händen den Kasten. Wir erwarteten, auf der Stelle vom Blitz getroffen zu werden, aber nichts geschah. Einer der älteren Jungen schob sich ganz vorsichtig das Pergamentstück unter den Arm und machte sich bereit abzuheben. Wieder geschah nichts. Dann versuchte es jeder von uns auf die gleiche Art und Weise, aber mit dem gleichen Resultat. Enttäuscht, doch immer noch voller Angst vor der göttlichen Bestrafung warfen wir den Kasten weg und schworen einander, niemandem zu sagen, was wir getan hatten.

Die polnischen Juden belegten die deutschen Juden manchmal mit dem Ausdruck *jekke*, einem leicht abwertenden Spottnamen, weil die Deutschen kein Jiddisch und kein Polnisch sprachen und weil sie für polnische Juden wegen ihres Aussehens und Auftretens eher *gojim* glichen; zudem galten sie in geschäftlichen Angelegenheiten für einfältig. Für polnische Juden war meine Mutter eine *jekkete*, und wenn ich mit ihr auf einer Straße des Ghettos entlangging, riefen uns die Kinder in der Nachbarschaft oft »*jekkes!*« nach. Als ich einmal alleine eine dieser Straßen entlangging, sah ich mich von einer Gruppe gleichaltriger und etwas älterer Jungen umringt. Sie fingen an, mich herumzustoßen, machten sich über meine Kleider lustig und nannten mich immer wieder »*jekke putz, jekke putz*«. Das zweite Wort war ein schlimmer Ausdruck, den zu benutzen man mir verboten hatte. Es gelang mir, den Jungen zu entkommen, aber ich schwor Rache. Und nach ein paar Tagen kam die Gelegenheit, auf die ich gewartet hatte. Ich sah einen Jungen mit seiner Mutter auf der Straße und erkannte in ihm einen meiner Peiniger. So schnell ich konnte, rannte ich zu ihm, gab ihm einen kräftigen Stoß und lief davon. Er fiel hin und verletzte sich an der Lippe. Als seine Mutter das Blut sah, begann sie zu schreien und zu jammern und verfluchte in den unflätigsten jiddischen und polnischen Ausdrücken mich selbst, meine Familie und alle meine Nachkommen. Auch am entgegengesetzten Ende unseres Hofes, wo ich mich versteckte, war ihr Geschrei noch zu hören. Als meine Mutter erfuhr, was ich getan hatte, war sie sehr böse und sagte es meinem Vater. Ich erwartete eine drakonische Strafe, aber nachdem er die ganze Geschichte gehört hatte, sagte er, es sei gut, dass ich lernte, mich zu verteidigen; dass ich den Jungen von hinten angegriffen hatte, fand nicht seine Billigung, doch das konnte man jetzt nicht mehr rückgängig machen.

Bald wurde das Leben im Ghetto schwieriger und gefährlicher. Es gab einen Deutschen – ich weiß nicht mehr, ob er der Gestapo oder der Schutzpolizei angehörte –, der immer wieder ins Ghetto kam und aufs Geratewohl Menschen tötete, die ihm über den Weg liefen. Er ging hinter ihnen her, schoss ihnen in den Nacken und ging weiter. Wenn er das Ghetto betrat, verbreitete sich die Nachricht wie ein Lauffeuer, und in kürzester Zeit waren alle Straßen menschenleer. Einmal sah ich ihn in der Ferne und rannte nach Hause, so schnell ich konnte. Danach hatte ich Angst davor, auf der Straße zu spielen, und ich glaubte auch nicht mehr, dass unser Hof Sicherheit bot.

Immer häufiger veranstalteten die Deutschen Razzien im Ghetto. In der Regel begannen sie damit, dass eine Abordnung schwerbewaffneter Soldaten vor einem Gebäude vorfuhr. Das Haus wurde gestürmt, die Leute wurden herausgeschleppt und in Lastwagen verfrachtet. Wer Widerstand leistete, wurde getreten und geschlagen. Manchmal wurden Menschen auch an Ort und Stelle erschossen. Einmal hörte ich Lärm in unserem Hof, und als ich zum Fenster lief, sah ich Deutsche in das gegenüberliegende Haus strömen. Minuten später hörte ich schreckliche Schreie aus einer der Wohnungen dort. Dort war der *chéjder*, die jüdische Elementarschule, wie auch die Privaträume des Rabbiners, der dort ein paar Kindern Unterricht gab. Damit verletzte er das Lehrverbot, das im Ghetto herrschte. Die Ehefrau und die erwachsenen Töchter des Rabbiners wurden gezwungen, sich auszuziehen, und standen nackt im Hof, während er selbst, mit heruntergeschlagenem Hut, an seinem Bart gepackt, aus der Wohnung geschleppt und weggebracht wurde.

Immer wieder kamen Gestapo oder Schutzpolizei ins Ghetto, um sich aufs Geratewohl bärtige Männer zu greifen, denen sie dann befahlen, einander die Bärte und die Schläfenlocken abzuschneiden. Wer Widerstand leistete, wurde zusammengeschlagen. Die Soldaten schienen sich dabei zu amüsieren. Sie lachten viel und machten sich über ihre Opfer lustig, die vor Angst zitterten und darum flehten, ihre Bärte behalten zu dürfen. Juden mussten auch den Hut ziehen, wenn sie einem deutschen Soldaten auf der Straße begegneten. Wenn sie es nicht taten, schlugen ihnen die Deutschen die Hüte herunter und verprügelten sie. Doch auch wenn sie es taten, wurden sie häufig verprügelt, und die Soldaten schrien: »Warum grüßt du mich, du dreckiger Jude? Ich bin nicht dein Freund!« Mein Vater löste das Problem dadurch, dass er nie einen Hut trug, nicht einmal an den kältesten Tagen jener schrecklichen polnischen Winter. »Warum soll ich ihnen das Vergnügen machen?«, antwortete er, wenn die Leute ihn *meschugge* nannten, weil er keinen Hut trug.

Von Zeit zu Zeit hörten wir, dass dieser oder jener Gemeindevorsteher oder irgendjemand anderes von der Gestapo mitgenommen worden war und nie wieder zurückkam. Mein Vater und meine Mutter kommentierten diese Ereignisse im Flüsterton. Dann hörte ich einen von ihnen sagen, dass die

60

Opfer von unseren eigenen Leuten an die Gestapo verraten worden sein mussten und dass man sehr vorsichtig sein solle mit dem, was man sagte und zu wem man es sagte. »Ja, die Wände haben Ohren«, hieß es immer bei uns. Obwohl ich nicht genau verstand, was die Redensart bedeutete, lernte ich bald, mit niemandem darüber zu sprechen, was ich in unserer oder in der Wohnung unserer Nachbarn gehört hatte, wo meine Eltern und ihre Freunde sich abends trafen, um sich zu unterhalten und ein wenig Wodka zu trinken, den sie irgendwo aufgetrieben hatten.

Nicht lange nach der Errichtung des Ghettos machte der Rat der Jüdischen Gemeinde meinen Vater zum Verantwortlichen des Amtes, das den vielen Neuankömmlingen im Ghetto Wohnungen zuwies. Es war nicht wirklich sein Wunsch, diese Aufgabe zu übernehmen, da damit auch die zusätzlichen Essensrationen wegfielen, die er aus der Polizeiküche mit nach Hause brachte, aber er fand, dass eine Ablehnung nicht in Frage kam. Der bisherige Chef dieses Amtes war entlassen worden; man hatte ihm Misswirtschaft und Korruption bei der Zuweisung der Wohnungen vorgeworfen. Ich erinnere mich, dass mein Vater, kurz nachdem er seine neue Arbeit aufgenommen hatte, zwei Männer aus unserer Wohnung hinauswarf. Er war sehr wütend, und später hörte ich, dass er meiner Mutter erzählte, die beiden Männer hätten versucht, ihn mit viel Geld zu bestechen, damit er ihnen eine größere Wohnung gab. Das veranlasste meine Mutter zu der Frage, warum er uns keine größere Wohnung verschaffte, wo er doch jetzt die Macht dazu hatte. Mein Vater sah sie nur mit ungläubigem Kopfschütteln an; und wir lebten weiter in dem gleichen kleinen Zimmer, das wir bei unserer Ankunft in Kielce erhalten hatten.

Nachdem er das Wohnungsamt des Ghettos einigermaßen in Ordnung gebracht hatte, wurde mein Vater zum Chef der so genannten Werkstatt ernannt, die eher eine kleine Fabrik war. Hier mussten Schneider, Schuster, Kürschner, Hutmacher und andere Handwerker für Gestapo und Schutzpolizei arbeiten und alles tun, was ihnen von den Deutschen befohlen wurde. Meistens waren sie damit beschäftigt, Kleider und Schuhe für die höheren Beamten und ihre Frauen herzustellen. Die Werkstatt lag in unmittelbarer Nähe des Ghettos, doch außerhalb der Mauer. Deshalb hatten mein Vater und alle, die dort arbeiteten, Papiere, die es ihnen erlaubten, das Ghetto zu verlassen, um an ihren Arbeitsplatz zu gelangen.

Als mein Vater Chef der Werkstatt geworden war, fanden meine Eltern heraus, dass meine aus Göttingen stammenden Großeltern mütterlicherseits in das Warschauer Ghetto deportiert worden waren. Wie sie das erfuhren, weiß ich nicht, aber ich erinnere mich, dass meine Eltern Tag und Nacht über meine Großeltern sprachen und sich überlegten, wie sie sie von Warschau nach Kielce bringen konnten. Einmal hörte ich meinen Vater sagen: »Ich rede mit einem der Beamten bei der Schutzpolizei. Seine Frau kriegt nicht genug von diesen Pelzmänteln, die wir für sie machen; und außerdem kommt er mir menschlicher vor als die anderen.« Nicht lange danach trafen meine Großeltern in Kielce ein. Für mich war es ein Wunder, das Beste, was uns seit Jahren passiert war. Meine Mutter war sehr, sehr glücklich, und ich hatte endlich auch Großeltern, wie einige meiner Freunde! Sie bekamen ein Zimmer in einem Haus nicht sehr weit von uns entfernt. Ich besuchte sie jeden Tag und bekam wunderbare Geschichten zu hören über meine Mutter, als sie ein junges Mädchen war, über ihren Bruder

Erich, der in Amerika lebte, und über ihr Leben in Göttingen, bevor die Nazis kamen. Sie hatten mich ein paar Mal gesehen, als ich noch sehr klein gewesen war, aber ich hatte das Gefühl, ihnen jetzt zum ersten Mal zu begegnen. Sie zu besuchen bedeutete, eine andere Welt zu betreten, eine Welt weit weg vom Ghetto, voller Liebe und Geborgenheit. Hier fühlte ich mich sicher und geschützt. Die Geschichten, die sie mir erzählten, über die Vergangenheit und die Zukunft, versetzten mich in eine Welt, in der alle Menschen friedlich zusammenlebten und in der es kein Verbrechen war, ein Jude zu sein.

Rosa Blum-Silbergleit, Thomas Buergenthals Großmutter.

Die beiden Familien, mit denen wir uns in unserem Haus am besten verstanden, waren die Friedmanns und die Lachs'. Sie waren miteinander verwandt und lebten in denselben Wohnungen, in denen sie schon vor dem Krieg gewohnt hatten,

Paul Silbergleit, Thomas Buergenthals Großvater.

ein Stockwerk unter uns. Meine Eltern waren dort oft zu Gast, und ich spielte mit dem Sohn Ucek und seiner Cousine Zarenka. Zarenka war etwa vier Jahre alt, Ucek muss ungefähr ein Jahr älter gewesen sein. Als ich einmal die Frage stellte, warum die Friedmanns und die Lachs' immer gutes Essen hatten, wenn wir zu Besuch kamen, wurde mir gesagt, dass sie reich seien und dass auch wir nach dem Krieg wieder reich wären und so viel Essen haben würden, wie wir nur wollten. Es war nicht einfach für mich zu verstehen, warum wir bis zum Ende des Krieges warten mussten, um reich zu sein, aber solche Gedanken behielt ich für mich.

1942 wurden wir eines Morgens bei tiefster Dunkelheit von lautem Hupen und Gewehrsalven geweckt; über Lautsprecher wurde bekannt gegeben: »Alle raus, alle raus! Wer nicht rauskommt, wird erschossen!« Das Ghetto wurde aufgelöst; aus den Lautsprechern hörten wir wiederholt das Wort: »Aussiedlung! Aussiedlung!« Überall um uns herum schrien und weinten Menschen. Meine Mutter begann sofort, einige unserer Sachen zusammenzupacken, während sie meinen Vater zur Eile drängte. Er stand an unserem Waschbecken in der Küche, rasierte sich bedächtig und sagte ihr, sie solle still sein. »Lass mich nachdenken!«, hörte ich ihn immer wieder sagen. Es war alles äußerst gespenstisch, und draußen wurde es immer lauter. Als mein Vater seine Rasur beendet hatte, legte er sein Rasiermesser zur Seite, half meiner Mutter, noch einige Dinge einzupacken, und sagte dann, wir sollten ihm folgen. Alles um uns herum war in Aufruhr; aus den Häusern, die die Deutschen angefangen hatten zu durchsuchen, hörten wir immer wieder Schüsse. Wenn die Soldaten auf kranke oder alte Leute trafen, die ihre Wohnung nicht verlassen konnten, erschossen sie sie einfach und machten weiter. Wir waren die

Letzten, die das Gebäude verließen; wenig später drangen die marodierenden deutschen Todeskommandos in unser Haus ein.

Im Hof standen dicht gedrängt Nachbarfamilien, die versuchten, außer Reichweite der Soldaten mit ihren unaufhörlich bellenden Hunden zu gelangen. Diese Hunde schienen darauf trainiert zu sein anzugreifen, sobald ihre Herren »Jude!« schrien. Mein Vater schob sich durch die Menge. Mit seinem Werkstatt-Pass in der Hand versuchte er, uns aus dem Hof herauszuführen. Wenn er irgendwo einen seiner Arbeiter mit seiner Familie sah, bat er ihn dringend, sich uns anzuschließen. So wuchs unsere kleine Gruppe allmählich auf zwanzig oder dreißig Menschen an. Auf dem Weg versuchten wir, meine Großeltern ausfindig zu machen, aber sie waren nirgends zu erblicken. Ich sah sie nie wieder. Doch bis heute sind sie in meiner Erinnerung lebendig, mit ihrem Lächeln, wenn ich in ihr kleines Zimmer eintrat, und dem Gefühl von Glück und Frieden, das ihre Umarmungen und Küsse mir vermittelten.

Während wir hinter meinem Vater her in Richtung Ghettomauer und Werkstatt gingen, wurden wir immer wieder von schwerbewaffneten Soldaten angehalten, die uns anbrüllten und bedrohlich ihre Waffen auf uns richteten. Es war wahrhaft furchterregend. Immer noch hörte man überall Gewehrsalven, tote Menschen lagen auf der Straße, und wir konnten nicht sicher sein, dass die deutschen Patrouillen, denen wir begegneten, nicht auch uns einfach niederschossen. Wenn wir stehen blieben, sagte mein Vater den Soldaten in ähnlichem Tonfall, den sie auch im Umgang mit uns benutzten, dass er den strikten Befehl des Stadtkommandanten habe, die Werkstatt zu bewachen. Daraufhin wurde uns erlaubt weiterzugehen. (»Zeig ihnen nie, dass du Angst vor ihnen hast«, sagte mir mein Vater immer wieder.) Als wir unser Ziel erreicht hatten, verschloss er das Tor und wies die anderen an, sich für den Rest des Tages häuslich einzurichten. Fast den ganzen Nachmittag hindurch hörten wir um uns herum Schüsse. Die Männer der Gruppe beratschlagten mit meinem Vater, was als Nächstes zu tun sei. Einige von ihnen plädierten dafür, dass wir die Werkstatt verließen, »bevor sie zu uns kommen und uns alle wegen Nichtbefolgung ihrer Befehle töten«. Aber mein Vater ließ sich nicht darauf ein und versicherte ihnen vehement, dass unsere Überlebenschancen viel größer seien, wenn alle in der Werkstatt blieben, bis die Lage im Ghetto sich beruhigt hätte.

Wir blieben noch einige Stunden. Wenn wir gewollt hätten, hätten wir von dort in den polnischen Teil der Stadt entkommen können, aber ohne falsche Papiere und ohne Geld wären wir sicher bald wieder eingefangen und höchstwahrscheinlich hingerichtet worden. Also blieben wir in der Werkstatt, bis wir kaum noch Geschützfeuer hörten. Dann entschied mein Vater, dass es Zeit für uns sei, unser Refugium zu verlassen. Erneut wurden wir von deutschen Patrouillen angehalten. Sie fragten nach unseren Absichten, und mein Vater teilte ihnen mit, dass er den Auftrag habe, die Arbeiter der Werkstatt zum befehlshabenden Offizier der Ghetto-Auflösung zu bringen. Dann wurde uns erlaubt, weiterzugehen bis zu einem großen Platz, der uns genannt wurde.

Auf dem Weg dorthin sahen wir eine Gruppe deutscher Soldaten. Sie bildeten einen Ring um zwei junge Polen, die auf dem Boden knieten und um ihr Leben flehten. Neben ihnen lagen zwei Säcke, aus denen Dinge herausgerissen und auf der Straße verstreut worden waren. Einer der polnischen Männer trug die weißesten Schuhe, die ich je gesehen hatte.

Die Soldaten traten die jungen Männer mit ihren Stiefeln und schrien, dass Plündern verboten sei und mit dem Tod bestraft werde. Dann erschossen sie sie. Noch Jahre später, wenn ich erfuhr, dass irgendjemand erschossen worden war oder eine Erschießung mit ansehen musste, trat mir unweigerlich das Bild des auf dem Boden knienden jungen Mannes mit den weißen Schuhen vor Augen und erinnerte mich an die schreckliche Szene damals.

Als wir uns dem Platz näherten, sahen wir eine Gruppe von Uniformierten der Gestapo und der Schutzpolizei vor einer großen Menge von Ghettobewohnern, die alle flehentlich darum baten, auf die andere Seite wechseln zu dürfen, wo sich diejenigen sammelten, denen man nach der Liquidierung des Ghettos erlaubt hatte, in Kielce zu bleiben. Als wir auf den Platz kamen, erkannte der Kommandeur der Schutzpolizei, der als Kunde häufig die Werkstatt besucht hatte, meinen Vater an der Spitze unserer Gruppe. »Den brauchen wir!«, rief er aus, »er ist Chef der Werkstatt!« Und er winkte meinen Vater zur anderen Seite. Meine Mutter, die mich an der Hand führte, folgte ihm. Als ein Soldat versuchte, uns aufzuhalten, machte ihm der Kommandeur ein Zeichen, uns durchzulassen. Sobald wir bei meinem Vater angelangt waren, deutete er auf die anderen, die mit uns zusammen aus der Werkstatt gekommen waren, und sagte einem Offizier, dass das alles seine Arbeiter seien. Auch ihnen wurde erlaubt, den Platz zu überqueren und sich auf unsere Seite zu stellen.

In einiger Entfernung sah ich Ucek und Zarenka, meine Spielkameraden aus der Nachbarschaft. Sie standen zusammen mit ihren Eltern bei den Leuten, die abtransportiert werden sollten. Etwas später, als wir alle den Platz verließen, gelang es Frau Friedmann irgendwie, Ucek und Zarenka in

Richtung meiner Mutter zu schieben, ihrer »Tante Gerda«. »Retten Sie sie, bitte retten Sie sie!«, rief sie flehentlich. Die Kinder rannten zu uns. Meine Eltern sorgten sofort dafür, dass sie von einer Gruppe von Erwachsenen in die Mitte genommen wurden, sodass man sie aus der Entfernung nicht mehr sah. Die beiden Kinder weinten leise, als wir den Platz verließen. Meine Mutter versuchte, sie zu trösten, indem sie ihnen zuflüsterte, dass sie ihre Eltern bald wiedersehen würden. Das aber sollte nicht geschehen, denn alle, die mit Waffengewalt gezwungen wurden, auf dem Platz zu bleiben, und die anderen, die schon früher an diesem Tag aus ihren Wohnungen getrieben worden waren, darunter meine Großeltern, wurden nach Treblinka deportiert und sofort nach der Ankunft im Vernichtungslager ermordet. Insgesamt fanden über 20 000 Menschen – fast die gesamte Jüdische Gemeinde von Kielce – bei dieser Operation einen grausamen Tod.

Das Arbeitslager

Wer nach der Liquidierung des Ghettos nicht nach Treblinka verschleppt wurde, kam in ein so genanntes Arbeitslager. Es befand sich in einem kleinen Teil des ehemaligen Ghettos. Die zwei oder drei Straßen dieser Gegend endeten auf einem Grundstück, das früher vielleicht ein großes Spielfeld oder ein Park gewesen war. Als wir dorthin kamen, war es einfach ein leeres und staubiges Stück Land. Unsere Familie, zu der jetzt auch Ucek und Zarenka gehörten, wurde in einem großen Raum untergebracht, mit einer Küche und einem Badezimmer, das wir uns mit einer anderen Familie teilen mussten. Im Badezimmer gab es eine große Wanne, in der wir drei Kinder von Zeit zu Zeit gebadet werden konnten. Hier war ich sehr glücklich, weil ich jetzt einen Bruder und eine Schwester hatte und außerdem der Älteste war, sodass ich ihnen gegenüber den großen Mann spielen konnte.

Im Spätherbst 1942 kamen wir im Arbeitslager an und blieben dort etwa ein Jahr. Mein Vater war immer noch Leiter der Werkstatt, während meine Mutter sich abmühte, mit den uns zugeteilten kargen Essensrationen die auf fünf Personen angewachsene Familie satt zu bekommen, was nicht leicht war. Außer der Tatsache, dass ich nun ständig mit Ucek und Zarenka zusammen war, sind mir nur zwei Ereignisse aus der Zeit im Arbeitslager im Gedächtnis geblieben. Das erste begann mit einem Befehl, den meine Mutter vom Kommandeur entweder der Gestapo oder der Schutzpolizei (ich erinnere mich nicht genau daran) erhielt. Sie sollte sich am nächsten Tag bei ihm melden. Nachdem sie den Befehl gelesen hatte, machte sie sich den ganzen restlichen Tag lang solche Sorgen, dass sie fast nur weinte. Als mein Vater abends heimkehrte und davon erfuhr, wurde er blass, und obwohl er meine Mutter beruhigte und sagte, sie solle sich nicht grämen, merkte ich, dass auch er sehr beunruhigt war. Den ganzen Abend fragten sie sich, was wohl der Grund für den ominösen Befehl sei und was mit meiner Mutter geschehen würde. »Glaubst du, es hat etwas mit den Kindern zu tun?«, fragte sie. »Bestimmt nicht«, beruhigte sie mein Vater. »Sonst wären sie einfach gekommen und hätten die Kinder weggeschleppt.« Immer mehr Mutmaßungen und Befürchtungen tauchten auf, und dann sagte mein Vater, dass er es jetzt wisse und dass sie später darüber reden würden. Als er das sagte, fing ich an zu weinen, weil ich glaubte, die Deutschen planten, meine Mutter umzubringen.

Nachts hörte ich, dass sich meine Eltern weiter flüsternd

über den Befehl unterhielten, den sie bekommen hatte. Mein Vater erklärte, er sei sicher, dass die Deutschen sie auffordern würden, ihnen als Spitzel zu dienen. Es könne für diese seltsame Einbestellung keinen anderen Grund geben, behauptete er. Wenn sie sie für irgendetwas bestrafen wollten, wären sie einfach gekommen und hätten sie mitgenommen. Nein, er war sicher, dass sie sie als Spitzel engagieren wollten, unter anderem deshalb, weil sie Deutsch sprach und sie sich ohne Dolmetscher mit ihr unterhalten konnten. Das Problem sei nur, erklärte mein Vater, dass sie sie umbringen, nach Auschwitz oder in ein anderes Konzentrationslager schicken würden, wenn sie sich weigerte, das zu tun, was sie von ihr erwarteten. Und wenn sie es tat, würde ihr am Ende das gleiche Schicksal bevorstehen. Was konnte man also tun? Mein Vater sah nur einen einzigen Ausweg: »Lass nicht zu, dass sie dir sagen, was sie wollen. Spring einfach von einem Thema zum nächsten. Rede über Göttingen, über alles Mögliche, aber gib ihnen um Himmels willen nicht die Gelegenheit, von dir zu verlangen, dass du für sie arbeitest.«

Am nächsten Tag wurde meine Mutter abgeholt und zum Büro des Kommandeurs gebracht. Ich dachte, ich würde sie nie wiedersehen, und als Ucek und Zarenka mich weinen sahen, brachen auch sie in Tränen aus und fragten immer wieder, wann sie zurückkäme. Tatsächlich kam sie zurück, und von ihren Sorgen merkte man ihr nichts mehr an. Als mein Vater an diesem Abend heimkam, begrüßte sie ihn mit einem strahlenden Lächeln und einem Kuss. »Du hattest recht«, sagte sie, »und ich habe nicht zugelassen, dass er zum Punkt kam. Er muss geglaubt haben, ich wäre eine Idiotin, so viel hirnloses Zeug habe ich zusammengefaselt. Er denkt sicher, ich bin viel zu dumm, als dass ich für sie von Nutzen sein könnte.«

Das andere Ereignis, an das ich mich bis heute erinnere, ist die Liquidierung des Arbeitslagers. Es begann an einem frühen Morgen. Die Deutschen fuhren ins Lager, befahlen, dass alle auf die Straße hinauskamen, und trieben uns zu dem großen Feld in der Mitte des Lagers. Dort mussten wir in zwei langen Reihen Aufstellung nehmen, in Gruppen zu jeweils einem Dutzend Leuten. Die beiden Reihen hatten einen Abstand von etwa fünf Metern voneinander. Als wir uns aufgestellt hatten, begannen die Soldaten (soweit ich weiß, waren sowohl Schutzpolizei wie Gestapo an dieser Aktion beteiligt), zwischen den Reihen auf und ab zu gehen, um Kinder ausfindig zu machen. Den Oberbefehl hatte bei der ganzen Operation der deutsche Stadtkommandant. Er stand vorn, das Gesicht zu den aufgereihten Menschen gewandt, etwa zehn Meter vom Anfang der Reihen entfernt. Hin und wieder bellte er seinen Untergebenen irgendeinen Befehl zu, oder er schlug sich mit einer kurzen Peitsche auf seine Reitstiefel.

Um uns herum wurden überall Kinder aus den Armen ihrer Eltern gerissen. Als die Soldaten Zarenka und Ucek sahen, versuchten sie, sie meiner Mutter zu entwinden. Die beiden Kinder schrien, und meine Mutter versuchte, sie festzuhalten, doch einer der Soldaten fing an, sie zu schlagen, und sie musste sie loslassen. Dann fiel der Blick eines Soldaten auf mich, und er versuchte, auch mich wegzuzerren. Mein Vater lockerte seinen Griff nicht und trat zwischen die Reihen. Als der Soldat den Arm hob, um auch ihn zu schlagen, brüllte mein Vater etwas, und der Mann hielt inne. Ohne meine Hand loszulassen, ging mein Vater auf den Stadtkommandanten zu. Bevor er irgendetwas sagen konnte, sah ich zu dem Kommandanten auf und sagte (ich weiß nicht, ob und warum mein Vater mir das eingegeben hatte): »Herr Hauptmann, ich kann arbeiten!« Er sah mich kurz an und sagte: »Na, das werden wir bald sehen.« Dann winkte er meinen Vater und mich zurück in die Reihe, in der wir gestanden hatten.

Wir erfuhren später, dass Ucek und Zarenka mit etwa dreißig anderen Kindern zusammen zunächst in einem Haus in der Nähe eingesperrt wurden. Von dort wurden sie am späten Nachmittag zum jüdischen Friedhof gebracht und ermordet. Offenbar benutzten die Soldaten Handgranaten, um sie zu töten; wenigstens hörten wir das. Heute steht auf diesem Friedhof in Kielce ein Denkmal, errichtet zum Gedenken an die Kinder, die an jenem schrecklichen Tag 1943 ermordet wurden, unter ihnen mein kleiner Bruder und meine Schwester. Das waren sie inzwischen, und das werden sie immer sein, solange ich lebe. Im Lauf der Jahre ist es mir gelungen, so manches grauenvolle Erlebnis aus jener Zeit aus meinem Gedächtnis zu tilgen, doch niemals war ich auch nur einen Augenblick in der Lage, den Tag zu vergessen, als Ucek und Zarenka von uns fortgerissen wurden.

Was den Stadtkommandanten dazu bewog, mich an jenem Morgen am Leben zu lassen, ist mir bis heute ein Rätsel. War es die Tatsache, dass ich blond war, fließend deutsch sprach und ihn vielleicht an seine eigenen Kinder erinnerte? Ich werde es nie erfahren.

Henryków

Nach der Auflösung des Arbeitslagers wurden wir in zwei Gruppen aufgeteilt und in zwei verschiedene Industriekomplexe am Stadtrand von Kielce transportiert. Eine Gruppe, die mehrere hundert Menschen umfasste, kam nach Ludwików, eine große Gießerei. Meine Eltern und ich waren in einer etwa gleich großen Gruppe und kamen nach Henryków, einem großen Sägewerk, das Waggons für das deutsche Militär herstellte. Die eisernen Felgen für die Räder der Waggons wurden in Ludwików hergestellt. In Henryków lebten wir mit allen anderen Arbeitern zusammen in einer großen Baracke. Meine Mutter, mein Vater und ich schliefen am hinteren Ende der Baracke in Stockbetten; ein dünner Vorhang trennte uns von unseren Nachbarn. Ich erinnere mich nicht, ob die Werkstatt zu diesem Zeitpunkt noch existierte und ob mein Vater sie immer noch leitete, aber ich halte es für wahrscheinlicher, dass er jetzt den ganzen Tag an irgendeiner Maschine in der Fabrik stand. Meine Mutter arbeitete als Schwester in der kleinen Krankenstation, der Dr. Leon Reitter vorstand. Er war der einzige Arzt, der nicht exekutiert worden war, als alle anderen jüdischen Ärzte – falls sie nicht schon bei der Auflösung des Ghettos den Tod gefunden hatten –, einige Monate vor der Ermordung der Kinder im Arbeitslager getötet worden waren.

Bald hatte auch ich Arbeit. Meine Eltern fürchteten, dass der deutsche Kommandant, der mir das Leben geschenkt hatte, weil ich gesagt hatte, ich könne arbeiten, auf einer Inspektionstour eines Tages auch nach Henryków kommen und nach mir fragen könnte. Da mir keine Arbeit in der Fabrik zugeteilt worden war, entschieden meine Eltern, dass ich versuchen sollte, den deutschen zivilen Leiter von Henryków, einen Mann namens Fuss, dazu zu bringen, mich als seinen Laufburschen anzustellen. Um mit Fuss zu sprechen, wartete ich eines Tages vor dem kleinen Haus auf ihn, in dem er sein Büro hatte. Als er herauskam, ging ich zu ihm und brachte mein Anliegen vor. Ich erwähnte, dass ich auch polnisch sprach, und er musterte mich von oben bis unten –, und als ich schon sicher war, dass er mich nicht nehmen würde, sagte er, dass er mich brauchen könne. So wurde ich sein Laufbursche.

Meine Arbeit bestand hauptsächlich darin, die Post zu einem speziellen Briefkasten zu bringen, diverse Botengänge für Fuss auf dem Fabrikgelände zu erledigen und mich um die Fahrräder der Deutschen zu kümmern, die ihn von Zeit zu Zeit besuchten. Ich brauchte nicht lange, um herauszufinden, dass diese Deutschen rangniedere Beamte waren. Sie galten weniger als die höheren Angehörigen von Gestapo und Schutzpolizei, die im Auto vorfuhren. Diese fürchtete ich und versuchte, so weit wie möglich den Kontakt mit ihnen zu vermeiden. Die Radfahrer kamen mir weniger bedrohlich vor, obwohl ich aus Erfahrung wusste, dass man besser um jeden Deutschen in Uniform einen großen Bogen machte. Immer wenn diese Männer bei dem Gebäude eintrafen, in dem Fuss sein Büro hatte, musste ich ihnen die Räder abnehmen und sie in einem Fahrradunterstand zwanzig oder dreißig Meter weit entfernt abstellen. Zuerst schob ich die Räder ganz brav zum Unterstand. Nach und nach fuhr ich mit ihnen wie mit einem Roller, mit einem Fuß auf dem Pedal. Im Laufe der Zeit wurde ich immer selbstsicherer und versuchte, mich auf den Sattel zu setzen und richtig mit ihnen zu fahren. Ich war aber viel zu klein, um den Sattel zu erreichen, und meine Füße berührten kaum die Pedale. Da ich das Fahrradfahren nie gelernt hatte, stürzte ich ein paar Mal. Die Abschürfungen an meinen Händen und Knien machten mir nichts aus; ich fürchtete nur, dass ich die Räder beschädigte und mich dadurch in ernsthafte Schwierigkeiten bringen könnte. Es handelte sich um robuste Militärräder, die einiges aushielten, was für ihre Besitzer nicht galt; und wenn Fuss mich bei meinen Fahrversuchen erwischte, hatte ich ohne Zweifel eine schwere

Strafe zu erwarten. Aber alles ging gut, und am Ende hatte ich das Fahrradfahren gelernt. Viel später, als ich es meinen Söhnen beibrachte, fragte ich mich oft, ob ihnen klar war, dass man diese Kunst auf viel gefährlichere Weise lernen konnte als mit einem Vater, der den Sattel festhielt, bis sie in der Lage waren, selbständig das Gleichgewicht zu halten.

Fuss hatte die Angewohnheit, mit einer Peitsche in der Hand durch die Fabrikationshallen zu spazieren. Wenn er Häftlinge sah, die nicht arbeiteten, verabreichte er ihnen wütende Hiebe mit seiner Peitsche. Männern und Frauen wurden gleichermaßen Schläge verabreicht, und oft wurden seine Opfer dabei schwer verletzt. Nachdem ich einmal eine solche Auspeitschung mit angesehen hatte, entschloss ich mich, die Arbeiter zu warnen, wenn Fuss sich auf den Weg machte. Sobald ich sah, dass Fuss sich für seine Runde bereit machte, rannte ich – falls ich gerade nichts für ihn zu erledigen hatte – vor ihm durch die Hallen. Da Fuss gewöhnlich einen Tirolerhut mit Feder trug, wackelte ich mit dem Finger über meinem Kopf hin und her; das war das Signal, dass er sich näherte. Es machte mir höllischen Spaß, den Häftlingen diesen Dienst zu erweisen, und wahrscheinlich ersparte ich auf diese Weise manchem die Auspeitschung.

Abends erzählte ich meiner Mutter und meinem Vater, was ich als Fuss' Laufbursche tagsüber getan hatte. Einmal bemerkte ich ihnen gegenüber, dass ich die Radiosendungen hören könne, die Fuss in seinem Büro verfolgte. Gewöhnlich drehte er das Radio ziemlich laut auf, und wenn ich neben seiner Tür im Gang saß, konnte ich ohne Schwierigkeiten alles mithören. Einmal hörte ich sogar Hitler sprechen; ich war sicher, dass er es war, weil die Stimme genauso klang wie die meines Vaters, wenn er vor unseren engsten Freunden

Hitler parodierte. Das war sehr gefährlich, und meine Mutter hielt ihm immer vor Augen, dass irgendjemand ihn bei der Gestapo denunzieren könnte, doch mein Vater schien sein Tun das größte Vergnügen zu bereiten. Als ich ihm von den Radiosendungen erzählte, forderte er mich auf, immer aufmerksam zuzuhören. Ich sollte von dem Gehörten so viel wie möglich auswendig lernen und ihm am Abend Bericht erstatten. Das war von nun an ständig meine Aufgabe. Sooft ich konnte, lauschte ich Fuss' Radio, und manchmal auch den Gesprächen, die er mit seinen Besuchern führte. Eines Tages glaubte ich, gehört zu haben, dass Mussolini von Partisanen gefangengenommen worden war. Ich wusste, dass Mussolini Hitlers Freund war, und konnte es daher kaum erwarten, meinem Vater alles darüber zu erzählen. Eine Zeit lang wollte mir niemand glauben, doch dann wurde die Neuigkeit von polnischen Arbeitern bestätigt, die zu den regulären Beschäftigten in Henryków gehörten. Von da an wurden meine Berichte über die Meldungen im deutschen Radio begierig erwartet. Unsere Freude über Mussolinis Gefangennahme währte aber nur kurz, denn bald erfuhren wir, dass er von den Deutschen befreit worden war.

Die Grenze der Fabrikationsanlagen von Henryków wurde von Soldaten bewacht; uns wurde gesagt, es seien »Tataren«. Nach ihrer Gefangennahme mussten sie von der sowjetischen Seite zu den Deutschen übergelaufen sein, und jetzt dienten sie bei den deutschen Hilfstruppen. Sie hatten keine schweren Waffen, was einige junge Männer in unserer Baracke offenbar zu der Überzeugung gelangen ließ, dass es leichter sei, die Flucht zu wagen, wenn die Tataren Dienst hatten. Eines Nachts durchschnitt einer der Häftlinge den Stacheldrahtzaun. Den Tataren, von denen wir stets den Eindruck hatten, dass sie ihre Wächterpflichten weniger ernst nahmen als ihre deutschen Kollegen, war der versuchte Ausbruch dennoch nicht verborgen geblieben. Einen der Flüchtenden erschossen sie an Ort und Stelle, die anderen nahmen sie gefangen. Wir wurden natürlich von dem Geschrei und dem Gewehrfeuer aus dem Schlaf gerissen. Am nächsten Morgen übergaben die Tataren die Häftlinge der Gestapo, die sie wegbrachte. Einige Tage später wurden vor unserer Baracke Galgen errichtet, und die Häftlinge, von Stockschlägen übel zugerichtet und kaum fähig, selbst zu gehen, wurden herausgeführt. Wir mussten uns in einer Reihe aufstellen und mit ansehen, wie sie gehenkt wurden. Sie mussten sich unter den Galgen auf Stühle stellen. Eine ebenso große Zahl von Männern aus unserer Mitte wurde gezwungen, Leitern hochzusteigen und den barhäuptigen Todeskandidaten die Schlinge um den Hals zu legen. Ich sah einen Mann, dessen Hände heftig zitterten, als er sich abmühte, dem Verurteilten das Seil über den Kopf zu ziehen. Der Häftling wandte sich um und küsste die Hand des Mannes, dann sagte er etwas zu ihm und schlüpfte selbst mit dem Kopf durch die Schlinge. Der für die Exekution verantwortliche Gestapobeamte hatte gesehen, was passiert war, und trat wütend mit dem Fuß den Stuhl unter dem Häftling weg. Für uns war offensichtlich, dass die Tapferkeit des Todeskandidaten den Gestapomann um das erwartete Vergnügen gebracht hatte. Während ich diese entsetzlich tragische Szene beobachtete, erfasste mich eine merkwürdige und verquere Schadenfreude. Nur bei äußerst seltenen Gelegenheiten konnten wir mit Recht behaupten, der Gestapo den Spaß vergällt zu haben, den sie daraus zogen, dass sie uns quälten, und dies war eine dieser Gelegenheiten.

Die Leichen der Häftlinge blieben einige Tage vor dem

Barackeneingang hängen, als Warnung vor weiteren Flucht-versuchen. Es sollte noch mehr Hinrichtungen in Henryków geben. In späterer Zeit gehörten sie zum Alltag; doch ich er-innere mich nur an die erste. Die Würde und Menschlichkeit, die der junge Häftling wenige Augenblicke vor seinem Tod bewiesen hatte, und die verächtliche Weigerung der anderen Verurteilten, um ihr Leben zu flehen, bestärkten mich im Lauf der Zeit in der Überzeugung, dass der moralische Widerstand im Angesicht des Bösen nicht weniger Mut beweist als der physische Widerstand, ein Argument, das leider in der Dis-kussion um das Fehlen eines bedeutenden jüdischen Wider-stands während des Holocaust häufig untergeht.

Eines Morgens, fast ein Jahr, nachdem wir in Henryków ankamen, fand unser Aufenthalt dort ein abruptes Ende. Ein großes Kommando deutscher Soldaten betrat das Gelände, und uns wurde befohlen, uns vor der Baracke in einer Reihe aufzustellen. Dann mussten wir unter schwerer Bewachung zu einer Bahnstation marschieren; ich glaube, es war der Gü-terbahnhof von Kielce. Als wir dort ankamen, sahen wir, dass die Häftlinge aus Ludwików bereits an Ort und Stelle waren. Ein Güterzug wartete auf uns, und wir mussten einsteigen. Die Türen wurden von außen verschlossen. In den Waggons war es nicht sehr hell, aber wir konnten durch die Ritzen auf jeder Seite erkennen, was draußen vorging. Ich sah, dass der letzte Wagen ein offener Viehwaggon war, beladen mit schweren Maschinengewehren, die in alle Richtungen zeigten. Soldaten mit Maschinenpistolen saßen in schmalen Führer-ständen oberhalb der Waggons.

Als wir den Zug bestiegen, hörten wir diverse Ansagen über Lautsprecher. Eine davon teilte uns mit, dass unser nächstes Reiseziel eine Fabrik in Deutschland sei, wo wir gebraucht würden. Diese Nachricht nahmen wir mit beträchtlicher Erleichterung auf; eine Zeit lang schien sie die geflüsterten Gerüchte ausräumen zu können, dass wir uns auf dem Weg nach Auschwitz befänden. Ich konnte mir zwar nicht vorstellen, wie Auschwitz wirklich war, aber ich hatte schreckliche Geschichten darüber gehört, und ich spürte, dass die bloße Erwähnung dieses Ortes meine Eltern und andere Erwachsene erschaudern ließ.

Viele Stunden lang fuhr der Zug durch die polnische Landschaft. Als die Leute in unserem Waggon meinen Vater fragten, wohin man uns seiner Meinung nach bringe, versicherte er immer wieder, dass der Zug offenbar in Richtung Deutschland fahre, nicht nach Auschwitz. Da er nicht weit von Auschwitz entfernt, an der Universität von Krakau, studiert hatte, kannte er diesen Teil des Landes gut. Etwas später hörte ich meinen Vater meiner Mutter zuflüstern, dass die Route jetzt nicht mehr die nach Deutschland sei und unser Zug doch in Richtung Auschwitz fahre. Auch andere bemerkten bald, was los war. Manche Leute begannen zu weinen und zu beten; andere sprachen miteinander, dicht zusammengedrängt, in erregtem Flüsterton. Ich weiß noch, dass mein Vater einen großen Schluck aus einer kleinen Wodkaflasche nahm und sie dann meiner Mutter weitergab. Meine Mutter drückte fest meine Hand und umarmte mich immer wieder.

Zwei Männer begannen, die Bodenbretter in der Mitte unseres Waggons zu lockern und herauszubrechen. In den anderen Waggons wurden offenbar ebenfalls Fluchtpläne geschmiedet. Als es dunkel wurde und der Zug durch ein Waldgebiet fuhr, hörten wir plötzlich lautes Geschützfeuer, das vom letzten Waggon kam. Unsere Bewacher mussten gesehen haben, dass einige von uns versucht hatten zu fliehen, indem sie durch die Löcher am Boden des Waggons geschlüpft waren und sich dann ganz flach an die Gleise gedrückt hatten. Wir haben nie herausgefunden, ob irgendeinem der Häftlinge auf diesem Transport die Flucht gelang. Der Zug hielt nicht an, und es wurde noch einige Zeit geschossen. Offenbar gab es weitere Fluchtversuche, die mit wütendem Maschinengewehrfeuer beantwortet wurden, doch wir anderen fügten uns ins Unvermeidliche. Es war uns klar, dass wir demnächst in Auschwitz eintreffen würden.

Auschwitz

An einem sonnigen Morgen in den ersten Tages des August 1944 erreichte unser Zug die Außenbezirke des Konzentrationslagers Auschwitz. Später sollten wir erfahren, dass wir uns genau genommen auf dem Weg nach Birkenau befanden, drei oder vier Kilometer von Auschwitz entfernt. In Birkenau waren die Gaskammern und Krematorien, in denen Millionen von Menschen starben. Auschwitz im eigentlichen Sinn war nur die Fassade für das Vernichtungslager Birkenau. Auschwitz wurde den offiziellen Besuchern gezeigt, während Birkenau der letzte Platz auf Erden war, den viele dorthin transportierte Häftlinge zu Gesicht bekommen sollten.

Als der Zug sich dem Lager näherte, sahen wir Hunderte von Menschen in gestreifter Häftlingskleidung, die Gräben aushoben, Ziegelsteine schleppten, schwere Karren schoben oder zu Kolonnen formiert irgendwohin marschierten. »Menschen!«, hörte ich jemanden mit gedämpfter Stimme ausrufen, und ich merkte, wie unser ganzer Waggon erleichtert aufseufzte. »Also töten sie doch nicht jeden sofort«, muss der Gedanke gelautet haben, der allen durch den Kopf schoss. Die Stimmung im Waggon hellte sich ein wenig auf, und man begann wieder miteinander zu sprechen. »Vielleicht ist Auschwitz doch nicht so furchtbar, wie es immer geheißen hat«, sagte jemand, und auch ich dachte, dass das Lager nicht viel anders aussah als Henryków, nur größer. Vielleicht würde alles gar nicht so schlimm werden.

Jahre später, wenn mich die Leute fragten, wie es in Auschwitz gewesen sei, sagte ich immer, dass ich Glück gehabt hätte, dass man mich in Auschwitz hineinließ. Diese Antwort rief unweigerlich einen entsetzten Gesichtsausdruck hervor. Doch ich meinte es ernst. Die meisten Menschen, die an der Rampe von Birkenau ankamen, mussten sich der so genannten Selektion unterziehen. Kinder, alte und gebrechliche Menschen wurden vom Rest des Transports getrennt und direkt in die Gaskammern gebracht. Unserer Gruppe blieb die Selektion erspart. Wahrscheinlich verzichteten die zuständigen SS-Leute darauf, weil sie annahmen, dass Kinder und andere nicht arbeitsfähige Personen im Arbeitslager bereits aussortiert worden waren. Wenn es eine Selektion gegeben hätte, wäre ich ermordet worden, bevor ich das Lager hätte erreichen können. Das war es, was ich mit der flapsigen Bemerkung über das Glück, nach Auschwitz zu gelangen, meinte.

Natürlich hatte ich bei der Ankunft in Birkenau keine Ahnung, was mich erwartete, und ebenso wenig war mir bewusst, dass ich dem tödlichen Auswahlprozess entkommen war. Sobald wir von unseren Güterzugwaggons auf den Bahnsteig traten, kam der Befehl, dass sich alle Männer auf der einen Seite aufstellen sollten, die Frauen auf der anderen. Bis auf einen kurzen Moment einige Monate später sah ich meine Mutter an diesem Tag zum letzten Mal – bis wir uns am 29. Dezember 1946, fast zweieinhalb Jahre nach unserer Trennung, wiedertreffen sollten. Wir konnten uns nicht richtig voneinander verabschieden, weil die SS uns ständig zubrüllte, wir sollten weitergehen, und jeden schlug und trat, der ihre Befehle nicht unverzüglich befolgte. Ich war zu verängstigt, um zu weinen oder ihr noch einmal zuzuwinken, und blieb dicht bei meinem Vater.

Mein Vater hielt fest meine Hand, als wir in einer Marschkolonne vom Bahnhof zu einem großen Gebäude geführt
wurden. Dort mussten wir uns ausziehen, und man trieb uns
durch einige Duschen und ein Fußbecken mit Desinfektionsmittel. Dazwischen wurde uns der Kopf geschoren, und man
warf uns die gleiche blau-weiß gestreifte Häftlingskleidung
zu, die wir schon gesehen hatten, als unser Zug Auschwitz
erreichte. Als das passierte, flüsterte mir mein Vater zu, dass
wir es geschafft hätten, denn nur wenn wir diese Kleidung
erhielten, konnten wir sicher sein, nicht in die Gaskammern
geführt zu werden.

Nachdem wir das alles hinter uns gebracht hatten, wurde
uns erneut befohlen, Aufstellung zu nehmen und loszumar-
schieren. Nach einem längeren Marsch gelangten wir zu den
Baracken – viele Reihen von Baracken, so weit das Auge reichte. Ungepflasterte Wege führten zwischen ihnen hindurch.
Hohe Stacheldrahtzäune auf jeder Seite der Barackenreihen
unterteilten das Gelände, das wie eine Stadt aussah, in einzelne Lager von immer noch beträchtlicher Größe, jedes mit
eigenem Tor und Wachtürmen. Später erfuhr ich, dass diese
einzelnen Lager mit Buchstaben bezeichnet wurden. Zum Beispiel waren die Frauen in den Lagern C und B untergebracht,
die Männer im Lager D, und so weiter. Unser Ziel war das
Lager E, besser bekannt als »Zigeunerlager«. Hier hatten viele
tausend Sinti- und Romafamilien gehaust. Sie alle – Männer,
Frauen und Kinder – waren kurz vor unserer Ankunft ermordet worden. Nur die Bezeichnung des Lagers blieb, die uns
an ein weiteres grauenvolles Verbrechen erinnerte, verübt im
Namen der Herrenrasse.

Der Eingang zum Zigeunerlager, der aus einem Stachel-
drahttor bestand, wurde von SS-Männern mit ihren Hunden

bewacht. Als wir das Tor passiert hatten, mussten wir uns in einer Reihe hinter einigen Baracken aufstellen und unseren linken Ärmel hochkrempeln. An einem Ende der Reihe saßen zwei Lagerinsassen an einem Holztisch. Jeder von uns musste an den Tisch treten, seinen Namen sagen und den linken Arm ausstrecken. Ich stand vor meinem Vater in der Reihe und wusste eigentlich nicht, was geschah. Dann sah ich, dass die Männer an dem Tisch etwas in Händen hielten, was wie ein Füller mit einer dünnen Nadel aussah, und dass sie den Füller in ein Tintenfass tauchten und dann etwas auf die ausgestreckten Arme schrieben: Wir wurden tätowiert. Als ich an die Reihe kam, hatte ich Angst, es würde wehtun, aber es geschah so schnell, dass ich es kaum spürte. Jetzt hatte ich einen neuen Namen: B-2930, und es war der einzige Name, der hier eine Rolle spielte. Die Nummer, mittlerweile ein wenig verblasst, steht immer noch auf meinem linken Arm. Sie bleibt ein Teil von mir und erinnert mich – weniger an meine Vergangenheit, als an die Pflicht, die mir nach meiner Überzeugung als Zeuge und Überlebender von Auschwitz obliegt: den Kampf zu führen gegen alle Ideologien von Hass und rassischer oder religiöser Überlegenheit, die der Menschheit jahrhundertelang so viel Leid zufügten.

Mein Vater, der in der Tätowierungsschlange direkt hinter mir stand, bekam die Nummer B-2931. Unsere Nummern wurden auch auf einen Stoffstreifen mit gelbem Dreieck gedruckt, das uns als Juden auswies. (Die Insassengruppen wurden durch verschiedene Farben bezeichnet. Politische Häftlinge bekamen zum Beispiel rote Dreiecke. Homosexuelle, Kriminelle usw. hatten wieder andere Farben.) Etwa fünfundvierzig Jahre später, als ich nach Auschwitz reiste und der verantwortlichen Dame im Archiv meinen Namen sagte, um das genaue Datum meiner Ankunft herauszufinden, fragte sie mich nach meiner Nummer. Das überraschte mich, da ich immer gehört hatte, die Deutschen hätten in ihren Lagern über alles genau Buch geführt. »Als Sie ankamen«, erklärte sie mir, »gab es eine solche Menge von Neuankömmlingen, dass die SS sich nicht mehr die Mühe machte, die Namen der Lagerinsassen aufzuschreiben. Nur ihre Nummern wurden festgehalten.« Tatsächlich konnte sie mit Hilfe der Nummer die Daten ermitteln, die ich brauchte. Auf der Karteikarte mit meiner Nummer war sogar verzeichnet, wie viele Menschen mit mir zusammen aus Kielce nach Auschwitz gekommen waren. Da fiel mir ein, dass jene Häftlinge, die – anders als die Überlebenden, die durch ihre Nummern ihre Existenz im Lager dokumentieren können – in den Krematorien starben, als die SS schon aufgehört hatte, Namen festzuhalten, keinerlei Spuren ihrer Anwesenheit an jenem Schreckensort hinterlassen haben. Keine Leichen und keine Namen, nur Asche und namenlose Nummern! Eine größere Verletzung der Menschenwürde ist wohl kaum vorstellbar.

Nachdem man uns tätowiert hatte, wurden uns Baracken zugewiesen. Unser »Block« war wie alle anderen im Zigeunerlager ein Bretterbau; an den Wänden befanden sich zwei lange Reihen breiter, hölzerner, mehrstöckiger Bettgestelle, und der Boden dazwischen bestand aus gestampfter Erde. Ein stämmiger Häftling mit einem Rohrstock begrüßte uns. Das war, wie ich nun erfahren sollte, der »Blockälteste«. Er zeigte auf die Bettgestelle und brüllte dabei auf Polnisch und Jiddisch: »Zehn Mann auf jeden Stock!« Wer sich seiner Meinung nach nicht schnell genug bewegte, wurde mit dem Stock geschlagen oder getreten. Mein Vater und ich suchten uns eine Bettstelle, nahmen den mittleren Stock, und bald gesellten sich acht weitere Häftlinge zu uns. Dann wurde uns befohlen, uns auf den Bauch zu legen, mit den Köpfen zur Barackenmitte. Ich kann mich nicht erinnern, ob wir Decken bekamen, aber ich bin sicher, dass wir keine Matratzen hatten.

Obwohl wir an diesem Abend nichts zu essen bekommen hatten, verging mir jeder Gedanke an Essen durch das, was ich in jener Nacht erlebte. Zwei oder drei gutgenährte Lagerinsassen mit Keulen und Stöcken kamen in unsere Baracke stolziert. Sie trugen Armbinden, die sie als »Kapos« auswiesen. Das waren Häftlinge, die zusammen mit den Blockältesten im Dienst der SS das Lager verwalteten und tagaus, tagein ihre Mithäftlinge terrorisierten. Nachdem die Kapos unseren Barackenchef begrüßt hatten, brüllte einer von ihnen auf Deutsch: »Spiegel, du Schweinehund, komm runter! Wir wollen mit dir reden!« Sobald Spiegel vor ihnen stand, umringten ihn die Männer und begannen, ihn mit Fäusten und Stöcken zu traktieren: ins Gesicht, auf den Kopf, die Beine, die Arme. Je mehr Spiegel um Gnade flehte und schrie, desto wütender prasselten die Schläge der Kapos auf ihn ein. Soviel ich verstand, brüllten sie, während sie auf ihn einprügelten, dass er bei der Gestapo von Kielce einen der Ihren denunziert hatte, wodurch dieser vor etwa zwei Jahren nach Auschwitz deportiert worden war.

Spiegel lag bald auf den Knien und dann flach auf dem Boden und flehte darum, sterben zu dürfen. Er war blutüberströmt und versuchte gar nicht mehr, sich gegen die noch immer auf ihn einprasselnden Schläge zu schützen. Dann hoben ihn die Kapos auf und schleppten ihn aus der Baracke hinaus. Wir sahen nicht, was als Nächstes geschah. Später hörten wir, dass die Kapos Spiegel zum Zaun gezerrt hatten und dass er dort gestorben war. Unser Lagerabschnitt war wie die anderen Lagerbereiche in Birkenau von einem unter Starkstrom stehenden Zaun umgeben, von dem ein ständiges Brummen ausging. Er trennte uns im Zigeunerlager von Lager D auf der einen Seite und Lager F auf der anderen. Ein einzelnes Kabel, das im Abstand von einem Meter zum Zaun und in der Höhe etwa einen Meter über dem Boden gespannt war, sollte die Lagerinsassen davon abhalten, sich dem Zaun zu nähern, der ihnen einen tödlichen elektrischen Schlag versetzen würde. Spiegel muss gestorben sein, weil man ihn in den Zaun geworfen hatte oder weil er selbst zum Zaun gekrochen war. Später erfuhr ich, dass es nichts Ungewöhnliches war, dass Häftlinge in selbstmörderischer Absicht »in den Draht liefen«, wie es hieß.

Die Frage liegt nahe, ob es diesen Kapos je in den Sinn kam, dass sie nicht anders waren als Spiegel. Er verriet andere Juden an die Gestapo, weil er glaubte, dadurch sein eigenes Leben verlängern zu können. Die Kapos machten sich zu Helfershelfern der SS, indem sie ihre Mithäftlinge schlugen, sie dazu zwangen, bis zur totalen Erschöpfung zu arbeiten, oder sie um ihre Essensrationen brachten. Sie wussten, dass sie dadurch den Tod ihrer Untergebenen herbeiführen konnten, und sie taten es, um ihre eigenen Überlebenschancen zu verbessern. So stellten die Konzentrationslager einerseits die Moral jener Menschen auf die Probe, die weder Denunzianten noch Kapos wurden, andererseits waren sie Versuchslabore für das Überleben von Unmenschen. Sowohl Spiegel als auch der Kapo waren Freunde meiner Eltern gewesen. Wir kannten beide schon aus Kattowitz. Damals hatte ich sie »Onkel« genannt. Ich glaube mich zu erinnern, dass der Kapo, den Spiegel denunziert hatte, in seinem früheren Leben ein Zahntechniker oder Zahnarzt gewesen war; Spiegels früheren Beruf kannte ich nicht. Wären sie nicht ins Konzentrationslager gekommen, wären sie wahrscheinlich anständige Menschen geblieben. Was gibt den Ausschlag dafür, dass einige Individuen die moralische Kraft aufbringen, ihren Anstand und ihre Würde nicht zu opfern, so viel sie das auch kosten mag, während andere zu erbarmungslosen Gewalttätern werden, weil sie hoffen, dadurch ihr eigenes Überleben zu sichern?

Was ich an den Tagen machte, die auf die grausame Bestrafung Spiegels folgten, weiß ich kaum noch. Natürlich dachte ich oft an meine Mutter, und sie fehlte mir schrecklich. Ich fragte mich, was sie wohl tat, ob man ihr auch den Kopf geschoren hatte wie uns, ob sie genug zu essen hatte und ob sie wie wir in einer Baracke hausen musste. In diesen Tagen zu Anfang meines Aufenthalts in Auschwitz machte ich auch die Bekanntschaft mit dem hier herrschenden Verpflegungssystem. Frühmorgens wurden wir geweckt und mussten vor einem großen Kessel Aufstellung nehmen, aus dem ein Lagerinsasse mit einer Suppenkelle eine Flüssigkeit schöpfte, die aussah wie schwarzer Kaffee. Neben ihm stand der Blockälteste. Er schnitt Schwarzbrot in Scheiben. Das Brot war häufig verschimmelt, die Scheiben waren ziemlich klein. Ich merkte bald, dass nicht jeder die gleiche Menge Brot erhielt. Diejenigen, die der Blockälteste nicht mochte, bekamen ein kleineres Stück oder gar kein Brot, während seine Freunde und er selbst ganze Laibe für sich reservierten. Wer sich beklagte, lief Gefahr, verprügelt zu werden. Abends bekamen wir die einzige weitere Mahlzeit des Tages. Sie bestand im Allgemeinen aus einer geschmacklosen, wässrigen Rübensuppe. Da wir abends kein Brot bekamen, versuchte ich immer, ein Stück der morgendlichen Brotscheibe für später aufzusparen, und versteckte sie sehr sorgfältig, sodass sie mir nicht gestohlen werden konnte.

Das war mehr oder weniger alles, was wir zu essen hatten. Bei dieser Kost wurden manche Häftlinge allmählich zu »Muselmännern«: So wurden jene völlig Abgezehrten bezeichnet, die wie betäubt herumgingen, völlig zu essen aufhörten und in kürzester Zeit ohne großes Aufheben starben. Ich erfuhr bald, dass jemand, der ein Muselmann geworden war, nicht mehr lange zu leben hatte. Das war das Schicksal eines Freundes meiner Eltern, den ich »Onkel« genannt hatte, solange ich mich erinnern konnte. Er und seine Frau waren zusammen mit uns in Kattowitz gewesen. Er war Jude, sie Nichtjüdin. Als Deutsche hätte sie ihn verlassen und nach Deutschland zurückkehren können, aber das tat sie nicht, sondern sie half ihm, so gut sie konnte. In Kielce lebte sie außerhalb des Ghettos und schaffte es irgendwie, Essen für ihn zu besorgen; dasselbe gelang ihr im Arbeitslager. Ich weiß noch, wie sie im Ghetto über einen Zaun hinweg miteinander sprachen. Auschwitz durfte sie nicht betreten, sie kam nicht einmal in die Nähe des Lagers; und ihm, einem hochgewachsenen, kräftigen Mann, reichten die Rationen, die wir erhielten, einfach nicht aus. Als ich ihn einige Wochen nach unserer Ankunft wiedersah, war er der magerste Mensch, den ich je getroffen hatte. Er erkannte meinen Vater und mich nicht mehr und führte ständig murmelnd Selbstgespräche. Nach dem Krieg besuchte ich zusammen mit meiner Mutter seine Frau, die zurückgekehrt war in ihre Heimatstadt Hamburg. Natürlich wollte sie wissen, wann ich ihren Mann zum letzten Mal gesehen hatte, und fragte mich, was mit ihm geschehen sei. Ich log. Ich sagte ihr, dass er bei unserem letzten Zusammentreffen freundlich gewesen sei wie immer, dass er nur etwas Gewicht verloren habe. Ich brachte es einfach nicht über mich, dieser Frau, die wir alle bewunderten, weil sie so viel Mut und Loyalität ihrem Mann gegenüber bewiesen hatte, die Wahrheit über seine letzten Tage zu berichten. Sie hatte genug gelitten.

Ich weiß nicht mehr, wie lange mein Vater und ich in dem Block blieben, der uns nach unserer Ankunft im Zigeunerlager zugewiesen worden war. Einer der Kapos, die in jener Nacht auf Spiegel eingeprügelt hatten, war zuständig für eine Baracke, die als eine Art Materiallager diente. Dort wurden die Kleider, die man den Neuankömmlingen abgenommen hatte, sortiert und anderswohin verfrachtet. Wohin sie kamen, fand ich nie heraus. Um uns zu helfen, veranlasste dieser Kapo, dass mein Vater und ich und einige andere, mit denen er in Kielce befreundet gewesen war, in seiner Baracke unterkommen konnten. Wir schliefen und arbeiteten dort, und für eine Weile waren wir sicher. Wir waren nicht länger den Misshandlungen ausgeliefert, die in der anderen Baracke an der Tagesordnung waren, wir hatten ein wenig mehr zu essen, und wir hatten ein Bettgestell mit Decken und einem Strohsack als Matratze. Ebenso wichtig war die Tatsache, dass wir uns mit den in der Baracke aufbewahrten Kleidungsstücken warm halten konnten.

In unserem neuen Block teilten mein Vater und ich uns den Platz auf dem Bettgestell mit meinem Freund Walter und seinem Stiefvater. Walter war es gelungen, dem Schicksal der Kinder in Kielce zu entkommen, weil er etwas älter war als die meisten der Ermordeten. Außerdem war er ziemlich groß. Nach unserem Umzug in die neue Baracke wurde Walter sehr krank. Sein Vater brachte ihn ins Krankenrevier. Dort wurde er aufgenommen, nachdem man Diphtherie diagnostiziert hatte. Die Baracken, die im Zigeunerlager als Krankenrevier dienten, lagen unserem Block schräg gegenüber. Ein paar Tage, nachdem Walter dort eingeliefert worden war, wurden wir eines Nachts durch furchtbare Geräusche aus dem Schlaf gerissen. Lastwagen standen mit laufendem Motor vor dem Krankenblock, und SS-Wachen trieben schreiende Kranke auf die Ladeflächen. Natürlich wussten die Kranken, dass man sie in die Gaskammern fuhr, und wir wussten, dass die SS das Krankenrevier ausdünnte, um Platz zu machen für neue Kranke. Das taten sie alle paar Wochen; deshalb war es so gefährlich, wenn man ins Krankenrevier kam. Am nächsten Morgen erfuhren wir, dass auch Walter zu denen gehörte, die mitgenommen worden waren. Sein Vater gab sich die Schuld an Walters Tod, weil er ihn selbst ins Krankenrevier gebracht hatte, doch wir wussten alle, dass er angesichts von Walters schwerer Krankheit keine andere Wahl gehabt hatte. Ich begreife immer noch nicht, wie es möglich war, dass Walter Diphtherie bekam und ich, der ich neben ihm schlief, mich nicht ansteckte. War es einfach Glück, oder könnte es sein, dass er keine hochansteckende Diphtherie hatte, sondern eine ganz andere Krankheit?

Alle paar Wochen kam die SS ins Zigeunerlager, um auch hier eine der laufend stattfindenden Selektionen durchzuführen. Sie wurde gewöhnlich von einem oder zwei SS-Ärzten geleitet, meist unter Aufsicht des berüchtigten Dr. Mengele, genannt der Todesengel, dessen Name allein mich vor Angst zittern ließ. Der Zeitpunkt der Selektionen war der frühe Morgen, nachdem sich die Lagerinsassen vor dem Block zum Zählappell aufgestellt hatten. Auch wenn es keine Selektion gab, war dieser tägliche Zählprozess eine Qual, die Stunden dauern konnte, besonders wenn jemand fehlte. Gewöhnlich stellte sich heraus, dass der fehlende Häftling über Nacht gestorben war. Beim täglichen Zählappell wurde häufig geprügelt; ab und zu wurde auch jemand aufgehängt. Mein Vater, der nicht lange nach unserer Ankunft in Auschwitz begriffen hatte, wie die Selektionen funktionierten und dass Kinder am stärksten gefährdet waren, dachte sich eine Taktik aus, mit der ich dem System entkommen konnte. Morgens, wenn wir uns draußen zum Zählappell aufstellen mussten, sollte ich versuchen, möglichst weit nach hinten, nah an den Eingang der Baracke zu gelangen. Sobald wir das Zählen hinter uns hatten und es Anzeichen für eine Selektion gab, sollte ich versuchen, durch die Tür zu schlüpfen und mich im Inneren der Baracke zu verstecken. Diese Taktik war häufig meine Rettung. Die Ausführung war allerdings nicht immer leicht, weil ich verschwinden musste, ohne von der SS oder dem Blockältesten bemerkt zu werden. Aber ich wurde nie erwischt.

Selektionen gab es manchmal auch völlig unerwartet. Dann betrat Mengele mit einigen seiner Assistenten das Lager und befahl, dass alle Kinder, Kranke oder Alte, die er in den Baracken oder in den Lagerstraßen antraf, abgeführt wurden. Mein Vater erörterte dieses Problem mit unserem Freund, dem Kapo, der meinte, dass eine richtige Arbeit mir etwas mehr Schutz gewähren könnte. Einige Tage darauf stellte mich der Kapo der sogenannten Sauna als Laufbursche an. Hier wurden Neuankömmlinge von anderen Außenkommandos durch die Dusche geführt und ihre Kleider wurden desinfiziert. Meine Tätigkeit – heute glaube ich, dass diese Arbeit wahrscheinlich jenem Freund meines Vaters zuliebe geschaffen worden war – bestand hauptsächlich darin, alle möglichen Dinge für meinen neuen Chef zu erledigen. Immer wenn ein Aufseher mich irgendwo im Lager anhielt, was von Zeit zu Zeit vorkam, wies ich mich als Laufbursche im Dienst des Sauna-Kapos aus und durfte weitergehen. Diese Arbeit gab mir beim Zusammentreffen mit den SS-Wachen ein größeres Gefühl der Sicherheit als vorher, obwohl es immer schwer war, nicht zu zittern, wenn man von einem von ihnen aufgerufen wurde.

Manchmal musste ich auch Personen aus einem anderen Block irgendwo in Birkenau eine Nachricht oder ein Päckchen überbringen. Es gelingt mir heute nicht mehr, mich daran zu erinnern, wie es möglich war, das Zigeunerlager zu verlassen und wieder zu betreten, aber ich weiß noch, dass ich einmal zusammen mit einem Mithäftling zu einem der Krematorien geschickt wurde (wir benutzten diesen Ausdruck sowohl zur Bezeichnung der Gaskammern als auch der eigentlichen Krematorien). Wir mussten Gas abholen, das als Desinfektionsmittel für die Kleider verwendet wurde. Natürlich hatte ich schreckliche Angst, diesem Ort nahe zu kommen, aber das half nichts. Als wir dort ankamen, wurden wir von Häftlingen begrüßt, die in den Krematorien arbeiteten. Sie mussten die Leichen aus den Gaskammern holen und sie in den Öfen verbrennen. Es waren kräftige junge Männer, die mit uns Witze rissen, wahrscheinlich weil sie unser Entsetzen spürten. Wir sagten ihnen, was wir wollten, und sie gaben uns einige mit Gas gefüllte Behälter, die wir mit zurücknahmen. Derjenige, mit dem ich zur Sauna zurückkehrte, glaubte, dass wir Zyklon B erhalten hatten, dasselbe Gas, mit dem die Menschen in den Gaskammern getötet wurden. Ich habe keine Ahnung, ob das stimmte, obwohl einiges dafür spricht, da wir es im Krematorium erhielten.

Die Luft in Auschwitz war immer von dem übelriechenden Rauch verpestet, der aus den Schornsteinen des Krematoriums quoll. Wenn ein neuer Transport in Birkenau eintraf, waren der Rauch und der Gestank am schlimmsten, weil die Menschen, die man bei der ersten Selektion an der Rampe aussortiert hatte, sofort in die Gaskammern getrieben wurden. Wenn die Krematorien bei Nacht betrieben wurden, nahm der Himmel über ihnen eine rötlich-braune Färbung an. Einmal besuchte ich viele Jahrzehnte nach dem Krieg Auschwitz im Sommer. Auf dem Lagergelände von Birkenau sah ich Vögel und blühende Blumen. Da fiel mir plötzlich ein, dass ich in Auschwitz nie zuvor Vögel gesehen hatte. Der Rauch muss sie vertrieben haben. Ebenso wenig kann ich mich an Gras oder an Bäume erinnern. Wenn es regnete, wurde der Boden zu Morast, und das blieb tagelang so, außer im Winter, wenn eine Mischung aus schmutzigem Schnee und Eis die Erde bedeckte.

Es gab eine Baracke im Zigeunerlager, in der wir uns waschen konnten. Das Wasser war immer von rostig-brauner Farbe und immer eiskalt. Es lief aus kleinen Löchern, die in lange Rohre gebohrt worden waren. Unter den Rohren waren Waschbecken, die aussahen wie Futtertröge für Vieh. Eine weitere Baracke diente als Gemeinschaftslatrine. In Zementplatten waren Löcher eingelassen worden, die als Toilettensitze dienten. Das war unser liebster Platz im Lager, weil es nur hier immer warm war. Doch es war verboten, sich dort länger als ein paar Minuten aufzuhalten. Für die Einhaltung dieses Verbots sorgte ein Häftling aus Griechenland. Ich werde ihn nie vergessen. Wenn er nicht gerade dabei war, uns hinauszujagen, konnte er sehr schön Mandoline spielen. Ich begriff bald, dass er mir erlaubte, mich ein wenig länger in dem warmen Abort aufzuhalten, wenn ich ihm sagte, wie gut mir seine Musik gefalle.

Eines Tages, vermutlich gegen Ende Oktober, bemerkten wir nach dem Wecken Anzeichen für eine bevorstehende Selektion, aber die Vorbereitungen unterschieden sich von den

Selektionen, die ich bisher kannte. Wir hatten keine Ahnung, was passieren würde, da die SS diesmal ganz anders vorging. Statt gezählt zu werden, wie sonst üblich, mussten wir Block für Block Aufstellung nehmen und wurden dann in einer Baracke an der Rückseite des Lagers zusammengetrieben. Dort mussten wir im Gänsemarsch an einer Gruppe von Ärzten vorbeigehen. Ich glaube, Mengele war dabei, aber ganz sicher bin ich nicht, da ich nicht wagte, ihm ins Gesicht zu sehen. Über die ganze Länge der Baracke und an jeder Seite der Ärztekommission wurden im Abstand von jeweils einigen Metern SS-Wachen postiert. Mein Vater ging zuerst hinein. Ich folgte ihm und sah mich nach einem Fluchtweg um. Es gab keinen. Als wir nur noch ein paar Meter von den Ärzten entfernt waren, winkte einer von ihnen meinen Vater zur linken und mich zur rechten Seite. Mein Vater versuchte, mich an der Hand zu nehmen und mit sich zu ziehen, doch ein SS-Posten packte mich, während ein anderer meinen Vater mit einem Fußtritt aus der Baracke beförderte. Ich sah meinen Vater nie wieder.

Ich wurde zu einer angrenzenden Baracke gebracht. Sie wurde von einem Lagerinsassen bewacht, der der Blockälteste sein musste. Als ich eintraf, waren schon einige andere Leute dort. Die meisten sahen krank aus, andere waren alt, und einige waren Muselmänner geworden oder befanden sich in einem extrem geschwächten Zustand. Am Ende des Raums gab es einen weiteren Eingang. Die Tür dort war mit einem Stück Draht versperrt. Ich erkannte meine Chance, stellte mich in der Nähe der Tür auf und wartete. Weitere Menschen wurden in den Raum gebracht, alle in einem ähnlichen Zustand wie die bereits Anwesenden. Sie sahen aus, als hätten sie sich schon in ihr Schicksal ergeben. Das tat ich nicht! Ich wusste, dass unser Bestimmungsort die Gaskammer war und dass ich irgendwie entkommen musste, um wieder zu meinem Vater zu gelangen. Verstohlen bewegte ich mich immer näher an die Tür heran und begann schließlich, ohne den Blockältesten aus den Augen zu lassen, den Draht zurückzubiegen. Er ließ sich ziemlich leicht entfernen, und mit einem Satz rannte ich hinaus. Hinter mir konnte ich einige Mithäftlinge schreien hören, dass ich geflohen sei. Der Blockälteste reagierte schnell; er rannte mir nach und fing mich wieder ein. Dann gab er mir ein paar Schläge ins Gesicht und schleppte mich zur Baracke zurück. Noch zweimal gelang es mir, aus diesem Raum zu entwischen, doch jedes Mal wurde ich wieder eingefangen und mit weiteren Schlägen bestraft.

An diesem Punkt sagte ich mir, dass ich nicht entkommen konnte und dass ich in ein paar Stunden in der Gaskammer sterben würde. Zuerst war ich wütend auf meine Mithäftlinge, die mich jedes Mal verraten hatten, wenn ich zu fliehen versuchte. Ich begriff nicht, warum sie das getan hatten. Meine Flucht hätte an ihrem Schicksal sicher nichts geändert, und auch sie müssen gewusst haben, dass sie auf dem Weg in die Gaskammer waren. Dann dachte ich an meinen Vater und daran, wie verstört er sein musste, weil es ihm diesmal, anders als bisher, nicht gelungen war zu verhindern, dass ich bei einer Selektion auf die falsche Seite geriet. Ich wünschte mir, ihm sagen zu können, dass er sich dafür nicht die Schuld geben sollte. Es war unmöglich gewesen, die Falle vorauszusehen, in die wir getappt waren.

Solche Gedanken schossen mir durch den Kopf, als ich mich schließlich in einiger Entfernung von der Tür in eine Ecke hockte. Nach ein paar Minuten stellte ich fest, dass ich um mich herum keine Stimmen mehr hörte; nicht einmal

mehr die gebrüllten Befehle der SS-Aufseher in der angrenzenden Baracke. Bis zu diesem Moment war ich von blanker
Angst erfüllt gewesen, Todesangst, denn ich wusste, dass mir
nach der misslungenen Flucht nur noch der Weg in die Gaskammer offen stand. Aber dann geschah etwas höchst Ungewöhnliches. Langsam, ganz langsam ließen meine Angst und
mein Schrecken nach, als ich mir eingestand, dass es keinen
Ausweg gab und dass ich in wenigen Stunden sterben würde.
Die große nervliche Anspannung, die über mir gegangen hatte wie eine schwere Wolke, legte sich. Wärme durchströmte
meinen Körper. Ich war im Frieden mit mir selbst. All meine
Befürchtungen waren verschwunden, und ich hatte keine
Angst mehr zu sterben.

Am Ende der Selektion befanden sich dreißig oder vierzig
Häftlinge im Raum. Wir saßen da und warteten auf den Lastwagen, der uns in die Gaskammer bringen würde. Eine Zeit
lang geschah nichts; dann hielt ein SS-Wagen vor der Baracke, und wir mussten einsteigen. Zuerst steuerte der Wagen
in Richtung der Krematorien, doch dann bog er ab und fuhr
zu einem nah gelegenen Krankenblock. Er befand sich, wie
ich glaube, im Lager F, wo es eine ganze Anzahl von Baracken gab, in denen Häftlinge hausten, die krank waren oder
unter Quarantäne standen. Der Lastwagen hielt vor einer dieser Baracken, und wir mussten aussteigen. Wir wurden von
Krankenpflegern in Empfang genommen, die unsere Häft-
lingsnummern auf kleine Karteikarten schrieben und darunter irgendetwas anderes vermerkten. Als wir sie bedrängten,
uns den Grund unseres Aufenthalts zu sagen, wurde uns
mitgeteilt, dass wir nur »auf der Durchreise« seien. Die SS
war offenbar zu dem Schluss gekommen, dass es Energiever-
schwendung wäre, unsere kleine Gruppe in die Gaskammer

zu bringen, weil das auch bedeutet hätte, einen der Öfen an-
zuheizen. Stattdessen entschieden sie, uns in diesem Block zu
lassen, bis eine größere Gruppe zusammengekommen war.

Die Insassen unserer Baracke hatten alle eine Hautkrank-
heit, die Krätze. Ihre Körper waren über und über verschorft,
und sie kratzten sich ständig. Morgens reihten sie sich auf
und wurden von einem jungen polnischen Arzt inspiziert, der
ihnen gewöhnlich eine orangefarbene Salbe verabreichte. Ich
machte mir große Sorgen, angesteckt zu werden, und ging ein
paar Mal selbst zu diesem Arzt. Er war immer sehr freundlich
zu mir und gab mir Ratschläge, wie ich den Ausbruch der
Krätze vermeiden konnte. Einmal gab er mir ein Stück Seife
– ich hatte seit einer ganzen Weile keine Seife mehr zu Gesicht
bekommen – und sagte mir, ich solle mir häufig die Hände
waschen. Von Zeit zu Zeit untersuchte er mich und freute sich
immer, dass ich noch keine Krätze hatte. Er sorgte dafür, dass
ich immer genügend Seife hatte. Manchmal steckte er mir
auch ein Stück Brot zu und brachte es irgendwie fertig, dass
ich einen Platz in einem hinteren Winkel der Baracke bekam,
weit weg vom Eingang und den anderen Bereichen, wo sich
die Kranken gewöhnlich sammelten.

Als ich einigermaßen sicher war, dass ich eine Ansteckung
tatsächlich vermeiden konnte, begann ich mein Leben im
»Krankenlager« zu mögen. »Vielleicht hat uns die SS vergessen«, dachte ich voller Hoffnung, und eine Zeit lang schien es,
als hätte ich recht damit. Das einzig Unangenehme war die
Tatsache, dass die neue Baracke sich in unmittelbarer Nähe
zu den Krematorien befand. In vielen Nächten wachte ich
von den Schreien dort auf, dem lauten Flehen um Hilfe, wenn
die Menschen in die Gaskammern getrieben wurden. Es war
furchtbar. Am ganzen Körper zitternd, lag ich wach. Wenn

ich dann wieder einschlief, hatte ich Albträume, grauenerregende, lebhafte Albträume, in denen ich geschlagen oder hingerichtet wurde. Ich hatte Angst vor dem Einschlafen, denn Nacht für Nacht kehrten die gleichen Albträume wieder. Nach einer Weile jedoch fand ich, unbewusst, einen Weg, mit den schrecklichen Bildern fertig zu werden: Im Schlaf, während ich den Albtraum hatte, hörte ich mich selbst sagen: »Es ist nur ein Traum, man braucht keine Angst davor zu haben.« Dann verschwand der Albtraum. Wenn ich später von den grässlichen Schreien der ins Gas getriebenen Menschen halb erwachte, verwandelte mein Unbewusstes diese Szenen in Träume und ich schlief weiter.

Eines Nachts, als ich immer wieder entsetzliches Schreien hörte, schlief ich unbeirrt weiter, weil ich glaubte, wieder einmal einen Albtraum zu haben. Doch als ich am nächsten Morgen erwachte, wurde mir berichtet, dass in dieser Nacht oder am frühen Morgen die SS gekommen war und all diejenigen mitgenommen hatte, die mit mir in diese Baracke gekommen waren. Es war für mich ein Wunder, dass die SS mich nicht gefunden hatte. Doch ich erfuhr bald, wodurch ich gerettet worden war. Bei unserer Ankunft im Krankenlager war auf die Rückseite unserer Karteikarten ein rotes X geschrieben worden. Mein Freund, der junge polnische Arzt, hatte offenbar meine Karte zerrissen und mir eine neue ausgestellt, ohne das rote X. Als die SS kam und nach den Karteikarten mit dem roten Zeichen fragte, war meine Karte nicht dabei. Der Doktor hatte mein Leben gerettet, und meine Albträume hatten mich davor bewahrt, das Geschehen in dieser Nacht mitzuerleben und mich womöglich selbst zu verraten.

Ich blieb noch eine oder zwei weitere Wochen im Krankenlager. Dann rief mich der Arzt in seinen kleinen abgetrennten

Raum und teilte mir mit, dass ich verlegt würde in den Kinderblock im Lager D. Ich hatte gelernt, allem und jedem zu misstrauen – natürlich wusste ich, dass ich ihm trauen konnte, doch was war mit den Leuten, mit denen er meine Verlegung abgesprochen hatte? –, und fragte ihn immer wieder, ob er sicher sei, dass ich ins Lager D käme und nicht in die Gaskammer. Er beteuerte, dass ich keine Angst zu haben bräuchte, und es sollte sich zeigen, dass er recht hatte. Einige Stunden später wurde ich in den Kinderblock im Lager D gebracht. Bis heute kann ich nicht sagen, wie diese Verlegung zustande kam. Woran ich mich erinnere, ist nur, dass ich von einem Wachmann abgeholt wurde, dem ältesten SS-Mann, den ich je gesehen hatte. Er sah anders aus als die anderen SS-Leute, mit denen ich vorher zu tun gehabt hatte. Normalerweise waren sie jung, schienen stolz zu sein auf ihr militärisches Auftreten und genossen es offensichtlich, uns zu misshandeln. Dieser Mann hingegen war freundlich; er sagte mir immer wieder, dass es mir im Kinderblock gefallen würde und dass ich dort sicher sei. Er war der erste SS-Mann, in dessen Gegenwart ich nicht um mein Leben bangte. Später erfuhr ich, dass 1944 ältere Männer zur SS eingezogen wurden, weil die jungen Männer an der Front gebraucht wurden. Es ist gut möglich, dass dieser Mann einer dieser Dienstverpflichteten war.

Bevor ich den Kinderblock kennenlernte, wusste ich nichts von seiner Existenz. Später sagte man mir, dass er auf Betreiben eines deutschen politischen Häftlings eingerichtet worden war. Er hatte eine Gruppe Jugendlicher vor der Gaskammer gerettet, weil er die SS davon überzeugen konnte, dass es besser sei, sie zu nützlicher Arbeit im Lager zu benutzen als loszuwerden. Die SS erklärte sich damit einverstanden, ihn seine Idee beweisen zu lassen, und übergab ihm die Verantwortung für eine Baracke, deren Belegschaft ausschließlich aus Kindern bestand. Im Lauf der Zeit kamen etliche Jungen zusammen. Die meisten von ihnen waren älter als ich. Nachdem ich dem Blockältesten vorgestellt worden war und einen Schlafplatz zugewiesen bekommen hatte, erblickte ich sehr bald zwei Freunde: Michael und Janek. Ich kannte sie aus Kielce. Sie waren nicht ermordet worden, weil es ihnen gelungen war, sich auf dem Dachboden jenes Hauses zu verstecken, in dem die Kinder des Arbeitslagers eingesperrt worden waren, bevor man sie zum Friedhof brachte. Ich freute mich, sie wiederzusehen. Wir teilten die Erfahrungen von Kielce, das machte uns unzertrennlich; wir waren wie Brüder.

Die meisten Insassen des Kinderblocks wurden zum Abfallsammeln abkommandiert. Manchmal mussten wir auch in anderen Lagern Müll sammeln. Wir suchten an verschiedenen Orten Abfall, warfen ihn in hölzerne Karren und brachten ihn zu einer Müllhalde. Drei oder vier Kinder kamen auf einen Karren. Michael und Janek schafften es irgendwie, dass ich mit ihnen gehen durfte. Normalerweise war unsere Arbeit nicht sehr schwer. Doch wenn es regnete – was oft geschah –, sanken wir knöcheltief in den Schlamm ein, und man brauchte viel mehr Kraft als sonst, um den Karren zu schieben.

Einmal gerieten wir in die Nähe der Frauenlager. Wir hatten den Auftrag, im Lager C Müll zu sammeln. Dieses Lager grenzte an einer Seite an unser Lager D. Frauen und Männer in diesen Lagern konnten sich hier über den elektrischen Zaun hinweg schreiend verständigen. Mein Vater hatte herausgefunden, dass meine Mutter sich im Lager B aufhielt. Von unserem Lager aus hatten wir keine Möglichkeit, sie zu sehen. Doch jetzt, im Lager C, schoben Michael, Janek, ich und zwei weitere Jungen unseren Karren dicht an den Zaun zum Lager B heran. Jeder Frau, die wir auf der anderen Seite sahen, schrien wir auf polnisch und jiddisch zu, dass wir Frauen aus Kielce suchten, und schon ein paar Minuten später kamen einige herbeigelaufen, darunter Angehörige von Janek und Michael. Dann sah ich meine Mutter. Als sie mich erkannte, begann sie zu weinen und »Tommy, Tommy!« zu rufen. Und wenn sie nicht von anderen zurückgehalten worden wäre, hätte sie versucht, mich durch den elektrischen Zaun hindurch zu berühren. Alles, was ich denken konnte, war, dass sie lebte, und auch sie sagte immer wieder: »Du lebst, du lebst!« Dann fragte sie nach meinem Vater. Ich konnte ihr gerade noch sagen, dass er mit einem Transport das Lager verlassen hatte, als ein weiblicher Kapo kam und alle Frauen vom Zaun wegscheuchte. Noch Monate später wiederholte ich mir immer wieder die Worte meiner Mutter und sah ihr tränenüberströmtes, lächelndes Gesicht hinter dem Zaun. Was zählte, war, dass sie noch lebte und nicht zum Muselmann geworden war: Sie war mager, aber den Umständen entsprechend sah sie nicht schlecht aus, und, wie ich mir selbst versicherte: Sie war auch ohne Haare eine sehr schöne Frau. Nicht lange nach dieser Begegnung hörte ich, dass eine große Anzahl von Frauen, unter ihnen meine Mutter, in ein anderes Lager nach Deutschland verlegt worden waren.

Unser Blockältester behandelte uns gut und verteilte die Essensrationen gerecht. Nur selten reichten sie aus, um das nagende Hungergefühl zu besänftigen, das zu einem Teil meiner selbst geworden war. Trotzdem widerstand ich dem Wunsch, die Reste zu essen, die wir im Abfall fanden. Da wir auch für den Abfall aus der SS-Küche zuständig waren, bestand immer die große Versuchung, ein halbgegessenes belegtes Brot zu essen oder eine Büchse auszuschlecken, die noch ein paar

Bröckchen Wurst oder ein wenig Suppe oder Sauce enthielt. Doch wenn ich solche Dinge auflas, erinnerte ich mich daran, dass mein Vater mich immer eindringlich davor gewarnt hatte, etwas aus dem Abfall zu essen, weil man davon sehr krank werden konnte. Einmal allerdings bot sich uns eine besondere Gelegenheit. Wir sammelten Abfall hinter der SS-Küche, und als wir durch das offenstehende Fenster sahen, merkten wir, dass in diesem Augenblick niemand im Raum war. In der Nähe des Ofens stand ein Topf mit Milch. Es war Jahre her, seit Michael, Janek und ich das letzte Mal Milch getrunken hatten. Wir sahen uns an, und ohne ein Wort zu sagen, kletterte Michael durchs Fenster. Er nahm einen großen Schluck Milch und reichte den Topf dann durch das Fenster an uns weiter. Janek und ich tranken ebenfalls und gaben Michael den Topf zurück. Den halb leeren Topf stellte er an den Platz zurück, an dem er ihn gefunden hatte, und kletterte dann so schnell er konnte wieder ins Freie. Wären wir ertappt worden, hätten wir eine schwere Prügelstrafe oder Schlimmeres zu erwarten gehabt. Doch niemand sah uns, und bis heute kann ich mich an den Geschmack jenes himmlischen Mundvolls Milch erinnern. Nie hat mir Milch so gut geschmeckt. Jahre später, wenn meine eigenen Kinder widerstrebend ihre Milch tranken, dachte ich an jene Milch aus der SS-Küche und war dankbar dafür, dass es ihnen erspart blieb, ihr Leben dafür aufs Spiel zu setzen. Gleichzeitig musste ich meinen Zorn unterdrücken, weil sie nicht zu schätzen wussten, was es bedeutete, Milch im Überfluss zur Verfügung zu haben. Doch wie sollten sie das können? Für viele von uns Überlebende der Konzentrationslager wurde Nahrung zu einer fast mystischen Sache. Obwohl ich nicht religiös bin, betrachte ich es noch heute als eine Sünde, Brot wegzuwerfen, wie trocken es auch sein mag; oft gehe ich kilometerweit, um es an Vögel zu verfüttern, oder – eingedenk meiner Arbeit als *schabbes goy* in Kielce – ich überlasse es wenigstens meiner Frau, es wegzuwerfen.

Nicht lange, nachdem ich meine Mutter wiedergesehen hatte, berichteten die älteren Jungen unseres Blocks in verschwörerischem Ton, es gebe Gerüchte, dass die Deutschen dabei seien, den Krieg zu verlieren, und dass die Russen näher rückten. Ich wusste nicht, was ich glauben sollte und was das alles zu bedeuten hatte. Der Gedanke, dass wir in absehbarer Zeit befreit würden, kam mir nie deutlich zu Bewusstsein. Mein Denken beschränkte sich auf den kalten polnischen Winter, den wir erlebten, und die Tatsache, dass es jeden Tag schwieriger wurde, sich warm zu halten. Es muss entweder Ende Dezember 1944 oder Anfang Januar 1945 gewesen sein. Der Boden unter unseren Füßen war gefroren. Der Schlamm war kein Problem mehr, doch das Eis machte es uns schwer, nicht auszurutschen, wenn wir unseren Abfallkarren vorwärts schoben. Natürlich war auch der Abfall gefroren und umso schwerer war es, ihn aufzuladen. Wir mussten ihn in kleine Stücke brechen, aber wir trösteten uns mit dem Gedanken, dass gefrorener Müll wenigstens nicht stank.

Dann wurden wir eines Morgens im Januar 1945 von Lautsprecherbefehlen geweckt. In jenem groben deutschen Kommandoton, an den ich mich nie gewöhnen konnte, hieß es: »Das Lager wird geräumt!« Wir mussten uns mit unseren Decken und anderen Habseligkeiten vor der Baracke in Reih und Glied aufstellen. Mein ganzer Besitz bestand aus einer dünnen Decke, einem Löffel und einem Blechnapf, der mir sowohl als Tasse wie als Suppenteller diente. An einen Strick um meine Taille gebunden, trug ich ihn immer bei mir. Als

Nächstes wurde uns befohlen, durch das Haupttor von Birkenau zu marschieren. Auf der Straße vor dem Tor hatten sich
bereits Tausende von Lagerinsassen in Reihen aufgestellt, immer etwa acht oder zehn Leute nebeneinander. »Kinder nach
vorn!«, kam der Befehl. Unser Block sollte die Führung übernehmen. Die Kolonne war so lang, dass es einige Zeit dauerte,
bis wir ihren Anfang erreicht hatten. Es war eiskalt, und ein
schneidender Wind fuhr durch unsere dünnen Kleider. Als
wir Aufstellung genommen hatten und auf den Abmarsch
warteten, bekamen wir einen Laib Schwarzbrot zugeworfen.
Dann kam der Befehl: »Vorwärts, marsch!« Der Todestransport von Auschwitz hatte begonnen.

Der Todestransport von Auschwitz nach Sachsenhausen

Als wir uns in Bewegung setzten und Birkenau allmählich hinter uns ließen, sah ich zurück zu dem riesigen Gelände mit den Hunderten von Baracken, Verwaltungsgebäuden, Wachtürmen und elektrisch geladenen Zäunen. Weiter entfernt konnte ich die Überreste der Krematorien erkennen. Die SS hatte die Gebäude im letzten Moment zu zerstören versucht. Ich konnte kaum glauben, dass ich diesen Schreckensort lebend verließ. Jetzt kam mir in den Sinn, was mein Vater einmal im Ghetto von Kielce gesagt hatte, als er sich mit ein paar Freunden eine Flasche Wodka geteilt hatte: »Nur nicht verzweifeln. Früher oder später werden wir diesen Krieg gewinnen und sie tief in der Erde vergraben.« Und ich hörte noch, wie meine Mutter versuchte, ihn zum Schweigen zu bringen. »Die Wände haben Ohren!«, sagte sie. Doch er ließ sich nicht dazu bringen, still zu sein. Jahre später fragte ich mich, ob mein Vater wirklich geglaubt hatte, was er sagte, ob der Wodka ihn optimistisch gestimmt hatte, ob er einfach nur seine Hoffnung geäußert hatte oder ob es nur ein grimmiger Scherz gewesen war. Als ich jetzt auf diese gigantische Todesfabrik zurücksah, hatte ich das Gefühl, einen Sieg errungen zu haben, und sagte mir immer wieder – als hätte ich Hitler persönlich vor mir: »Du hast versucht, mich umzubringen, aber siehst du, ich bin immer noch am Leben!«

Natürlich hatte der Marsch gerade erst angefangen, und ich hatte keine Ahnung, was noch vor uns lag. Und es stellte sich heraus, dass das, was vor uns lag, meine schlimmsten Vorstellungen übertreffen sollte. Die Straßen waren mit Schnee und Eis bedeckt, denn es war Januar, in einem typischen polnischen Winter. Als die Sonne langsam unterging, wurde es kälter und kälter. Die Bäume am Straßenrand schützten uns zeitweilig gegen den eisigen Wind, der uns entgegenwehte und unsere unzulängliche, dünne Häftlingskleidung durchdrang. Michael, Janek und ich blieben dicht beieinander und versuchten, uns gegenseitig warm zu halten. Wir wurden allmählich müde. Es wurde uns klar, dass die Kinder, die an der Spitze der Kolonne marschieren mussten, einen wesentlichen Nachteil gegenüber den Nächstfolgenden hatten, weil diese auf einer bereits festgetretenen Schneedecke gehen konnten. Am späten Nachmittag fiel es Janek, Michael und mir zunehmend schwer, mit den Marschierenden Schritt zu halten, und wir kamen überein, ein wenig stehen zu bleiben, um uns auszuruhen und die Reihen an uns vorbeizulassen, bis fast das Ende der Kolonne erreicht war. Dann holten wir wieder auf und erreichten im Laufschritt unseren früheren Platz. Als wir merkten, dass es klappte, wiederholten wir das Ganze. Natürlich wurden wir oft beiseite geschoben, oder jemand lief direkt in uns hinein, aber das war ein geringer Preis für die Atempause, die wir uns durch unser Manöver immer wieder verschaffen konnten.

Es war schon dunkel, als die SS der Kolonne Einhalt gebot. Wir bekamen die Erlaubnis, uns an Ort und Stelle zum Schlafen hinzulegen, entweder mitten auf die Straße oder in die Gräben links und rechts davon. Zu diesem Zeitpunkt waren einige in der Kolonne bereits gestorben. Wer nicht weitergehen konnte und sich entweder am Straßenrand hingesetzt hatte oder zusammenbrach, war von den SS-Wachen

erschossen worden. Die Leichen wurden einfach in die Gräben geworfen. In den nächsten beiden Tagen starben viele auf
diese Weise. Nach einer Weile schreckte ich nicht mehr auf,
wenn ich wieder einmal einen Schuss hörte. Je größer meine Müdigkeit wurde und je mehr mir die bittere Kälte und
der Wind zusetzten, desto öfter fragte ich mich, ob es nicht
leichter wäre, sich einfach am Straßenrand auszustrecken und
sich töten zu lassen. Es war eine verführerische Aussicht, denn
ich wusste, es würde schnell gehen, und dann hätte ich alles
hinter mir. Doch ich unterdrückte den Gedanken, sobald er in
mir aufstieg, und zwang mich, weiterzugehen. »Wenn ich aufgebe, haben sie gewonnen«, sagte ich immer wieder leise zu
mir selbst. Am Leben zu bleiben war ein Spiel geworden, das
ich gegen Hitler, die SS und die ganze Tötungsmaschinerie
der Nazis spielte.

Nach einem Marsch von drei Tagen erreichten wir Gleiwitz
(Gliwice), ein etwa siebzig Kilometer von Birkenau entfernt
liegendes Städtchen. Diese drei Tage sind mir nur verschwom-
men im Gedächtnis geblieben; ich kann die Ereignisse kaum
noch einem bestimmten Tag zuordnen. Zum Beispiel weiß
ich nicht mehr mit Sicherheit, ob die SS schon am Ende des
ersten Tages oder erst am zweiten Tag zu dem Schluss kam,
dass die Insassen des Kinderblocks das Tempo des Marsches
bremsten. Aber ich erinnere mich sehr deutlich, dass Däm-
merung herrschte, als die SS die Kolonne anhalten ließ und
den Kindern befahl, an den Straßenrand herauszutreten, weil
sie sich in einem nahgelegenen Kloster »ausruhen« sollten. In
diesem Moment waren Michael, Janek und ich nicht vorn bei
unseren Freunden aus dem Kinderblock. Wir waren in einem
unserer Manöver begriffen und ruhten uns inmitten der Kolonne aus, um in den nächsten Minuten im Laufschritt wieder

an die Spitze zu gelangen. Trotz des Befehls der SS, nach dem alle Kinder nach vorn kommen sollten, entschlossen wir uns, zu bleiben, wo wir waren. Einige Männer versuchten, uns aus ihrer Reihe zu schubsen, aber wir wehrten uns und blieben. Wir hatten alle drei schon vor langer Zeit gelernt, der SS nicht zu trauen. Sich in einem Kloster ausruhen, das klang zu gut, um wahr zu sein. Später wurde uns berichtet, dass alle unsere Freunde aus dem Kinderblock umgebracht worden waren. Ich weiß nicht, ob das stimmt, aber ich sah keinen von ihnen jemals wieder.

Eine Gruppe russischer Kriegsgefangener schien in einer geschlossenen Formation zu marschieren. Als wir Auschwitz verließen, hatte ich sie nicht gesehen; vielleicht waren sie bei einem späteren Halt zu dem Transport gestoßen. Sie zogen meine Aufmerksamkeit auf sich, weil es nie einfach war, an ihnen vorbeizukommen, wenn wir wieder einmal vom Ende der Kolonne zum Anfang rannten. Wir hatten Angst vor den Russen, weil wir dachten, sie würden uns deshalb nicht durchlassen, weil sie es auf unser Brot abgesehen hatten. Um zu verhindern, dass sie es uns wegnahmen, umklammerten wir es so fest wir konnten, wenn wir in ihre Nähe kamen.

Eines Abends wurde die Kolonne angehalten, und wir mussten uns alle auf die Straße setzen. Alle, außer den Russen, gehorchten dem Befehl. Sie blieben stehen und fingen an zu singen. Es klang wie ein patriotisches Lied. Ein SS-Wachmann blies auf einer Pfeife, und plötzlich tauchten über ein Dutzend SS-Männer wie aus dem Nichts auf und steuerten auf die Russen zu. »Alle hinlegen!«, schrie der Befehlshaber. Die Russen blieben stehen. Dann schrie der Befehlshaber wieder etwas, und die Wachleute eröffneten das Feuer. Sie müssen einige der Russen getötet haben, denn ich sah, dass mehrere zusammenbrachen. Es wurde weiter geschossen, bis die Überlebenden sich hinsetzten. Ich weiß nicht mehr, wie es zu diesem tragischen Vorfall gekommen ist; vielleicht habe ich es auch damals nicht verstanden. Aber ich erinnere mich, dass der Halt mir die Gelegenheit gab, mich auszuruhen, und dass ich irgendwann eindöste, obwohl mir die Schüsse und die Schreie ringsum in den Ohren gellten.

Am nächsten Morgen, nachdem wir, wie ich glaube, bereits die zweite Nacht im Freien verbracht hatten, bemerkte ich, dass weitere Menschen gestorben waren und andere zu schwach waren, um weitermarschieren zu können. Zu diesem Zeitpunkt war uns der Ablauf bereits vertraut: Wer sich weigerte, weiterzumarschieren, wurde von der SS getötet; wer sich gerade in der Nähe befand, wurde dazu abkommandiert, die Leichen in den nächsten Straßengraben zu befördern. Ich löschte diese Szenen jedoch zunehmend aus meinem Bewusstsein und registrierte kaum noch, was um mich herum geschah. Während ich meine letzten Kräfte zusammennahm, um weiterzumarschieren und am Leben zu bleiben, geriet ich offenbar in eine Art von Trance.

Sobald Michael, Janek und ich morgens wach wurden, spornten wir einander an, auf und ab zu hüpfen und unsere tauben Gliedmaßen zu reiben. Als ich ihnen sagte, dass ich meine Zehen nicht mehr spüren könne, sagte Janek, ich sollte sie kräftig bewegen. Das tat ich, aber es schien nicht viel zu bewirken. Die Kälte wurde unerträglich. Wir aßen das, was von unserem Brotlaib übrig war, und ließen einige Hand voll Schnee im Mund schmelzen. Das war unser Frühstück. Was hätte ich damals für ein paar Löffel jener fürchterlichen Rübensuppe gegeben, die wir in Auschwitz bekommen hatten, oder für irgendetwas, was wenigstens warm war!

Wir erreichten Gleiwitz, die schlesische Industriestadt, am letzten Tag unseres Marsches, und dort sammelten wir uns an einem Ort, der aussah wie ein leeres Arbeitslager. In meinen Phantasien erwarteten uns geheizte Baracken, Betten mit Decken und sogar warmes Essen. Doch schon bald, als wir am Rand eines verwahrlosten Sportplatzes ankamen, wurde ich aus dieser Traumwelt herausgerissen. Eine Gruppe von SS-Männern stand in der Mitte des Platzes, der von einer großen Anzahl schwerbewaffneter SS-Wachen mit Hunden umringt war. Ich brauchte nicht lange, um zu erkennen, dass uns eine weitere Selektion erwartete: Diejenigen unter uns, die in der Lage waren, den Weg zur anderen Seite des Platzes im Laufschritt zurückzulegen, würden weiterleben, die anderen würden beseitigt werden. Ich selbst war kaum noch fähig zu gehen. Michaels und Janeks Verfassung war kaum besser. Wir waren erschöpft und ausgehungert, und wir froren, aber wir wollten leben, und wir würden jetzt, nach all den Strapazen des Marsches, nicht aufgeben. Wir blickten über den Platz und sahen Menschen, die versuchten, es zur anderen Seite zu schaffen; einige brachen auf dem Weg zusammen, andere ließen sich einfach fallen. Von Zeit zu Zeit rannten die Posten zu ihnen hin und schleppten diese Unglücklichen an den Rand des Platzes. Als wir an die Reihe kamen, hielten wir uns an den Händen, um einander zu stützen, und rannten, so schnell wir konnten, das heißt, nicht sehr schnell. Verdreckt, wie wir waren, und in unseren zerlumpten Kleidern, müssen wir ausgesehen haben wie Bettlerkinder, die aus einem dunklen Keller ans Licht kommen. Wir konnten das unbändige Lachen der SS-Männer hören, als wir an ihnen vorbeikamen. Der Hass auf ihre Stimmen stärkte uns. Ein paar Minuten zuvor hätten wir es kaum für möglich gehalten, aber nun schafften wir es tatsächlich, quer über den Platz zur anderen Seite zu rennen.

Wir müssen uns wohl ein paar Tage lang in Gleiwitz aufgehalten haben. Dort konnten wir uns ein wenig ausruhen und wieder zu Kräften kommen. Die Verpflegung war nicht besser als in Auschwitz, aber wenigstens bekamen wir etwas warme Suppe, und die Brotrationen schienen hier auch ein wenig größer zu sein. Als ich schon zu glauben begann, dass wir in Gleiwitz bleiben würden, kam der Befehl, das Lager zu verlassen und zu einem nahgelegenen Bahnhof zu marschieren. Dort erwarteten uns offene Waggons, wie man sie zum Transport von Kohle oder Sand verwendet. In diesen Waggons wurden wir mit so vielen anderen Häftlingen zusammengepfercht, dass wir uns kaum noch bewegen konnten. Michael, Janek und ich wurden gegen große Erwachsene gedrückt, sodass wir kaum noch atmen konnten. Über uns, an einem Ende des Waggons, saß ein schwerbewaffneter SS-Mann in einer Art Bremsverschlag. Da der Waggon kein Dach hatte, konnte der Posten alles sehen, was darin geschah, und jeden Fluchtversuch vereiteln. Ich glaube mich auch zu erinnern, dass jeder von uns vor dem Abtransport einen Laib Schwarzbrot und eine Büchse bekam, die angeblich Fleisch enthielt. Allerdings fand ich nie heraus, ob das stimmte, denn wir hatten weder einen Büchsenöffner noch ein Messer und nicht einmal einen Stein, mit dem wir die Büchsen hätten öffnen können.

Unser Waggon war so voll, dass Michael, Janek und ich – ungeachtet der Tatsache, dass diese Fahrt im Januar unter freiem Himmel stattfand – von den Körpern, die sich dicht um uns schlossen, warm gehalten wurden. Nach ein, zwei Tagen gelang es uns, einen Platz in der Ecke des Waggons zu ergattern, was uns davor rettete, niedergetrampelt zu werden. Um uns herum waren viele Sterbende, und als unser SS-Posten gefragt wurde, was mit den Leichen geschehen sollte, sagte er, wir sollten sie hinauswerfen. Das geschah nun immer häufiger. Der Waggon leerte sich allmählich, bis es ohne weiteres möglich war, ihn von einem Ende zum anderen zu durchqueren. Schnee und Wind schienen niemals nachzulassen, und jetzt durchdrang uns die Kälte noch mehr als zuvor, weil es nicht mehr so viele warme Körper gab, an die wir uns pressen konnten. Unser Brot war längst aufgegessen; jetzt hatten wir nur noch den Schnee, von dem wir uns ernährten. Wir stellten uns vor, es wäre Eiscreme – obwohl ich nicht glaube, dass wir uns an den Geschmack von Eiscreme überhaupt erinnerten.

Die Nächte im Waggon waren das nackte Grauen. Hunger und Kälte zermürbten die Menschen nicht nur körperlich, sondern auch seelisch. Einige hatten Halluzinationen. Sie liefen gegen die Waggonwände und brüllten dabei wie wilde Tiere. Offenbar sahen sie Geister oder Ungeheuer. Sie stolperten über uns oder stießen mit uns zusammen, und dabei schrien sie und schwenkten die Arme oder holten weit aus, als wollten sie uns schlagen. Wir merkten bald, dass diese Männer nur selten die Nacht überlebten.

Gerade als ich zu dem Schluss kam, dass es nur noch ein, zwei Tage dauern konnte, bevor auch ich sterben und meine Leiche aus dem Waggon hinausgeworfen würde, geschah ein Wunder. Der Zug fuhr in langsamem Tempo und mit häufigen Aufenthalten durch die Tschechoslowakei, als wir Leute auf den Brücken stehen sahen, unter denen wir hindurchfuhren. Es waren Männer, Frauen und Kinder. Sie winkten und riefen uns etwas zu, und dann begannen die Brotlaibe in unseren Waggon zu fallen. Beim ersten Mal gelang es Michael, einen Laib aufzufangen, und er sagte mir, ich solle ihn festhalten, während er und Janek sich auf die nächste Brücke vorbereiteten. Ich legte das Brot unter meine Beine. Als sie zurückkamen, war es weg. Irgendjemand hatte es unter mir weggezogen und mir gestohlen, aber meine Beine waren so taub, dass ich es nicht gemerkt hatte. Doch wir bekamen bald noch mehr Laibe, die die Tschechoslowaken von den nächsten Brücken auf uns herunterfallen ließen. Ohne dieses tschechoslowakische Brot hätten wir nicht überlebt. Ich habe nie erfahren, wie es zu dieser wunderbaren Aktion gekommen ist und wer sie organisierte, doch solange ich lebe, werde ich diese Engel – so kamen mir die Menschen auf der Brücke vor – nicht vergessen, die uns wie vom Himmel herab mit Brot versorgten.

Wir hatten Glück, dass der Zug nicht über die kürzere und direktere Strecke von Gleiwitz nach Deutschland an unseren Bestimmungsort fuhr. Ende Januar 1945 hatten die Alliierten dem deutschen Gleissystem schon schwere Schäden zugefügt, sodass unser Zug gezwungen war, die Tschechoslowakei zu durchqueren. Das stellte sich als unsere Rettung heraus. Andererseits hätten vielleicht einige der Häftlinge, die auf dem Weg durch die Tschechoslowakei gestorben waren, überlebt, wenn wir direkt nach Deutschland gefahren wären.

Nach einer Fahrt von über zehn Tagen erreichten wir Deutschland. Die Station, an die ich mich am deutlichsten erinnere, war ein Güterbahnhof in Berlin. Ich glaube, wir hielten uns dort lediglich ein paar Stunden auf, bevor es weiterging nach Oranienburg, etwa vierzig Kilometer entfernt. Unser Ziel war das Konzentrationslager Sachsenhausen, in Oranienburg. Zwei Ereignisse sind mir von unserem Zwischenstopp in Berlin im Gedächtnis geblieben, die ich nie vergessen habe.

Der Zug hatte gerade gehalten, da hörte ich die Stimme einer deutschen Frau, die unüberhörbar für alle ausrief: »Es stinkt schon wieder nach Juden!« Etwa eine Stunde später kletterte unser neuer SS-Posten – sie wechselten die Wachleute alle paar Tage aus – vom Zug hinunter, um sich eine Tasse Kaffee zu holen. Er muss den sehnsüchtigen Blick bemerkt haben, mit dem ich seinen Kaffee betrachtete. Ohne etwas zu sagen, gab er mir seine Tasse und holte sich eine neue. Das war mein erstes warmes Getränk seit der Abreise von Gleiwitz.

Ich kann den Ausruf jener deutschen Frau auf einen tief sitzenden Judenhass zurückführen, und ich kann der Handlung des SS-Mannes als einem unerwarteten Akt der Menschlichkeit Anerkennung zollen, doch darüber hinaus ist es mir nie gelungen, diese beiden Ereignisse auf eine für mich befriedigende Weise in Einklang zu bringen, ohne zu der banalen Schlussfolgerung zu gelangen, dass Verallgemeinerungen über den Holocaust, die deutsche Schuld oder darüber, was Deutsche wussten oder nicht wussten, uns nicht weiterhelfen, wenn es darum geht, die bestimmenden Kräfte einer der größten Tragödien der menschlichen Geschichte zu begreifen. Ebenso wenig helfen sie zu erklären, was Menschen dazu bringt, den Völkermord – und all die anderen Massenmorde, die die Menschheit während meiner eigenen Lebenszeit zu erleiden hatte – zu planen und auszuführen. Und natürlich können sie uns noch weniger Antwort geben auf die Frage, warum einige Menschen mitten in all diesen schrecklichen Ereignissen den Mut und die moralische Kraft aufbringen, sich den ungeheuerlichen Verbrechen zu widersetzen – oder sie mindestens nicht mitzumachen –, während andere sich offenbar mit Leichtigkeit dazu bereit erklären, sie auszuführen.

Nicht lange, nachdem wir Berlin verlassen hatten, kamen

wir in Oranienburg an. Aber der Weg führte uns nicht direkt nach Sachsenhausen, sondern zunächst in die Flugzeugfabrik Heinkel. Dort verbrachten wir etwa zwei Wochen, vielleicht in Quarantäne; wenigstens wurde uns das gesagt. Michael, Janek und ich wurden zusammen mit anderen Häftlingen unseres Transports in einem großen Hangar untergebracht. Im Inneren des Hangars war es warm, und obwohl wir auf dem Boden schliefen, war es eine Erleichterung, endlich ein Dach über dem Kopf zu haben. Meine Füße hatten schon im Zug wehgetan. Doch um mich der Kälte und dem Schnee nicht noch mehr auszusetzen, hatte ich meine Schuhe während der ganzen Fahrt angelassen. Jetzt, im Hangar, konnte ich sie zum ersten Mal ausziehen, seit wir Auschwitz verlassen hatten, und ich sah, dass meine Füße geschwollen und dunkel verfärbt waren. Ich ließ mich davon aber nicht beunruhigen, denn ich sagte mir, dass sich nach ein paar Tagen an einem warmen Ort alles von selbst regeln würde.

Früher als mir lieb war, kam unser relativ bequemes Leben in der Flugzeugfabrik zu seinem Ende. Eines Morgens befahl man uns, zu Fuß nach Sachsenhausen aufzubrechen. Michael und Janek waren mit mir zusammen. Wir gehörten zu einer Gruppe von Männern, die alle von Auschwitz gekommen waren. Ich hatte zunehmend Schwierigkeiten zu gehen, aber meine beiden Freunde halfen mir und stützten mich. Der Weg von Heinkel nach Sachsenhausen – es war nicht sehr weit –, führte über Oranienburg. Die deutschen Bewohner starrten uns an oder drehten uns den Rücken zu, als wir an ihnen vorbeikamen. Ein paar Kinder bewarfen uns mit Steinen. Ich war erleichtert, als ich endlich den Eingang des Konzentrationslagers Sachsenhausen mit der Inschrift »Arbeit macht frei« erblickte.

Diese Parole, die in diesem Zusammenhang so völlig aberwitzig klingt, war nicht aberwitziger als die Anordnung, die uns nach Sachsenhausen brachte. Im Januar 1945 kämpfte Deutschland um sein Überleben, und doch setzte das Naziregime seine rasch abnehmenden Ressourcen – Bahnanlagen, Treibstoff und Truppen – bereitwillig dafür ein, halbverhungerte und sterbende Häftlinge von Polen nach Deutschland zu bringen. Sollte verhindert werden, dass wir in die Hand der Alliierten fielen, oder sollten wir die anderswo ausgefallenen Sklavenarbeiter ersetzen? Die bizarre Logik des Ganzen ist schwer nachzuvollziehen, wenn man sich nicht entscheidet, es als ein bloßes Spiel zu betrachten, ausgeheckt von den Insassen einer Anstalt für kriminelle Irre.

Befreiung

In Sachsenhausen waren die Baracken in einem Halbkreis um den Appellplatz herum angeordnet – alle in Reichweite der Maschinengewehre auf dem Balkon des Verwaltungsgebäudes der SS und der Wachtürme entlang der Lagermauer. Vom Appellplatz aus konnte man Inschriften sehen, die in großen weißen Lettern an den schmutzigen Barackenwänden standen und lauteten: »Reden ist Silber, Schweigen ist Gold«, »Arbeit macht frei« und »Freiheit durch Arbeit«. In der Mitte des Appellplatzes stand ein Bau, der einem Dorfbrunnen ähnelte. Dort hing der Lagergong. Jeden Morgen rief der Klang des Gongs die Insassen zum Appellplatz, wo sie gezählt wurden. Die Verlesung der Namen auf einer langen Liste bedeutete viele Stunden endlosen Wartens.

Für die Insassen des »Reviers« oder der Krankenstation, in der ich nicht lange nach meiner Ankunft in Sachsenhausen landete, galt das allerdings nicht. Hier rief der Sanitäter einfach die Namen auf, und wenn keine Antwort kam, ging er zu dem betreffenden Bett, warf einen kurzen Blick hinein, strich den Namen gegebenenfalls durch und rief den nächsten auf. Diese kurze Unterbrechung im Zählprozess bewirkte bei den anderen Patienten selten einen Ausdruck von Trauer. Es war etwas völlig Alltägliches geworden, kaum der Rede wert.

Nach meiner Ankunft in Sachsenhausen musste ich mich mit der Tatsache abfinden, dass meine Füße schwerste Erfrierungen aufwiesen. Eine Woche oder länger hatte ich zu vermeiden versucht, die Krankenstation aufzusuchen, obwohl die Zehen meines rechten Fußes täglich eine dunklere Farbe annahmen. Die Zehen des linken Fußes waren ebenfalls schwärzlich verfärbt, aber nicht so schlimm wie die des rechten. Ich fürchtete mich vor dieser Station, weil ich in Auschwitz die Erfahrung gemacht hatte, dass der sicherste Weg zur Gaskammer über die Krankenstation eines Lagers führte. Dann aber bekam ich immer heftigere Schmerzen, und Michael und Janek – wir waren bis jetzt zusammengeblieben – sagten mir immer wieder, dass ich nichts zu verlieren hätte, wenn ein Arzt meine Zehen untersuchte. Schließlich überzeugten sie mich und halfen mir, dorthin zu kommen. Unterwegs sagte ich ihnen immer wieder, dass ich lediglich ein wenig Salbe oder irgendeine andere Arznei brauchte, damit es meinen Füßen wieder gut ging. Ganz bestimmt würde ich mich nicht in ein Krankenbett legen, damit sie mich dann töten konnten, nachdem sie mich wieder gesund gemacht hätten; denn die Wahrscheinlichkeit, dass sie das taten, war in Sachsenhausen nicht weniger hoch als in Auschwitz.

Als ich in der Krankenstation ankam, sollte ich meine Schuhe ausziehen. Ein Mann in einem weißen Kittel, offenbar der Leiter der Station, warf einen kurzen Blick auf meine Füße und sagte mir, ich solle mich auf einen großen Holztisch legen. Dann verließ er den Raum, um bald mit einigen anderen Männern zurückzukehren. Bevor ich wusste, was geschah, tauchte einer von ihnen auf meiner rechten, ein anderer auf der linken Seite auf. Wie auf Kommando ergriffen sie meine Arme und Beine und drückten mich nach unten. Ich begann zu schreien, aber dann legte man ein weißes Gazetuch über mein Gesicht, und ich spürte, dass eine stark riechende Flüssigkeit über das Tuch gegossen wurde – es war Äther, wie ich später erfuhr. Gleich darauf verlor ich das Bewusstsein. Als ich aufwachte, lag ich in einem Krankenzimmer in einem Einzelbett. Sobald ich merkte, dass die unteren Teile meiner beiden Beine dick bandagiert waren, bekam ich fürchterliche Angst. »Sie haben mir die Füße abgeschnitten!«, schluchzte ich. Ich wusste, dass das den sicheren Tod bedeutete. Bei der nächsten Selektion im Krankenblock, bei der die SS-Aufseher sich immer diejenigen aussuchten, die zu nichts mehr zu verwenden waren, würden sie mich ins Gas schicken.

Ich fragte einen der Pfleger, was man mit mir gemacht habe, und er sagte, dass man mir zwei Zehen amputiert habe. Ich glaubte ihm nicht und wollte es mit eigenen Augen sehen. Obwohl ich zu diesem Zeitpunkt eigentlich gar nichts fühlte, weil ich immer noch stark narkotisiert war, klagte ich über schreckliche Schmerzen und weinte so lange, bis ein Arzt kam. Er stellte mir zuerst ein paar Fragen und begann dann, die Verbände zu öffnen. Das tat weh, aber jetzt gab es kein Zurück mehr: Ich musste wissen, ob meine Füße noch da waren. Als ich sah, dass sie nicht amputiert worden waren, entspannte ich mich, obwohl ich nicht erkennen konnte, wie viele Zehen sie mir abgenommen hatten; ich war völlig erschöpft und hatte mehr Schmerzen denn je.

Die Ärzte hatten tatsächlich nur zwei meiner Zehen amputiert, doch die anderen wiesen ebenfalls schwere Erfrierungen auf. In den folgenden Wochen bemühten sie sich sehr darum, die restlichen Zehen zu retten. In der Zwischenzeit erholte ich mich langsam von der Operation. Zuerst ging ich an Krücken, aber bald gelang es mir, mich mit einer einzelnen Krücke oder am Stock vorwärts zu bewegen. Das betrachtete ich als eine beträchtliche Errungenschaft, denn anfangs hatte ich befürchtet, überhaupt nicht mehr gehen zu können. Jetzt begann ich sogar, den Versicherungen der Ärzte und Schwestern Glauben zu schenken, dass meine amputierten Zehen nachwachsen würden. »Weißt du denn nicht mehr«, sagten sie, »wie dir als Kind die Milchzähne ausfielen und dann neue Zähne gewachsen sind?« »Ja«, erwiderte ich, »das stimmt.« »Genauso ist es mit den Zehen – wenn sie einem vor dem einundzwanzigsten Lebensjahr abgeschnitten werden, wachsen sie nach, genauso wie die Zähne.«

Nicht lange nach der Operation setzte sich ein Mann an mein Bett, der zuvor einem anderen Patienten einen Besuch abgestattet hatte. Er wollte wissen, wie ich hieß, wo ich vor meiner Operation gewesen war und ob mein Fuß noch wehtat. Er sagte mir, dass er Norweger sei. Er hieß Odd Nansen, und einer seiner norwegischen Freunde lag ebenfalls krank in meiner Abteilung. Einige Tage später kam Herr Nansen zurück und brachte mir Kekse, ein Bilderbuch mit großen Buchstaben und einen Bleistift mit. »Du musst lesen und schreiben lernen und auch lernen, Bilder zu malen«, sagte er. Danach brachte er mir bei jedem Besuch etwas zu essen mit, meistens Süßigkeiten, die ich seit Jahren weder zu Gesicht bekommen noch gekostet hatte, und er wollte immer wissen, ob ich Fortschritte beim Schreibenlernen gemacht hatte. Später erfuhr ich, dass die norwegischen und dänischen Lagerinsassen Essenspakete vom schwedischen Roten Kreuz erhielten, die sie oft mit Mithäftlingen teilten. Von Zeit zu Zeit sprach Herr Nansen auch mit dem Stationspfleger, gab ihm irgendein kleines Geschenk (gewöhnlich Tabak oder Zigaretten) und trug ihm auf, sich gut um mich zu kümmern. Bald freute ich mich auf Herrn Nansens Besuche, nicht nur, weil er mir immer etwas Schönes mitbrachte, sondern auch, weil wir uns über vieles unterhielten, besonders darüber, was wir tun würden, wenn der Krieg zu Ende war. Er erinnerte mich sehr an meinen Vater, weil er immer wieder sagte, dass die Deutschen den Krieg bald verlieren würden; dann würde ich zusammen mit anderen Kindern in die Schule gehen, lesen und schreiben lernen und wieder mit meinen Eltern zusammen sein. Herr Nansen erzählte mir auch oft von seiner Frau und seinen Kindern in Norwegen. Er hoffte, sie wiederzusehen, sobald das Lager befreit wäre, und er versicherte mir, dass ich sie eines Tages kennenlernen würde.

Meine Abteilung im Krankenrevier war in einer Holzbaracke untergebracht, die sich nicht von den meisten anderen Baracken des Lagers unterschied. Es gab ein paar kleine Fenster, und in die Decke waren ein, zwei runde Luken zur Entlüftung eingelassen. Bis sie eines Tages gewaltsam geöffnet wurden, waren sie mir nicht aufgefallen. Einige Zeit nach meiner Ankunft im Revier wurde mir bewusst, dass das Lager nachts, aber auch tagsüber von immer mehr alliierten Flugzeugen überflogen wurde. Es waren Bomber, die in Richtung Berlin flogen. Nach einer Weile, als man ständig Flugzeuge sah und hörte und Oranienburg immer öfter bombardiert wurde, begannen die Alliierten, die Lagergrenze mit Leuchtraketen zu markieren, damit wir nicht versehentlich ebenfalls unter Beschuss gerieten. Dennoch war der Lärm der Bombardierungen schrecklich. Die Wucht der Detonationen ließ unsere Baracke erbeben, aber wir fühlten uns sicher, weil wir wussten, dass die Alliierten alles taten, um uns nicht zu treffen. Dann gab es eines Tages, als die Flugzeuge wieder einmal über uns waren, eine heftige Explosion, die die Baracke mehr als sonst erzittern ließ, und gleich darauf hörten wir in unserer unmittelbaren Nähe einen gellenden Schrei. »Sie haben mich getroffen, sie bringen mich um, diese Scheißkerle!«, rief ein

Kranker. Jeder, der konnte, setzte sich im Bett auf. Dann begannen wir alle wie auf Kommando laut zu lachen. Einer der Deckel, mit denen die Luken in der Decke geschlossen gewesen waren, hatte sich durch die Detonation gelockert und war auf den Mann gefallen. Als er merkte, dass es keine Bombe war und er noch lebte, musste auch er lachen. Ich kann mich nicht erinnern, in Auschwitz oder in Sachsenhausen je gelacht zu haben. Das war das erste Mal, und es hatte etwas Befreiendes, obwohl das schallende Gelächter in diesem Raum angesichts der Umstände durchaus makaber war.

Das SS-Personal bemerkte allmählich, dass das Lager der einzige Ort war, der von den alliierten Bombern verschont wurde. Bald hörten wir, dass viele von ihnen ihre Familien ins Lager brachten, sobald die Luftschutzsirenen in Oranienburg zu heulen begannen. Oh, wie begeistert waren wir, als wir das hörten, und wie unangenehm musste es ihnen sein! Was für ein Gedanke: Die Deutschen hatten endlich Angst um ihr Leben und mussten in unserem Lager Schutz suchen! Unsere Stimmung hob sich, obwohl in der nächsten Zeit tatsächlich noch ein, zwei verirrte Bomben auf das Lager fielen und einige Häftlinge den Tod fanden.

In regelmäßigen Abständen verbreitete ein Lautsprecher auf der Station Propagandanachrichten der Nazis. Wir hatten ein besonderes System entwickelt, um diese Nachrichten zu entschlüsseln. Hieß es zum Beispiel, dass fünf deutsche Jagdflugzeuge dreißig alliierte Bomber und die sie begleitenden Kampfflugzeuge abgeschossen hatten, nahmen wir an, dass das Gegenteil stimmte. Für Nachrichten von der West- und der Ostfront galt dasselbe. Dann nahm eines Tages eine Sondernachricht unsere Aufmerksamkeit in Anspruch: »Der Jude Roosevelt, Präsident von Amerika, ist gestorben!«, wiederholte der Sprecher einige Male frohlockend. Natürlich nahmen wir nun an, dass Hitler tot war, und fingen schon an, uns gegenseitig zu gratulieren. Doch leider war es diesmal die Wahrheit gewesen, und nicht Hitler, sondern Roosevelt war gestorben.

Ich weiß nicht mehr, ob es vor oder nach der Nachricht von Roosevelts Tod war, dass Herr Nansen mir wie gewöhnlich einen Besuch abstattete. Diesmal sah er sehr besorgt aus. Er sagte mir, dass er und die anderen Norweger in den nächsten Tagen das Lager verlassen würden. Sie würden nach Schweden gebracht, wo sie sicher seien. Er habe alles versucht, um die Erlaubnis zu erwirken, mich mitzunehmen, es habe aber leider nicht geklappt. Doch bald würden wir ohnehin alle frei sein und uns nach dem Krieg wiedersehen. Er schüttelte mir herzlich die Hand, schrieb seinen Namen und seine Adresse auf ein Stück Papier und ermahnte mich, gut auf mich aufzupassen. Als er gegangen war, war ich sehr traurig und fragte mich, ob ich ihn wohl je wiedersehen würde. Viel später wurde mir klar, dass mir Herr Nansen wahrscheinlich das Leben gerettet hatte. Mit Zigaretten oder Tabak hatte er immer wieder die Pfleger in unserer Baracke bestochen, damit sie meinen Namen nicht auf die Liste der »unheilbar kranken« Patienten schrieben, die die SS-Aufseher alle paar Wochen von ihnen verlangten. Anhand dieser Liste wurde in der Baracke »Platz geschaffen für neue Insassen«.

Einige Zeit nach Herrn Nansens letztem Besuch erwachte ich eines Morgens wie üblich vom Geräusch des Lagergongs. Der Himmel war bedeckt, und es sah nach Regen aus. Ich weiß noch, dass der Verband an meinem Fuß wieder einmal gewechselt werden musste. Das war stets eine sehr schmerzhafte Prozedur, denn um den amputierten großen Zeh herum war zu viel Haut abgeschnitten worden. Alle paar Tage versuchte der Arzt, die nachwachsende Haut der Umgebung über den entblößten Knochen zu ziehen. Ich stellte mir vor, wie herrlich es wäre, wenn ich eines Morgens aufwachen und entdecken würde, dass meine Zehen allmählich nachwuchsen, oder wenn ich wenigstens irgendeine Ausrede finden würde, um das Wechseln des Verbandes zu verhindern. Da betrat der Pfleger den Raum – ohne die übliche Namensliste. Er rannte durch die Reihen und kündigte die Evakuierung des Lagers an. Jeder, der gehen konnte, musste aufstehen, und alle Kranken mussten sich auf dem Appellplatz in Reih und Glied stellen.

In der Baracke war es plötzlich totenstill. Man hörte nur noch das Zuschlagen der Tür, als der Pfleger hinausging. In dem großen, düsteren Raum lagen Menschen, deren Beine amputiert worden waren; andere hatten dicke Gipsverbände oder befanden sich im letzten Stadium irgendeiner schrecklichen Krankheit. Zweifelsohne war keiner dieser Leute dazu fähig, das Bett zu verlassen. Ich sagte mir, dass ich es schaffen konnte, und begann, mich anzuziehen. Dasselbe sah ich einige andere tun. Sicher dachten sie, was ich dachte, und das trieb uns zur Eile an. Die Räumung eines Lagers bedeutete lange Märsche und überfüllte Züge; meine Erinnerung an den Todesmarsch von Auschwitz hierher war noch frisch. Doch es bedeutete auch, dass Menschen, die nicht gehen konnten, erschossen wurden – überall, am Straßenrand oder in ihren Betten. Ich stellte mir die SS-Männer mit ihren hohen Stiefeln vor, wie sie im Revier von Bett zu Bett gingen und jeden erschossen, der nicht mitkam.

Ich fand ein Stück Brot und humpelte an meinem Stock ins Freie. In meinem Rücken hörte ich das Stöhnen derer, die es nicht schafften, ihr Bett zu verlassen. Über den kleinen Hof des Krankenblocks, der von den anderen Baracken durch

126

einen Drahtzaun getrennt war, strebten die Menschen zu dem Tor, das zum Appellplatz führte. Als ich ihnen folgte, merkte ich plötzlich, wie schnell ich ging. Mein Fuß tat nicht weh. Ich hoffte nur, dass die SS meinen Stock nicht bemerken würde. Wenn ich am Leben bleiben wollte, musste ich mit den anderen Insassen zusammen das Lager verlassen, das wusste ich.

Auf dem Appellplatz hielt ich Ausschau nach Janek und Michael. Sie waren nirgends zu sehen. Ich fragte mich, ob sie womöglich schon in ein anderes Lager verlegt worden waren. Zuletzt hatte ich sie kurz nach meiner Operation gesehen, als sie mich besuchten. Hunderte von Menschen standen mit Decken über der Schulter und Töpfen oder Essgeschirr in Händen auf dem Platz. Die SS-Wachen waren in voller Kampfmontur. Sie schienen nervös zu sein, und man hörte die Hunde, die sie ständig bei sich hatten, unaufhörlich bellen. Es gelang mir, unbemerkt einen Platz in der hinteren Reihe einer Marschkolonne zu ergattern. Nun begann eine lange Wartezeit. Viele Stunden vergingen. Es begann zu regnen, und das Stehen fiel mir immer schwerer. Ich aß das Stück Brot, das ich vom Vortag übrig hatte. Die Nerven meines rechten Fußes begannen zu zucken, wodurch ich plötzlich das Gefühl hatte, dass die amputierten Zehen noch da waren. Ich konnte spüren, wie sie sich bewegten, und drückte meinen linken Schuh auf den rechten, damit es aufhörte. Es half aber nicht viel. Ich war sehr müde und ließ mich schließlich auf dem Boden nieder.

Nach einer schier endlosen Wartezeit setzte sich die erste Kolonne schließlich in Bewegung und passierte das Haupttor unter dem Verwaltungsgebäude. Da bemerkte ich eine Gruppe von fünf Männern mit Decken und Rucksäcken. Sie standen ganz in meiner Nähe. Einer von ihnen war ein Arzt, den ich vom Krankenrevier her kannte. Er war immer sehr nett zu mir gewesen. Ich humpelte zu ihm hinüber, und er begrüßte mich mit einem Lächeln. »Doktor, darf ich mit Ihnen marschieren?«, fragte ich. »Ja, natürlich«, sagte er mit einem Blick auf meinen Stock und die übergroßen Schuhe, die ich trug. »Wir versuchen, mit dem zweiten Transport morgen früh hier wegzukommen. Die Hälfte des Lagers wird heute evakuiert, die andere Hälfte morgen. Du solltest zurückgehen ins Revier und dich ausruhen.« »Gehen Sie denn auch zurück auf die Station, Doktor?«, fragte ich. »Ich will nicht allein zurückbleiben.« Er versicherte mir, dass er auch zum Revier zurückgehe, und ich schloss mich seiner Gruppe an, als sie sich in Bewegung setzte. Auf dem Weg fragte er mich, ob mein Fuß wehtue. Ich log und sagte, dass ich keine Schmerzen hätte, denn ich fürchtete mich davor, ihm die Wahrheit zu sagen. Wenn er erfuhr, wie schwer mir das Gehen fiel, würde er mich vielleicht nicht mitnehmen.

Dann berichteten der Arzt und seine Freunde, dass die Front näher komme und die sowjetischen Truppen bereits dicht vor Sachsenhausen und Berlin stünden. Bald würden wir befreit werden. Ähnliches hatte ich auch schon vor der Evakuierung von Auschwitz gehört. Damals war gesagt worden, dass man die heranrückende Artillerie hören könne, wenn man das Ohr an den Boden lege, und dass der Krieg bald vorbei sei. Das war im Januar 1945 gewesen, und jetzt war April, und ich war immer noch in einem Lager. Das erklärt, warum ich mir nicht viel aus dem Gerede über unsere nah bevorstehende Befreiung machte. Außerdem fiel mir schwer zu glauben, dass einmal eine Zeit käme, in der kein Krieg herrschte, in der ich frei wäre und zur Schule gehen könnte. Schon als Herr Nansen mir prophezeit hatte, dass ich nach dem Krieg lesen und schreiben lernen würde, zusammen mit vielen anderen

Kindern in einer Schule, hatte ich mir die Frage gestellt, ob Schule wohl so etwas wie ein großes Konzentrationslager mit vielen Kindern sei, wo es allerdings immer genug zu essen gab und ich nie wieder Hunger leiden musste.

Als wir das Revier erreichten, schickte mich der Doktor auf meine Station und sagte, ich solle mich gut ausschlafen. Als ich die Tür zu unserem Raum öffnete, konnte ich die Angst der Kranken spüren, die zurückgeblieben waren. Sie müssen die SS mit ihren Hunden und Maschinengewehren erwartet haben! Als sie mich erkannten, seufzten sie vor Erleichterung. Dann überschütteten sie mich mit Fragen und bestätigten die Nachricht, die ich gehört hatte: dass die Russen näher rückten, dass es morgen einen weiteren Transport geben würde und dass wir in dieser Nacht nichts zu befürchten hatten. Ich ging schlafen, ohne meine Kleider und meine Schuhe auszuziehen, um am nächsten Morgen gleich bereit zu sein.

Die Sonne schien durch die kleinen Fenster unserer Station, als ich erwachte. Ich sprang aus dem Bett und lief so schnell ich konnte zu der Station, wo sich das Zimmer des Arztes befand. Die Tür stand offen, aber es war niemand da. Alles wies auf einen überstürzten Aufbruch hin. Auf dem Boden und auf den Strohmatratzen der Betten waren leere Dosen, Papiere und Lumpen verstreut. Ich humpelte durch das Zimmer und rief den Namen des Doktors. Niemand antwortete. Meine Kehle zog sich vor Angst zusammen, als mir klar wurde, was passiert war. »Der Doktor ist ohne mich weggegangen!« Ich hinkte auf den Hof hinaus und kam durch das Tor wieder auf den Appellplatz. Er war wie leergefegt! Dann erinnerte ich mich an die Maschinengewehre auf dem Balkon des Verwaltungsgebäudes und auf den Wachtürmen. Ohne zu ihnen hinzusehen, hinkte ich so schnell ich konnte zu meiner Baracke zurück. Dabei hielt ich mich immer dicht an der Mauer, damit mich die SS-Männer hinter ihren Maschinengewehren nicht sehen konnten.

»Er ist ohne mich gegangen!«, rief ich und warf mich neben dem Bett von Marek, meinem polnischen Nachbarn, auf den Boden. Marek muss Mitte zwanzig gewesen sein. Seine Beine waren eingegipst. Ich war der Jüngste, er der Zweitjüngste auf unserer Station. Gleich nach seiner Ankunft hatten wir uns angefreundet. »Warum hast du mir nichts gesagt? Warum hast du mich nicht aufgeweckt? Ich will nicht mit dir sterben, ich will nicht sterben!« Er zog mich auf sein Bett und sagte mir mit Tränen in den Augen, dass die letzte Gruppe das Lager spät nachts oder am frühen Morgen verlassen hatte. Ich weiß nicht, wie lange ich auf seinem Bett gesessen hatte, als ich ihn wie im Selbstgespräch flüstern hörte: »Nächste Woche wollten sie mir den Gips abnehmen. Jetzt werden sie mich mit ihm begraben.« Ich humpelte zu meinem Bett hinüber. Meine Füße schmerzten. Stöhnen und unterdrückte Schreie erfüllten den Raum. »Das war's«, dachte ich.

Etwas später hörte ich Marek sagen: »Du kannst doch gehen. Warum gehst du nicht hinaus und versteckst dich irgendwo in einer leeren Baracke?« An diese Möglichkeit hatte ich nicht gedacht, nicht einmal, als ich bemerkte, dass der Arzt und seine Freunde mich im Stich gelassen hatten. Wenn ich früher daran gedacht hätte, hätte ich wahrscheinlich versucht, mir ein Versteck zu suchen. Jetzt, als ich angezogen und mit dem Stock neben mir auf meinem Bett lag, wollte ich nichts mehr dergleichen. Ich hatte gleichermaßen den Wunsch zu leben und die Furcht vor dem Tod verloren. Es war ein wunderbares Gefühl, vollkommene Leere. Meine Füße schienen nicht mehr wehzutun; und ich hatte keinen Hunger mehr. »Ich hoffe, sie kommen bald«, dachte ich und erinnerte mich, dass ich ein ähnliches Gefühl schon einmal in Auschwitz gehabt hatte, als ich ohne Hoffnung, noch einmal flüchten zu können, auf den LKW gewartet hatte, der mich zur Gaskammer bringen würde.

Stunden vergingen, und mir wurde bewusst, dass ich immer noch am Leben war. Das hämmernde Geräusch schwerer Artillerie ließ unsere Baracke erbeben. Einige der Kranken saßen aufrecht in ihren Betten und sahen ihre Nachbarn an, als wollten sie sich vergewissern, dass sie tatsächlich noch lebten. Zwischen den schweren Bombardements hörten wir Maschinengewehrfeuer. »In Oranienburg wird schon gekämpft. Jemand sollte hinausgehen und schauen, was passiert.« Marek wandte sich an mich: »Du kannst gehen«, sagte er. Ich glitt von meinem Bett hinunter, verließ hinkend die Baracke und kroch an der Außenmauer entlang über den Hof zum Tor. Der Appellplatz war immer noch menschenleer. Nicht weit von mir entfernt fiel etwas auf den Boden. Es sah aus wie ein Stück Metall. Man hörte schweres Geschützfeuer von verschiedenen Stellen außerhalb der Lagergrenze. Es kam immer näher. Ich sah zum Balkon des Verwaltungsgebäudes hinauf. Hinter dem großen Maschinengewehr war niemand. Ich ging ein paar Schritte weiter, bis ich den nächsten Wachturm sehen konnte. Auch er war leer. So schnell ich konnte, hinkte ich zur Station zurück, stürmte durch die Tür und schrie: »Sie sind weg, sie sind weg! Die SS ist geflüchtet! Auf den Wachtürmen ist niemand mehr!«

In höchster Erregung berichtete ich, was ich gesehen hatte. Offenbar glaubte mir niemand, denn Marek rief mich zu sich und fragte mich eindringlich, ob ich mich nicht vielleicht geirrt hatte. Erneut erzählte ich, was ich gesehen hatte. »Geh noch einmal hinaus, aber versuche, unter dem Barackendach zu bleiben«, bat Marek mich. Er sagte auch, dass ich meinen Füßen zuerst eine Weile Ruhe gönnen sollte, bevor ich mich wieder auf den Weg machte.

Etwas später bezog ich erneut Position am Zaun des Reviers. Diesmal blieb ich eine Weile dort. Das Maschinengewehrfeuer kam immer näher. Dann hörte ich plötzlich ein quietschendes Geräusch, und es wurde mir klar, dass das große Tor im unteren Geschoss des Verwaltungsgebäudes geöffnet wurde. Ich versteckte mich hinter einem Pfosten, weil ich immer noch befürchtete, die SS kehrte zurück. Als ich das nächste Mal aufsah, erblickte ich einige Soldaten, die aus einem Militärfahrzeug stiegen und dann den Appellplatz in Richtung auf den großen Gong überquerten. Sie sahen nicht wie SS aus und trugen Uniformen, die ich noch nie gesehen hatte. Doch ich hatte immer noch Angst, mich zu rühren. Dann hörte ich das Geräusch des Lagergongs. Einer der Soldaten schlug mit aller Kraft auf ihn ein, während ein anderer brüllte: »Hitler kaputt, Hitler kaputt!« Sie warfen ihre Käppis in die Luft und tanzten wie wild umeinander herum.

Erst trat ein Lagerinsasse, dann ein weiterer vorsichtig aus den Baracken heraus, wo sie sich versteckt haben mussten. Andere folgten ihnen. Ich hatte Angst, dass die SS es vielleicht durch irgendeinen Trick geschafft hatte, ihnen vorzuspiegeln, dass die Soldaten Russen wären, und wartete darauf, dass sie ihre Gewehre auf die Häftlinge richteten und sie erschossen. Aber nichts dergleichen geschah. Stattdessen umarmten die Soldaten die ersten Männer, die bei ihnen ankamen, und schenkten ihnen offenbar Zigaretten. Als ich zum Gong kam, hatte eine kleine Gruppe von Lagerinsassen die Soldaten umrundet, die immer wieder sagten, dass Hitler »kaputt« sei und dass wir frei seien. Nun kamen noch mehr Menschen aus ihren Verstecken in den Baracken. Ich sah mich überall um, weil ich hoffte, Janek und Michael wiederzufinden, aber vergebens. Bis heute habe ich die beiden nie wiedergesehen, und ich habe auch nie erfahren, was aus ihnen geworden ist.

Die sowjetischen Soldaten, die Sachsenhausen zuerst betraten, hatten von Befreiung gesprochen. Ich begriff nicht ganz, was das bedeutete. Über eine Befreiung hatte ich nie nachgedacht. Mein einziges Bestreben war immer gewesen, von einem Tag zum nächsten das Überleben zu sichern. Wohl hatte ich, wenn ich in der Krankenbaracke lag und dem Geräusch der nach Berlin fliegenden britischen und amerikanischen Bomber lauschte, die Phantasie gehabt, dass eines dieser großen Flugzeuge herabgeschwebt käme, einen großen Haken herunterließ, die ganze Baracke daran hochzog und sie, mit mir im Inneren, mitnahm nach England oder Amerika. Das war etwas, was ich mir vorstellen konnte, nicht aber die Befreiung.

Als die Russen wieder weg waren, steuerten all jene, die sie am Lagergong begrüßt hatten, auf die SS-Küche zu. Ich folgte dem Grüppchen sehr langsam, im Abstand von fünfzehn oder zwanzig Metern, weil ich immer noch auf der Hut war und bereit, jederzeit in Deckung zu gehen. Nein, ich konnte noch nicht glauben, dass diese so genannte Befreiung Wirklichkeit war und nicht irgendein Trick, den die SS sich ausgedacht hatte. »Vielleicht haben sie uns diese Befreiung nur vorgespielt«, dachte ich, »damit alle aus ihren Verstecken kommen.« Das war der Grund, warum ich nicht mit den anderen in die Küche ging, sondern Abstand hielt. Als nichts passierte, betrat ich zögernd das Gebäude. Auf dem Weg zur Küche bemerkte ich eine offene Tür, die in einen Büroraum führte. Zuerst vergewisserte ich mich, dass niemand darin war, dann trat ich ein und sah mich um. Über dem Schreibtisch hing ein Foto von Hitler, an den Wänden standen Aktenschränke, ein Telefon stand auf dem Tisch. Ich sah aus dem Fenster. Eine Reihe von Männern kam gerade aus der Küche mit Brot und Konservenbüchsen in den Händen.

»Vielleicht sind wir tatsächlich befreit worden«, dachte ich, und dann kletterte ich auf den Tisch und riss das Hitlerbild herunter. Ich warf es auf den Boden; der Rahmen zerbrach und das Glas zersplitterte. Ich spuckte darauf und trampelte mit solcher Wucht auf dem Gesicht herum, dass meine Füße wehtaten, aber auch dann noch machte ich weiter, bis das Bild in Fetzen gerissen war. Dann zog ich alle Schubladen der Aktenschränke auf und warf Akten und Papiere auf den Boden. Nach getaner Arbeit setzte ich mich in den weichen Lederstuhl hinter dem Schreibtisch und nahm den Telefonhörer in die Hand. Die Leitung war tot, aber ich sprach trotzdem in den Hörer und sagte den Leuten auf der anderen Seite, die ich mir vorstellte, dass Hitler und alle Deutschen tot seien. Dann zog ich das Kabel aus der Wand und hinkte in die Küche.

Dort waren die Männer dabei, alles zu essen, was ihnen unterkam. Einige hingen über den großen Kesseln und schlürften eine Flüssigkeit, die aussah wie eine von der SS zurückgelassene Suppe. Die Tür zum Vorratsraum stand offen, und eine Gruppe von Männern kam heraus, die die Arme voller Brotlaibe und Würste hatten. Jeder kaute irgendetwas. Ich fand zwei Brotlaibe, einige Zwiebeln und eine saure Gurke. Die Gurke war das Einzige, worauf ich in diesem Augenblick Lust hatte. Ich biss hinein und humpelte dann hinaus, um mein »befreites« Essen mit Marek zu teilen. Überall rannten Leute aus den Baracken in die Küche, und während sie immer mehr Essensvorräte heraustrugen, aßen sie die ganze Zeit. Auf dem Weg nach draußen versetzte mir ein Mann einen Stoß und nahm mir meine Brotlaibe ab, aber ich war viel zu aufgeregt, um mir darüber Gedanken zu machen.

Als ich ins Revier zurückkam, hatte sich die Nachricht von unserer Befreiung schon überall verbreitet. Jemand hatte Eimer voller Suppe und andere Dinge mitgebracht. Marek versuchte, allen zu sagen, dass sie nicht zu viel auf einmal essen sollten, weil sie unterernährt seien und man in diesem Zustand von einem Übermaß an Essen sterben konnte. Aber niemand achtete auf ihn. Wir teilten uns Brot und Zwiebeln und den Rest der Gurke, aber ich konnte nach wie vor außer der Gurke fast nichts essen.

Am späten Nachmittag kam ein russischer Offizier in unsere Baracke. Er teilte uns mit, dass sich russische Ärzte und Schwestern um die Kranken kümmern würden. Sie träfen in einigen Tagen ein. Denjenigen, die in der Lage seien zu gehen, stehe es frei, am nächsten Tag das Lager zu verlassen. Als der Russe wieder fort war, rief mich Marek zu sich ans Bett. »Wir sollten versuchen, auf eigene Faust hier wegzukommen«, sagte er. »Wer weiß, wann die Russen kommen und ob sie uns wirklich in ein Lazarett mitnehmen. Außerdem ist es immer noch möglich, dass die Deutschen das Lager wieder in ihre Gewalt bekommen, und wir wollen nicht hier sein, wenn das passiert. Du musst mir helfen, den Gips aufzuschneiden.« Er hatte sich irgendwo ein Messer verschafft, und ich begann zu schneiden. »Gut, lass uns morgen verschwinden«, sagte ich, obwohl ich so gern in einem Laster mit aufgemaltem rotem Kreuz in ein russisches Lazarett gefahren worden wäre, wie der Offizier es versprochen hatte.

Als ich am nächsten Morgen erwachte, war Marek schon

dabei, das Gehen zu üben. »Was für ein Tag!«, sagte er und zeigte nach draußen. »Die Sonne scheint zur Feier unserer Befreiung!«, rief er und fuhr fort: »Ich hatte schon die Hoffnung aufgegeben, meine Familie in Polen jemals wiederzusehen. Wie überrascht werden sie sein!« Er tanzte unbeholfen im Raum herum. »Mach dich fertig«, sagte er zu mir, »du kommst erst einmal mit mir nach Polen, und dann werden wir anfangen, nach deinen Eltern zu suchen.« Ja, meine Eltern. Wie sehr wünschte ich mir, wieder mit ihnen zusammen zu sein! Ich wusste nicht, wo sie waren, ich hatte keine Ahnung, ob und wie wir uns wiedersehen würden. Doch obwohl ich in den Lagern viele Menschen hatte sterben sehen, kam ich nicht auf die Idee, dass sie vielleicht nicht mehr am Leben waren. Ich war sicher, dass sie mich nach ihrer Befreiung finden würden.

In der polnischen Armee

Das große Tor von Sachsenhausen war offen. Marek und ich gingen hinaus, unter den Fenstern des Verwaltungsgebäudes mit seinem Turm entlang, an dem jetzt leeren Ausguck mit dem Maschinengewehr und den SS-Unterkünften vorbei ins Freie. Wir sahen nicht zurück; entweder, weil wir Angst hatten, dass doch noch SS-Wachen auftauchten, die uns nachjagten, oder weil wir nicht an das erinnert werden wollten, was hinter uns lag, oder aus einer Mischung von beidem.

Nach einer Weile erreichten wir eine breite Landstraße. Es wimmelte darauf von Panzern, Militärlastwagen und Pferdefuhrwerken, die Menschen und Material transportierten. Die Männer winkten uns zu und jubelten. »Polnische Soldaten«, sagte Marek, und wir winkten ebenfalls und grüßten auf Polnisch zurück. Im Vorbeifahren warfen sie uns Brot zu. Sie skandierten Parolen gegen die Nazis und sangen: »Lang lebe Polen!«

Wir hatten den Rat bekommen, uns abseits der Front zu halten, die sich immer näher auf Berlin zu bewegte. Das bedeutete, dass wir in die Richtung gehen mussten, aus der die Soldaten kamen. Auf dem Weg stießen wir auf Insassen anderer Lager. Wir begrüßten uns mit großem Hallo, und alle wollten wissen, aus welchem Lager wir kamen. Eine Zeit lang sah es aus, als würde auf der Straße ein Fest gefeiert. Der Fahrer eines polnischen Armeelasters bot an, uns in eine nahgelegene deutsche Stadt mitzunehmen. »Die meisten

Häuser stehen leer«, sagte er. »Die Deutschen sind geflohen, weil sie vor den Russen Angst haben.« Als ob ihm die Stadt gehörte, fügte er hinzu: »Ihr könnt in die Häuser hineingehen und mitnehmen, was ihr wollt. Mit besten Grüßen von der Division Kosciuszko.« Dann lachte er und fuhr weiter. Als wir uns in den Straßen der Stadt umsahen, lernten wir drei junge Jüdinnen aus Ungarn und zwei junge Männer kennen, die ebenfalls gerade befreit worden waren. Sie baten uns, ihnen bei der Suche nach einem geeigneten Haus zu helfen.

Wir brauchten nicht lange, um eines zu finden: ein geräumiges zweistöckiges Backsteinhaus mit einem Garten nach vorn hinaus und einem großen Hof an der Rückseite. Es musste von einem Moment auf den anderen verlassen worden sein, denn der Küchentisch war noch gedeckt, und auf den Tellern waren sogar noch Essensreste. »Lasst uns einfach weiteressen«, schlug eine der Frauen vor. Der Keller war gefüllt mit eingemachtem Obst, Gemüse und sogar Fleisch. Wir holten ein paar der Einmachgläser herauf, und die Frauen zündeten den Herd an und begannen zu kochen. Was für ein wunderbares Abendessen es wurde! Meine erste richtige Mahlzeit seit vielen Jahren. Das Problem war, dass ich trotz meines riesigen Appetits angesichts der wunderbar aussehenden Speisen nicht mehr als ein paar Bissen zu mir nehmen konnte. Marek behauptete, dass mein Magen in all diesen Jahren, in denen wir immer kurz vor dem Verhungern gewesen waren, geschrumpft sein musste. Ich wusste nicht, ob das stimmte; ich wusste nur, dass ich nur sehr, sehr wenig essen konnte. Ich konnte nicht lange am Tisch sitzen bleiben und dachte an die Hühner und Kaninchen hinter dem Haus. Es war nicht leicht gewesen, unsere Köchinnen davon zu überzeugen, die Kaninchen am Leben zu lassen. Ich ging also hinaus, um die Kaninchen zu füttern und mit ihnen zu spielen. Die flauschigen Tiere waren meine Freunde geworden, und ich würde nicht erlauben, dass jemand sie aß.

Reiche Leute mussten in dem Haus gewohnt haben, dachte ich. Es gab viele Zimmer mit schönen Möbeln und Bildern an der Wand. Nach Kielce, Auschwitz und Sachsenhausen war es schwer für mich, mir vorzustellen, dass solche Häuser tatsächlich existierten und dass Familien in ihnen wohnten. Die Schränke waren mit Kleidern gefüllt. Es gab Bettwäsche und Handtücher in den Schubfächern, Decken und Kopfkissen, so viel man wollte. Was hätte ich nicht darum gegeben, meine Eltern in diesem Haus bei mir zu haben!

Zur Freude der Ungarinnen entdeckten wir eine Nähmaschine, und eine der beiden Frauen setzte sich sofort daran, um sich aus dem Stoff, den sie gefunden hatte, eine Bluse zu nähen. Die Männer nahmen alle Kleider aus den Schränken und fingen an, Anzüge und Hosen anzuprobieren. Ich fand eine Hose, und da sie mir viel zu lang war, schnitt ich sie einfach mit einer Küchenschere ab und wickelte mir ein Stück Schnur als Gürtel um die Taille. Als ich damit fertig war, warf ich meine Häftlingskluft durchs offene Fenster in den Garten. Dann wusch ich mich. »Jetzt bin ich kein Häftling mehr«, dachte ich, aber dann wurde mir klar, dass Wasser und Seife mich nicht befreien konnten von dem, was mich für immer an das Konzentrationslager erinnern würde: der blauen Tätowierung an der Innenseite meines linken Arms, meiner Häftlingsnummer in Auschwitz. Sie konnte nicht abgewaschen werden. Vorsichtig trocknete ich mir den Arm ab. »Papa wird stolz auf mich sein«, dachte ich. Wie bei einer Meldung zum Rapport rief ich aus: »B-2930 hat Auschwitz,

Sachsenhausen, das Ghetto von Kielce und Deutschland überlebt! Wir haben gewonnen, wie du es immer vorhergesagt hast!«

Ich genoss den Aufenthalt in »unserem« wunderschönen Haus ungeheuer. Es war mit allen Annehmlichkeiten versehen, die man sich nur wünschen konnte; ich hatte ein sauberes Bett ganz für mich allein, mit weißem Bettzeug, weißem Kopfkissen und einer richtigen Bettdecke. Es erinnerte mich an Zilina, an unsere Wohnung dort und an das behagliche Bett, das ich im Grand Hotel gehabt hatte. Durch das Fenster des Hauses konnte ich sowjetische Panzer, Lastwagen und Soldaten sehen, die immer weiter vorrückten in Richtung Berlin. Eines Tages, als ich auf der Straße spielte, bemerkte ich einen Russen, der aus einem Haus in der Nachbarschaft kam. Er schob ein Fahrrad. »O wie herrlich wäre es, auch ein Fahrrad zu haben!«, dachte ich, ohne zu wissen, ob ich überhaupt noch fahren konnte. Schließlich hatte ich seit meiner Zeit in der Fabrik von Henryków in Kielce nie mehr auf einem Fahrradsattel gesessen. Jetzt beobachtete ich voller Neid den russischen Soldaten und sein Fahrrad. Als er auf der Straße war, sprang er ungeschickt darauf und fiel sofort um. Er kam auf die Beine und versuchte es wieder und wieder. Dann begann er zu fluchen, doch dem Fahrrad schien das keinerlei Eindruck zu machen. Ich lachte. »Soll ich Ihnen zeigen, wie es geht?«, fragte ich auf Polnisch und half ihm, das Fahrrad wieder aufzuheben. Doch er fluchte nur immer weiter. Nach einem weiteren Versuch warf er es schließlich auf den Gehsteig und versetzte ihm wütende Tritte. »Machen Sie es nicht kaputt!«, rief ich und zog ihn an seiner Uniform. Er sah mich an, spuckte aus und ging davon. So wurde ich zum stolzen Besitzer eines Fahrrads. Selbstverständlich bestieg ich es unverzüglich und entdeckte, dass ich glücklicherweise nicht vergessen hatte, wie man darauf fuhr.

Die Abende in unserem Haus waren immer sehr vergnüglich. Polnische Offiziere und Soldaten kamen vorbei und brachten uns Essen und Süßigkeiten mit. Sie wollten wissen, was wir in den Konzentrationslagern erlebt hatten, fragten, wo wir überall gewesen seien, und erzählten uns vom Kampf gegen die Deutschen und wo sie während des Krieges gewesen waren. Marek und ich dienten als Dolmetscher. Sie sprachen von der Einnahme von Warschau, den Schlachten am Ufer der Weichsel und der Oder – und der bevorstehenden deutschen Kapitulation. Jeden Abend trafen mehr von ihnen ein. Sie erzählten uns von ihren Regimentern und zeigten mir ihre Orden. Eines Tages kam eine neue Gruppe von Soldaten zu Besuch. Sie sprachen mit Marek und den ungarischen Frauen, während ich mich damit beschäftigte, mein Fahrrad auf Hochglanz zu polieren. Ich hatte es mit ins Haus genommen. Das Gespräch drehte sich um Berlin und den erwarteten Sieg. Als Marek hinausging, um ein paar Gläser für den Wodka zu holen, den sie mitgebracht hatten, versuchten die Soldaten, sich mit den Frauen zu unterhalten, aber sie verstanden kein Polnisch. Ich lehnte mein Fahrrad an die Wand und fragte sie, ob ich für sie dolmetschen solle. »Die Frauen verstehen Deutsch, und ich spreche Polnisch«, sagte ich.

Dadurch wurde ich sofort zum Mittelpunkt der Aufmerksamkeit. »Ein polnischer Junge!«, riefen sie, und bevor ich ihnen erklären konnte, dass ich kein Pole war, kam Marek zurück. »Ja, er ist Pole«, sagte er. »Er ist in Kielce geboren, und bald bringe ich ihn nach Hause zurück.« Er zwinkerte mir zu. »Wir sollten ihn mitnehmen«, sagte einer der Soldaten. »Ja, er kann mit uns kommen«, fügte ein anderer hinzu. »Nein, ich bleibe bei Marek«, warf ich ein, und dann beschäftigte ich mich wieder mit meinem Fahrrad. Als sie gegangen waren, kam Marek zu mir und meinte, es sei vielleicht gar keine so schlechte Idee, dass ich mich den Soldaten anschloss. Sie könnten schließlich viel besser für mich sorgen als er, und mit ihnen zusammen wäre ich auch sicher schneller in Polen. Dort würde ich bald meine Eltern finden. Ich war jedoch ganz und gar nicht überzeugt und wollte auf keinen Fall den einzigen wahren Freund verlieren, den ich hatte.

Am nächsten Tag kamen frühmorgens zwei Soldaten zu Besuch. Ich kannte einen von ihnen. Er war am Abend zuvor bei uns gewesen; der andere war ein Offizier. Sie hatten Schokolade und eine Fahrradklingel mitgebracht. Der Offizier nannte mir seinen Namen und sagte, er habe schon viel von mir gehört. »Wir sind von der schweren Artillerie«, sagte er. »Wenn du mit uns kommst, wirst du ein schönes Leben haben.« »Ja«, fügte der Soldat hinzu, »du kannst vorn in den LKWs mitfahren. Was für ein Leben! Du brauchst nie mehr zu Fuß zu gehen.« »Stimmt«, sagte der Offizier. »Und du kannst so viel Schokolade essen, wie du willst, und du darfst die Kanonen abschießen.« Sie redeten und redeten. Ich wollte nicht unhöflich sein und versprach ihnen am Ende, dass ich es mir überlegen wollte. Dann ging ich hinaus und schraubte die Klingel an mein Fahrrad.

Am Nachmittag kam wieder Besuch. Unter den Soldaten, die bei uns eintraten, erkannte ich die beiden, die schon morgens da gewesen waren. Sie kamen in den Garten, spielten mit mir und zeigten mir alle möglichen Kunststücke auf dem Fahrrad. Dann fragte mich einer von ihnen, ob ich lernen wolle, mit einer Pistole zu schießen. Im Hof fand er eine alte Konservenbüchse, nahm seine Waffe aus dem Halfter, warf die

Büchse in die Luft und feuerte. Es war ein perfekter Schuss. Dann gab er mir die Pistole, steckte die Büchse auf den Gartenzaun und zeigte mir, wie ich zielen musste. Ich hatte einen Heidenspaß dabei. Dann schenkte mir ein anderer Soldat sein Taschenmesser. Wieder machten sie mir den Vorschlag, mit ihnen nach Polen zurückzukehren. Und diesmal – zu meiner eigenen Überraschung – willigte ich ein. War das Ganze nicht ein herrlich aufregendes Abenteuer?

Am nächsten Morgen holen mich die Soldaten ab. Der Abschied von Marek fiel mir nicht leicht, aber er versicherte mir, dass ich das Richtige tue, und ich wollte ihm glauben. Mein Fahrrad wurde in den Jeep geladen und unter dem Winken meiner Freunde fuhren wir davon. Wir preschten durch die Straßen jener kleinen deutschen Stadt, die uns vorübergehend ein Zuhause geworden war. Als wir anhielten, befanden wir uns in einem großen, überfüllten Hof. »Hier ist es«, sagte der Fahrer. »Hier ist der Stützpunkt der berühmten Spähtruppe der Ersten Kosciuszko-Division.« Um uns herum waren Soldaten, Lastwagen, gepanzerte Fahrzeuge und Pferde. »Wir stellen ihn dem Hauptmann vor«, sagte einer der Soldaten, der mein Fahrrad hielt, und wir gingen in ein Haus. Der Hauptmann war ein großer, untersetzter Mann, der mir sofort sympathisch war. »Das ist Tomek«, gab der Fahrer bekannt. »Ach, ja«, murmelte der Hauptmann, »ich hab schon viel von dir gehört.« Er hob mich hoch und begrüßte mich mit größter Herzlichkeit. Dann wandte er sich an einen der Männer und befahl ihm, den Divisionsschneider und den Schuhmacher zu holen. »Wir werden einen richtigen Soldaten aus dir machen«, sagte er mir, als er mich wieder auf den Boden setzte.

In den nächsten ein, zwei Tagen wurde ich eingekleidet wie ein polnischer Soldat, mit Uniform, Gürtel und Schuhen.

Thomas Buergenthal in einer für ihn maßgeschneiderten Uniform
der polnischen Armee (1945)

Nichts schien zu fehlen. Die Uniform hatte Armeeknöpfe und sogar das aufgenähte Rangabzeichen eines Gefreiten. »Wenn du ein guter Soldat wirst«, sagte mir der Divisionsschneider, »wirst du bestimmt bald zum Feldwebel befördert.« Ich war ein richtiggehender Soldat geworden, wenn auch nur in Miniaturformat: das Maskottchen der polnischen Armee. Den genauen Zeitpunkt meiner Rekrutierung weiß ich nicht mehr, aber es muss Ende April 1945 gewesen sein, zwei Wochen vor meinem elften Geburtstag.

Zuerst war ich mit dem Schneider und dem Schuhmacher, die zum Spähtrupp gehörten und mich mit Uniform und Schuhen ausgerüstet hatten, am besten befreundet. Wir aßen unsere Mahlzeiten zusammen, und sie bemerkten bald, dass ich nur sehr wenig zu mir nahm. Das machte ihnen Sorgen, und sie beschlossen, meinen Appetitmangel zu kurieren. Nachdem sie verschiedene Heilmittel ausprobiert hatten und alles sich als wirkungslos erwies, hatte der Schuhmacher eine Idee. »Warum probieren wir es nicht mit Wodka?«, schlug er vor. Gesagt, getan. Ich bekam erst einen Löffel, dann zwei und schließlich einen halben *kieliszek* (ein Wasserglas) voll, dazu einige Stückchen Speck. Es funktionierte wie ein Zaubermittel: Nach ein paar Tagen begann ich, normal zu essen. Die Kur hatte außerdem zur Folge, dass ich nicht weniger Wodka vertrug als viele der erwachsenen Soldaten. Diese Fähigkeit besaß ich noch als Student, und ich bewies sie bei einer Wette mit Freunden, die gerade den Film *Die Brüder Karamasoff* gesehen hatten. Sie glaubten, ich sei nicht in der Lage, wie einer der Protagonisten des Films einen Viertelliter Wodka zu trinken und danach über einen Stuhl zu springen, und setzten fünfzehn Dollar gegen mich, was für mich damals viel Geld war. Doch ich gewann die Wette, wenn mir danach auch so schlecht war, dass ich jahrelang nicht einmal mehr wagte, eine Wodkaflasche anzusehen.

Der Schneider und der Schuhmacher brachten mir nicht nur das Wodkatrinken bei und halfen mir, meinen Appetit wiederzugewinnen, sondern sie versuchten auch, mich in die Geheimnisse ihrer beider Gewerbe einzuführen. Mir gefiel besonders die »Kunst der Schuhmacherei«, wie mein neuer Freund sein Handwerk nannte, vom Glattziehen, Schneiden und Nähen des Leders bis zum Annageln der Sohlen mit Holznägeln. Mein Lehrer verstand sich meisterlich auf sein Handwerk, und während ich ihm bei der Arbeit zusah, sagte ich mir, es müsse Spaß machen, Schuhmacher zu werden. Ich kann mich heute noch an alle Arbeitsschritte erinnern, die zur Fertigung eines Paars Schuhe ausschließlich von Hand nötig waren.

Etwas später erhielten wir Befehl, vorzurücken in Richtung Berlin. Obwohl wir wahrscheinlich kaum dreißig Kilometer vor den Vorstädten Berlins stationiert waren, kamen wir nur langsam voran, denn die Division war nicht vollständig motorisiert. Wir hatten einige Lastwagen und Jeeps und auch eine Hand voll Panzer, doch die Vorräte und vielleicht sogar die Munition wurden auf Pferdefuhrwerken transportiert, die die Nachhut bildeten und unser Vorwärtskommen verlangsamten. Auch waren die Straßen von vorrückenden sowjetischen Truppen verstopft, deren Panzer und Geschütze unter großem Lärm und allgemeiner Verwirrung an uns vorbeizogen. Das alles war sehr aufregend für mich, besonders, weil ich die Erlaubnis hatte, in einem der Panzer mitzufahren. Schlafen musste ich allerdings auf einem Pferdefuhrwerk.

Als wir Berlin erreichten, war der Kampf um die Stadt noch in vollem Gang. In der Ferne hörte man Artilleriedonner und Maschinengewehrfeuer. Überall um uns herum waren Tod und Zerstörung. Die meisten Gebäude auf unserem Weg waren niedergebrannt oder bestanden nur noch aus Schutt. Die Häuser, die noch standen, waren von Einschusslöchern übersät. Auf den Gehsteigen lagen die Leichen deutscher und sowjetischer Soldaten; ebenso auf den Haufen von Ziegelsteinen und Zement, die alles waren, was die alliierten Bombardierungen von vielen einst prächtigen Wohn- und Geschäftshäusern übriggelassen hatten.

Unser Ziel war ein Viertel unweit des Brandenburger Tors mit einem Park. Dieser war zu großen Teilen bereits von sowjetischen Truppen besetzt. Sie hatten mit ihren Geschützen und Katjuscha-Raketen, den Deutschen als »Stalinorgeln« bekannt, Aufstellung genommen und feuerten ständig. Meine Division ließ sich in einem Teil des Parks nieder, der nicht

146

weit von den Katjuscha-Raketenwerfern entfernt war. Das
Abfeuern der Raketen ging mit einem schrecklich jaulenden
Geräusch einher. Ich erinnere mich noch an einen der Soldaten, wahrscheinlich einen Gefreiten oder Feldwebel, der
für die auf einen LKW montierten Raketen verantwortlich war und jedes Mal, wenn er den Befehl zum Abfeuern
erteilte, in wüste Flüche und Schimpfkanonaden gegen die
Nazis und die deutschen Verteidiger der Stadt ausbrach. Obwohl die Deutschen keine Raketen mehr in unsere Richtung
abschossen, musste ich nun nachts in einem Panzer schlafen
und tagsüber in seiner Nähe bleiben, weil niemand wusste,
wie lange die Deutschen noch kämpfen würden. Außerdem
gab es noch viele deutsche Heckenschützen in der Umgebung.
Einen Tag nach unserer Ankunft in Berlin war einer unserer
Soldaten von einem Heckenschützen getötet worden, der von
einem Gebäude aus auf einen unserer LKWs gefeuert hatte.
Der Wagen hatte sich gerade in Bewegung gesetzt, um zu er-
kunden, wo es in der Nähe noch deutsche Stellungen gab.

Als die Kämpfe abebbten, wollten ein paar Soldaten in einem nahgelegenen Teich angeln gehen und nahmen mich mit.
Als wir dort ankamen, warf einer von ihnen eine Handgranate
ins Wasser. In den nächsten Minuten war die Oberfläche des
Teichs mit toten Fischen bedeckt, die mit dem Bauch nach
oben auf dem Wasser trieben. In einem mitgebrachten Eimer
fischten meine Freunde einige von ihnen heraus und nahmen
sie mit. Sie nannten es »Schnellfischen«. Ich weiß nicht, was
sie mit den Fischen taten; wenn sie sie brieten, so bekam ich
jedenfalls nichts von ihnen ab.

Ich habe nur ein paar Mal in meinem Leben zu angeln versucht und war nie sehr erfolgreich. Bei meinem ersten Angelausflug mit meinen Söhnen, die damals noch recht klein

waren, warf ich meine Leine mit zu viel Schwung und bekam zum Entsetzen von mir und meinen Söhnen das Hemd eines Fischers an den Haken, der auf der anderen Seite der Mole stand. Er sah nicht sehr begeistert aus, als er entdeckte, was passiert war. Während ich versuchte, den Haken wieder freizubekommen, rückten meine Söhne immer weiter von mir ab, weil sie Angst hatten, der Fischer würde mich mit dem langen Messer, das an seinem Gürtel hing, angreifen. Doch als ich meinem Opfer erzählte, dass ich mich auf dem ersten Angelausflug meines Lebens befand, lachte er nur und wünschte mir für das nächste Mal mehr Glück. In diesem Moment musste ich an jenen Teich in Berlin im Jahr 1945 denken. In Wahrheit war das mein erster Angelausflug gewesen – doch wie wir damals fischten, würde ich heute niemandem zur Nachahmung empfehlen.

Die Nachricht, dass Berlin kapituliert hatte, erreichte uns einen Tag nach dem Angelausflug. Natürlich waren alle außer sich vor Freude, und ringsum im Park wurden Schüsse in die Luft gefeuert, von jeder Waffe, die man gerade zur Hand hatte. Wodka floss in Strömen. Man sah polnische und sowjetische Soldaten, die sich umarmten und ihren Wodka und ihre Zigaretten miteinander teilten. Alle sangen und tanzten. Ein polnischer Soldat aus unserer Division ließ mich aus seiner Wodkaflasche trinken. Der Park hatte sich in ein Festgelände verwandelt. Als es dunkel wurde und der Lärm sich legte, kletterte ich wie in den vergangenen Tagen in den Panzer, der mir als Ruhestätte zugewiesen worden war, und schlief bald ein. Das war mein Beitrag zur Befreiung Berlins!

Der Krieg ging noch etwa eine Woche weiter. Meine Division hatte den Befehl erhalten, zusammen mit anderen Einheiten auszurücken, um deutsche Truppen zu verfolgen, die aus Berlin geflohen waren. An diesem Tag oder dem nächsten standen wir vor einem großen Waldstück, in dem sich offenbar eine ganze deutsche Division eingegraben hatte. Obwohl sie uns zahlenmäßig überlegen war, wollten ihre Befehlshaber mit uns über die Modalitäten einer geordneten Kapitulation sprechen. Fast die ganze Nacht wurde verhandelt. Am Morgen führte das Ganze lediglich zur Gefangennahme der deutschen Offiziere, die an den Verhandlungen teilgenommen hatten. Der Rest der deutschen Division hatte sich in Luft aufgelöst. Auf unserem weiteren Vormarsch trafen wir allerdings immer wieder auf versprengte Trupps deutscher Soldaten, die sich widerstandslos von uns gefangen nehmen ließen. Es war eine sehr erfreuliche Erfahrung für mich, die deutschen Offiziere zu sehen, wie sie uns bebend vor Angst gegenüberstanden; nur wenige Monate zuvor hatten sie allen, die vor ihnen erscheinen mussten, Angst eingejagt.

Der Krieg dauerte noch einige Tage, und dann erfuhren wir, dass Deutschland kapituliert hatte. Diese Nachricht wurde noch ausschweifender gefeiert als der Fall von Berlin. Stundenlang wurden Freudenschüsse abgefeuert, wurde gesungen und getrunken, die ganze Nacht lang und noch am nächsten Tag. Die Soldaten meiner Division sangen die polnische Nationalhymne und alle möglichen anderen polnischen Lieder, die ich nie zuvor gehört hatte. In regelmäßigen Abständen hob jemand sein Glas oder seine Flasche, und man trank auf Polen und die siegreichen alliierten Armeen. Einige Soldaten standen in kleinen Gruppen zusammen und sprachen von zu Hause und von ihren Familien in Polen; andere sagten mit Tränen in den Augen immer wieder, dass sie nie geglaubt hätten, das Ende des Krieges und die Niederlage Deutschlands noch zu erleben.

Ich wusste nicht, ob ich lachen oder weinen sollte. Natürlich war ich froh, dass der Krieg vorbei war und endlich alle Lager befreit worden waren. Doch als die Soldaten von ihren Familien sprachen, erinnerte mich das daran, dass ich nicht mehr wusste, wo ich zu Hause war. Ohne meine Eltern gab es kein Zuhause für mich, und ich hatte keine Ahnung, wo sie waren. Seltsam war nur, dass ich nie an die Möglichkeit dachte, sie könnten in den Lagern den Tod gefunden haben. Ich wusste: Da ich überlebt hatte, mussten sie ebenfalls mit dem Leben davongekommen sein, und irgendwann würden sie mich schon finden! In der Zwischenzeit betrachtete ich meine Kameraden als Familie. Aber was wurde aus mir, wenn alle Soldaten nach Hause gingen? Ich sagte mir, dass noch Zeit genug sei, die Antwort auf diese Frage zu finden, und wahrscheinlich würde sich die Frage ohnehin von selbst erledigen, denn bevor die Armee sich auflöste, hätten meine Eltern mich sicher längst wieder zu sich geholt.

Der Rückweg durch das besiegte Deutschland machte mir die größte Freude. Unterwegs hatten einige Soldaten meiner Division die Überreste eines deutschen Zirkus ausfindig gemacht. Sie hatten ein wunderschönes Pony entdeckt und eine entsprechend kleine Kutsche, vor die man es spannen konnte. Beides brachten sie mir als Geschenk, und einer von ihnen sagte mir: »Wir haben das Pony für dich befreit. Es braucht ein gutes polnisches Zuhause.« Ich verbrachte viele Stunden mit dem Füttern und Striegeln meines neuen Freundes. In freien Stunden ritt ich auf ihm, doch wenn die Division weiterzog, saß ich in meiner kleinen Kutsche und folgte den Pferdewagen, die unsere Vorräte transportierten. Soldaten anderer Divisionen winkten und grüßten mich, wenn wir vorbeikamen. Bevor ich das Pony bekam, schenkte man mir außerdem eine Pistole, so klein wie die Waffen, die Frauen manchmal in ihren Handtaschen bei sich haben. Ich glaube, es war der Schuhmacher, der sie mir schenkte. Er hatte mir gesagt, dass die fünf Kugeln im Magazin die einzige Munition seien, die er hatte auftreiben können, und so schoss ich die Pistole nur ein einziges Mal ab, um herauszufinden, ob sie funktionierte. Das tat sie. Von da an trug ich sie sehr stolz in einem Halfter mit mir herum, das der Schuhmacher für mich angefertigt hatte, und nahm sie oft heraus, um sie zu putzen.

Unsere Reisegeschwindigkeit auf dem Rückweg war viel langsamer als vor der deutschen Kapitulation, und wir machten tagelang in verschiedenen Städten Halt. Viele der Häuser schienen leer zu stehen, da die Besitzer vor den heranrückenden sowjetischen Truppen geflohen waren. Im Großen und Ganzen konnten wir uns in diesen Städten frei bewegen. Einige Soldaten aus meiner Division fanden Vergnügen daran, die Fenster der Häuser einzuschlagen und alle möglichen anderen Schäden anzurichten. Sie forderten mich auf, ihrem Beispiel zu folgen, und sagten, die Deutschen hätten das und noch viel Schlimmeres verdient, weil sie in Polen so viel Leid angerichtet hatten.

Ich fand es nicht besonders aufregend, Fenster einzuschlagen, und zog es vor, mit meinem Pony zu spielen oder zu reiten, wenn wir uns längere Zeit in einer Stadt aufhielten. Aber eines Tages kam ein junger Soldat und versprach mir etwas, was wirklich Spaß machen würde. Mit seiner Pepeschka – der Maschinenpistole mit dem Trommelmagazin, das fast alle sowjetischen und polnischen Soldaten damals benutzten – am Riemen über der Schulter, führte er mich in eine schmale Straße und zeigte auf die Telegraphenmasten, die sie säumten. »Siehst du die weißen Porzellandinger mit den Ka-

beln darum herum?«, fragte er. »Wir versuchen, sie abzuschießen.« Dann richtete er die Waffe so ein, dass immer nur ein
Projektil nach dem anderen abgeschossen werden konnte. Er
schoss oft daneben, hatte aber auch ein paar Treffer. Wenn er
traf, zersprang das Porzellan der Isolatoren laut klirrend auf
dem Boden. Nach einer Weile gab er mir die Pistole. Zuerst
sollte ich einen Zaun in der Nähe treffen, um ein Gefühl für
die Waffe zu bekommen. Sie war nicht sehr schwer, und das
Trommelmagazin trug offenbar zur Stabilität bei. Es fiel mir
nicht schwer, den Zaun zu treffen, und bald kam ich auch mit
den Isolatoren zurecht. Von da an suchten mein Freund und
ich in jeder neuen Stadt, in die wir kamen, eifrig nach diesen
Porzellanköpfen, um sie abzuschießen. Bis heute kommt mir
beim Anblick solcher Telegraphenmasten der Vandalismus
von damals in den Sinn und ich schäme mich ein wenig dafür,
spüre allerdings auch den verborgenen Wunsch, es wenigstens
noch ein Mal zu versuchen.

Unser mäandernder Zug durch Deutschland kam zu seinem
Ende, als meine Division den Befehl erhielt, mitsamt ihrer
Ausrüstung einen Truppentransport nach Polen zu besteigen.
Der Zug hielt viele Male auf offener Strecke und stand häufig
Seite an Seite mit Zügen voller sowjetischer Truppen. Meistens stiegen wir aus, und es begannen lange, freundschaftliche
Frotzeleien mit den Russen. Es gab auch regen Tauschhandel
mit »befreiten« Dingen. Die Russen stellten ihre *tschassy* (Uhren) zur Schau – prahlerisch zeigten sie uns ihre vier oder fünf
Uhren an jedem Arm – und wollten im Tausch andere Uhren
oder Schmuckstücke haben. Sie schienen fasziniert zu sein
vom Mechanismus dieser Uhren. Ich erinnere mich an einen
von ihnen, der eine Uhr unter das Rad eines Waggons legte,
während der Zug rangiert wurde, um herauszubekommen,

ob sie danach noch funktionierte. Alle applaudierten, als er die plattgedrückte Uhr vom Gleis holte und ihre Einzelteile feierlich vor seine Zuschauer legte.

Noch mehr Applaus und Hurrarufe gab es, als der Zug die Grenze zu Polen überquerte. Unser Ziel war eine Garnison in der polnischen Stadt Siedlice. Dort teilte ich mir eine Unterkunft mit einer Gruppe von Männern meiner Division. Sie vertrieben sich die Zeit mit Fußball- und Kartenspielen, während sie wahrscheinlich auf ihre Demobilisierung und die Rückkehr ins Privatleben warteten. Es wurde eine Menge Unfug getrieben. Häufig amüsierte man sich damit, einem nichtsahnenden Besucher der Latrine im Hof einen Streich zu spielen. Plötzlich erschienen ein paar Soldaten, hoben den Bretterverschlag aus seiner Verankerung und kippten ihn um, während das arme Opfer darin schwitzte und laut protestierte.

In der Garnison von Siedlice lernte ich einen jungen Soldaten in meiner Division kennen, der Jude war. Ich traf mich oft mit ihm und verbrachte viel Zeit mit ihm. (Im Lauf der Jahre habe ich die Namen vieler Menschen vergessen; am meisten bedauere ich, dass ich den Namen dieses jungen Soldaten heute nicht mehr weiß, obwohl ich die Fotografie noch habe, die er mir schenkte und die uns beide in Uniform zeigt.) Ich nehme an, viele Soldaten meiner Division wussten, dass ich Jude war, doch aus der wahrscheinlich unbegründeten Angst heraus, auf Ablehnung zu stoßen, brachte ich selbst nie die Sprache darauf. Meinem Freund allerdings vertraute ich es an, bat ihn aber, den anderen nichts davon zu sagen. Wenn wir miteinander sprachen, fragte er mich immer wieder, was ich in den kommenden Jahren vorhätte. Natürlich hatte ich keine Ahnung. Ich hatte über meine Zukunft nie richtig nachgedacht, wahrscheinlich weil ich immer noch erwartete, dass meine Eltern mich in der nächsten Zeit finden und zu sich nehmen würden. Er aber schüttelte den Kopf und versuchte auf sehr einfühlsame Weise, mir klarzumachen, dass es noch lange dauern würde, bis sie mich fanden, falls sie überhaupt noch am Leben wären.

Eines Tages ließ er mich wissen, dass er ein paar Tage nicht da sein würde. Bald darauf kehrte er sehr aufgeregt von seiner Reise zurück und berichtete mir, dass er ein wunderbares jüdisches Waisenhaus in Otwock, bei Warschau, gefunden habe. Er hatte der Direktorin von mir erzählt, und sie hatte ihm gesagt, dass sie mich sehr gern aufnehmen würde, bis ich meine Eltern gefunden hätte. Es würde mir dort bestimmt gefallen, versicherte mir mein Freund; ich würde viele Kinder kennenlernen, die unter ähnlichen Umständen wie ich den Krieg überlebt hätten. Außerdem hatte sich unser Divisionschef bereits mit ihm ins Benehmen gesetzt. Er hatte ihm gesagt, dass eine Garnison auf die Dauer nicht der geeignete Ort sei für einen elfjährigen Jungen. Ein paar Tage später saß ich mit meinem Freund im Zug, und wir fuhren zusammen nach Otwock.

Von Otwock nach Göttingen

Das jüdische Waisenhaus von Otwock war ein langgestrecktes, rechteckiges Gebäude mit zwei Stockwerken, einem großen Hof an der Vorderseite und einem Garten hinter dem Haus. Es war umgeben von einem dichten Kiefernwald mit reichen Beständen an Pilzen, Blaubeeren und Walderdbeeren. Eine schmale gepflasterte Straße führte von Otwock zum Waisenhaus. Man erreichte es aber auch über ausgetretene Pfade durch den Wald. Vor dem Zweiten Weltkrieg war Otwock ein bekannter Kurort für Tuberkulosekranke gewesen. Einige der Sanatorien, die während des Krieges zweckentfremdet worden waren, säumten noch immer die Straße zum Waisenhaus. In meiner ersten Zeit in Otwock beherbergte eines dieser Gebäude, etwa auf halbem Weg zur Stadt gelegen, ein katholisches Waisenhaus.

Das jüdische Waisenhaus war für mich im Übergang von einem Leben zu einem anderen eine Zwischenstation. Hier fand meine allmähliche Verwandlung von einem unaufhörlich in Angst lebenden und hungrigen Lagerinsassen zu einem relativ normalen zwölfjährigen Kind statt. Ich musste nicht mehr ständig um mein Überleben kämpfen, und auch das surreale Dasein als Soldatenmaskottchen war zu Ende. Im Waisenhaus führte ich ein annähernd normales Leben. Fast jede Minute meines Aufenthalts dort war mir ein Anlass zur Freude, obwohl es auch Momente gab, in denen ich wehmütig an mein abenteuerliches Leben in der polnischen

Armee zurückdachte und wünschte, mein Pony wäre noch bei mir.

Es gab im Waisenhaus vor allem Jungen und Mädchen im Teenageralter, aber auch einige jüngere Kinder, aufgeteilt in verschiedene Gruppen. Ich kam in die Gruppe der ältesten Jungen. Dort war ich unter etwa fünfzehn oder zwanzig Jungen der Jüngste, was mir ein Gefühl besonderer Bedeutung verlieh. Nicht alle Kinder im Waisenhaus waren wirklich Waisen. Einige hatten noch Vater oder Mutter oder beide Eltern. Sie waren nur zeitweilig bei uns untergebracht worden, während ihre Eltern versuchten, ihre Existenz wiederaufzubauen, oder noch im Ausland waren. Ich gehörte zu denjenigen, deren Eltern nach allem, was man wusste, während des Krieges umgebracht worden waren. Wir waren die echten Waisen und sahen uns als die harten Jungs des Waisenhauses. Den anderen Kindern gegenüber spielten wir uns als die großen Herren auf. Auf eine verquere Weise ähnelte unsere Haltung der von Berufsverbrechern oder Lebenslänglichen in einem Gefängnis, die aus ihrem Status ihren ganzen Stolz beziehen. Gleichzeitig glaubte ich natürlich immer noch, ohne irgendjemandem davon zu erzählen, dass meine Eltern lebten und mich eines nicht allzu fernen Tages finden und zu sich nehmen würden.

Die Mehrzahl der Kinder im Waisenhaus war während des Krieges von polnischen Familien versteckt worden, oder sie waren in Klöstern untergekommen. Einige von ihnen hatten in dieser Zeit unter schrecklichen Bedingungen gelebt. Ein Mädchen, Tamara, das in meinem Alter war und bald meine beste Freundin wurde, verbrachte über zwei Jahre auf dem Dachboden eines Hauses. Der Raum war so niedrig, dass sie nicht gehen und nicht einmal aufstehen konnte. Als sie befreit wurde, waren ihre Beine verkrüppelt. Andere Kinder hatten wie ihre Eltern mit falschen Papieren gelebt. So war es ihnen zwar gelungen, in diversen Städten und Dörfern des Landes als Polen zu gelten, aber die Angst, denunziert und an die Deutschen ausgeliefert zu werden, begleitete sie Tag und Nacht. Einige dieser Kinder hatten sich allein durchschlagen müssen, nachdem ihre Eltern bei Razzien gefasst worden waren. Unter den Älteren gab es auch Überlebende verschiedener deutscher Arbeitslager. Jeder von uns hatte eine Geschichte zu erzählen, und eine war grausiger als die andere, doch wir sprachen, wenn überhaupt, nur sehr selten über unsere Vergangenheit, obwohl meine Freunde mir sehr gern zuhörten, wenn ich Geschichten über mein Leben in der polnischen Armee zum Besten gab.

Ich war der Einzige im Waisenhaus, der Auschwitz überlebt hatte, was die Verwaltung des Waisenhauses dazu bewog, meinen Fall bekannt zu machen. Das Ergebnis war, dass mich nun häufig Journalisten interviewten und ich wichtigen Besuchern vorgeführt wurde. Von Zeit zu Zeit erschien ich sogar in der polnischen Wochenschau, die in der damaligen fernsehlosen Zeit in den Kinos vor dem Hauptfilm gezeigt wurde. Auch die Repräsentanten des American Jewish Joint Distribution Committee (genannt »Joint«) suchten uns auf, durch deren finanzielle Zuwendungen das Waisenhaus, wie ich vermute, hauptsächlich existieren konnte.

Wir wurden sehr gut behandelt. Als ich ankam, untersuchte mich ein Arzt und stellte fest, dass ich zu dünn war für mein Alter und eine spezielle Kost brauchte, um zuzunehmen. Über eine ziemlich lange Zeit hinweg bestand danach mein Frühstück, außer dem üblichen Brot und den gekochten Eiern, aus einer Schale voll Rahm, in den ich gern Erdbeer- oder Orangenmarmelade rührte. Einige Kinder, die ebenfalls

Spezialkost erhielten, mochten keinen Rahm. Da ich ihn sehr gern aß, tauschte ich oft meine Eier gegen ihren Rahm ein. Nie hatte ich so gut gegessen! Es gab Momente, in denen ich beim Anblick all dieser wunderbaren Speisen vor mir auf dem Tisch sicher war, dass das alles nur ein Traum sei und ich statt des weißen Rahms, den ich zu sehen glaubte, beim Aufwachen den Schnee in Händen halten würde, den wir während des Todestransports von Auschwitz nach Sachsenhausen gegessen hatten. Im Spätsommer und Herbst, wenn die Pilze in unserem Wald aus dem Boden schossen, schickte uns die Köchin zum Sammeln hinaus. Die nächsten paar Tage konnten wir mit einer herrlichen Pilzsuppe oder irgendeinem anderen besonderen Pilzgericht rechnen. Ich glaubte, im Himmel zu sein.

Als ich ins Waisenhaus kam, konnte ich weder lesen noch schreiben, obwohl meine Eltern versucht hatten, mir in Kielce heimlich etwas beizubringen. Soweit ich mich erinnere, erhielt ich auch von einem unserer Betreuer ein wenig Einzelunterricht, bevor ich in eine nahgelegene polnische Grundschule eingeschult wurde, die auch andere Kinder des Waisenhauses besuchten. Merkwürdigerweise weiß ich fast nichts mehr von dieser Schule, wie lange ich sie besuchte, in welcher Klasse ich war oder was ich lernte. Höchstwahrscheinlich war ich nur kurze Zeit dort. Aber an ein paar Dinge erinnere ich mich doch: zum Beispiel an das große Kreuz, das über der Tafel hing, und das tägliche Gebet, das unsere polnischen Klassenkameraden jeden Morgen aufsagten und sich dabei bekreuzigten. Obwohl ich das Gebet nicht mitsprach und mich ziemlich unwohl dabei fühlte, weil ich nur stumm dabeistand, lernte ich die Worte bald auswendig und habe sie bis heute nicht vergessen.

Ebenso deutlich erinnere ich mich an den Tag, als ich einen von Tamaras Zöpfen – sie saß vor mir – in das Tintenfass auf meinem Pult tunkte. Sie bedachte mich mit einem unheilverheißenden Blick, sagte aber nichts zu unserer polnischen Lehrerin. Stattdessen meldete sie mich unserem Betreuer, als wir ins Waisenhaus zurückkehrten, und kurz darauf wurde ich vor ein aus älteren Kindern zusammengesetztes Ehrentribunal zitiert. Als Strafe setzte das Tribunal fest, dass ich auf unserem Schulweg zwei Wochen lang Tamaras Bücher zu tragen und andere Aufgaben zu erledigen hätte, die sie mir nach Lust und Laune auftragen durfte. Das führte dazu, dass wir unzertrennliche Freunde wurden, und nach einer Weile stopfte Tamara sogar freiwillig meine Socken.

In der Freizeit trieben wir sehr oft Sport. Es stellte sich bald heraus, dass ich trotz der Amputation meiner zwei Zehen sehr schnell laufen konnte, und allmählich entwickelte ich mich zu einem guten Fußballspieler. Da ich die Fähigkeit besaß, mit dem linken und dem rechten Fuß gleich gut schießen zu können, war ich in der Lage, verschiedene Positionen auf dem Spielfeld zu übernehmen. Daher befand ich mich immer unter den ersten Kindern, die ausgewählt wurden, wenn die beiden besten Spieler des Waisenhauses ihre Mannschaften zusammenstellten. Ich lernte auch, Tischtennis zu spielen, was im Waisenhaus sehr viel zählte, und schlug nach einer Weile sogar diejenigen, die mir das Spiel beigebracht hatten. Irgendwann im Lauf meines Aufenthalts dort wurde eine Pfadfindergruppe gegründet. Obwohl wir immer noch auf unsere Uniformen warteten, als ich das Waisenhaus verließ, machten mir meine Aktivitäten als Pfadfinder großen Spaß.

Besonders an Wochenenden und nach den Sabbatgottesdiensten wurde abends aus polnischen und jüdischen Büchern vorgelesen. Manchmal gab es auch Gesangsdarbietungen von einigen Kindern. Ich erinnere mich, dass einer der älteren Jungen sehr gut Klavier spielte; andere konnten singen oder andere Instrumente spielen. Zu meinem größten Bedauern musste ich bald feststellen, dass ich keinerlei musikalische Begabung besaß und beim Singen nicht einmal in der Lage war, die Melodie zu halten. Mit uns älteren Kindern wurde ab und zu ein Ausflug in die Umgebung von Otwock gemacht, oder eine Gruppe von uns durfte allein eine kleine Reise unternehmen. Einmal erlaubte uns die Heimleitung sogar, mit dem Zug nach Warschau zu fahren. Es waren nur etwa zwanzig Kilometer. Der Anlass unserer Reise war die Wiedereröffnung der wichtigsten Brücke über die Weichsel, die Warschau und den Vorort Praga verband. Sie war im Krieg zerstört worden. Wir hatten Geld für die Fahrscheine bekommen, und als wir am Bahnhof ankamen, schlug jemand vor, dass ich sie kaufte, da ich der Jüngste war und man mir am ehesten glaubte, dass wir alle unter zehn oder zwölf waren (wo immer die Grenze zwischen Kinder- und Erwachsenenfahrscheinen verlief). Als ich zum Schalter kam, machte ich mich noch kleiner, als ich war, und erhielt tatsächlich die Fahrscheine zum reduzierten Tarif. Mit dem gesparten Geld kauften wir Süßigkeiten, und wir waren sehr stolz auf uns. Ich verstehe bis heute nicht, warum der Zugschaffner nicht bemerkte, dass einige aus unserer Gruppe die Altersgrenze für den günstigeren Fahrschein deutlich überschritten hatten.

Im Garten hinter dem Waisenhaus wurde Gemüse angebaut, und jeder, der wollte, bekam ein kleines Stück Erde, um selbst etwas anzupflanzen. Wir hatten Gurken, Mohrrüben, Bohnen, Kohl und Tomaten. Ich arbeitete sehr gern in meinem kleinen Garten, besonders, nachdem eines der Kinder mir gezeigt hatte, dass man die Form einer Gurke verändern konnte, indem man den Setzling in einer Flasche zog. Ich beförderte also ein Gurkenpflänzchen in eine Flasche und beobachtete jeden Morgen gespannt, was mit ihm geschah. Das Ergebnis des Experiments war allerdings anders als erwartet, denn als ich die reife und unförmige Gurke aus der Flasche herausbekommen wollte, musste ich sie auseinanderschneiden.

Auf einer Seite unseres Hauses hielt ein Imker – vielleicht war er gleichzeitig unser Gärtner – eine Reihe von Bienenstöcken. Seine Arbeit faszinierte mich, und so erbot ich mich eines Tages, ihm zur Hand zu gehen. Er gab mir genaue Anweisungen, was ich zu tun hätte; ich zog mir den Bienenschleier über den Kopf, den er mir gegeben hatte, und versuchte dann, mit dem Blasebalg Rauch zu erzeugen, damit er gefahrlos die Honigwaben herausholen konnte. Leider gelang es mir nicht, den Blasebalg in Gang zu setzen. Die Bienen setzten sich auf meine unbedeckte Hand und fingen an, mich zu stechen – und ich entschloss mich zur Flucht, trotz der dringenden Aufforderungen des Imkers, ganz ruhig stehen zu bleiben. Die Bienenstöcke müssen ungefähr zwanzig Meter vom Waisenhaus entfernt gewesen sein. Ich rannte, so schnell ich konnte, doch ganze Schwärme wildgewordener Bienen folgten mir. Der Schleier über meinem Kopf verrutschte, und ich spürte, wie ich am Gesicht und am Hals gestochen wurde. Schließlich kam ich zur Tür, schlug sie hinter mir zu und ließ die meisten Bienen draußen. Als ich später von einer Krankenschwester behandelt wurde, sagte sie, ich hätte Glück gehabt; wäre ich gegen die Stiche allergisch gewesen, hätte ich den Angriff der Bienen wohl nicht überlebt. So hatte ich nur ein paar Tage lang erhebliche Schmerzen, und Gesicht, Hals und Hände waren dick geschwollen. Von da an ging ich nie mehr in die Nähe der Bienenstöcke.

Als zwei meiner Freunde im Wald eine Pistole fanden, erzählten sie mir davon, weil sie wussten, dass ich, wie sie es ausdrückten, »mit Waffen umgehen« konnte. Sie hatten die Waffe unter einem Baum im Wald vergraben, und von mir erwarteten sie ein Urteil darüber, ob sie noch funktionierte oder nicht. Wir gingen also zu dritt in den Wald, und sie gruben die Pistole aus. Mit so viel Sachkenntnis, wie ich nur aufbringen konnte, drehte ich sie lässig in der Hand. Sie war ziemlich dreckig und hatte da und dort Rost angesetzt. Was tun? Wir steckten wirklich in einem Dilemma, denn im Magazin befand sich nur eine einzige Patrone: Wenn wir sie ausprobierten, würden wir danach zwar eine Pistole haben, aber keine Munition; wenn wir die Patrone aber aufsparten, würden wir nie herausbekommen, ob die Waffe noch ihren Zweck erfüllte oder nicht. Schließlich gewann unsere Neugier die Oberhand, und wir sagten uns, dass wir in Zukunft bestimmt noch Gelegenheit finden würden, uns die geeignete Munition zu beschaffen. Da ich immer wieder geprahlt hatte, dass ich jede Menge Erfahrung mit allen möglichen Waffen hätte, sollte ich nach dem Wunsch meiner Freunde der Auserwählte sein, der die Pistole ausprobierte. Ich war nicht sehr glücklich darüber, denn die polnischen Soldaten, die mir vor nicht allzu langer Zeit meine kleine Pistole geschenkt hatten, hatten mir eingeschärft, sie immer gut zu putzen und einzuölen, weil sie sonst beim Schießen explodieren könnte. Da mir jetzt aber nichts anderes mehr übrigblieb, als meine Erfahrung mit Waffen unter Beweis zu stellen, sagte ich meinen Freunden, sie sollten sich in einiger Entfernung von mir aufstellen, und zielte auf einen großen Baum ein paar Meter vor mir. Ich drückte auf den Abzug, der Schuss knallte laut, es gab eine Menge Rauch, doch ich stand immer noch unverletzt mit der Pistole in der Hand da. Daraufhin wickelten wir sie in ein Tuch und vergruben sie wieder. Ein paar Tage später wollten wir wiederkommen, mit ein wenig Fahrradöl, wenn möglich, oder im Notfall mit Butter, um sie zu reinigen. Doch in der Zwischenzeit wurden in der ganzen Stadt und auch in der Nähe des Waisenhauses Plakate angeschlagen, die die Bevölkerung dazu aufriefen, alle Waffen abzugeben. Meine beiden Freunde und ich diskutierten darüber, was wir mit unserer Pistole anfangen sollten, entschlossen uns aber schließlich, sie dort zu lassen, wo sie war. Wahrscheinlich liegt sie immer noch dort unter dem Baum in der Erde.

Die Post für das Waisenhaus musste man beim Postamt in Otwock abholen. Diese Aufgabe wurde gewöhnlich einem oder zwei der älteren Kinder übertragen. Aber sie wurde nur mit dem größten Widerwillen ausgeführt, denn der Weg zur Post führte an dem nahgelegenen katholischen Waisenhaus vorbei, wo die polnischen Kinder warteten und antisemitische Parolen und Verfluchungen brüllten. Sie bewarfen unsere Abgesandten mit Steinen oder versuchten, sie zu verprügeln. Wir vermieden es daher stets, an diesem Gebäude vorbeizugehen, und nahmen stattdessen komplizierte Umwege durch den Wald in Kauf, obwohl man uns selbst dort manchmal auflauerte. Kurz nach meiner Ankunft im Waisenhaus wurde beschlossen, dass ich die Post abholen sollte, weil ich nicht jüdisch aussah und man mich leicht für einen Polen halten konnte. Eine Zeit lang ging ich an dem katholischen Waisenhaus vorbei, ohne dass es Komplikationen gab. Doch sobald die polnischen Kinder herausgefunden hatten, dass ich vom jüdischen Waisenhaus kam, war ich vor ihren Angriffen nicht länger gefeit. Ihren antisemitischen Beschimpfungen konnte ich nicht entkommen, doch es gelang mir immerhin, ihnen davonzulaufen, wenn sie hinter mir hergerannt kamen, um mich zu fangen. Auf die Dauer zog ich es jedoch vor, den Anfeindungen aus dem Weg zu gehen und ebenfalls den Pfad durch den Wald zu nehmen. Das Schlimmste an meinem Job als Briefträger war, dass für mich nie Post da war.

In meiner Zeit im Waisenhaus lag die Verwaltung in den Händen des Allgemeinen jüdischen Arbeiterbundes, einer sozialistischen Organisation, die unter anderem die Ansicht vertrat, dass Juden zum Aufbau eines sozialistischen polnischen Staates beitragen sollten, statt nach Palästina zu emigrieren, um einen jüdischen Staat zu errichten. Die Leitung des Waisenhauses unternahm daher nichts, was zur Emigration nach Palästina ermutigen konnte. Das blieb bei den zionistischen Gruppen in Polen nicht unbemerkt und bewog eine davon – eine Jugendorganisation namens Hashomer Hazair – dazu, unter den Insassen des Waisenhauses heimlich für die Emigration nach Palästina Werbung zu machen. Auf diese Weise kam eine junge Frau namens Lola zu uns, die bei meiner Ankunft entweder als Betreuerin meiner Gruppe oder in einer höheren Position tätig war. Ich weiß zwar nicht mehr, welches ihre genaue Funktion war, aber ich weiß, dass ich sie wie alle meine Freunde schwärmerisch verehrte.

Als ich schon einige Zeit im Waisenhaus gelebt hatte, forderte mich Lola eines Tages zu einem Spaziergang mit ihr auf. Nachdem wir das Grundstück verlassen hatten, fragte sie mich, ob ich je daran gedacht hätte, nach Palästina zu gehen oder ob ich vorhätte, den Rest meines Lebens in Polen zu bleiben. Ich muss gestehen, dass ich darüber nie nachgedacht hatte, weil ich erwartete, dass meine Eltern, sobald ich sie gefunden hätte, all diese Dinge für mich entscheiden würden. Ich hatte aber meinen Vater von Palästina und von der Notwendigkeit für uns Juden, eines Tages unser eigenes Land zu haben, sprechen hören. Da ich mich daran erinnerte, sagte ich Lola: »Ich würde sehr gern in Palästina leben, weil mich dort bestimmt niemand einen dreckigen Juden schimpft und weil es keine polnischen Kinder gibt, die Steine nach mir werfen.« »Wenn du sicher bist, dass du wirklich in Palästina leben willst«, antwortete Lola, »werde ich dir ein sehr wichtiges Geheimnis verraten. Aber du musst mir versprechen, dass du es niemandem weitersagst.«

Ich versprach ihr absolutes Stillschweigen, und sie vertraute mir an, dass bereits einige der älteren Kinder den Wunsch geäußert hätten, nach Palästina zu gehen, und dass sie ihnen helfen werde, dorthin zu gelangen. Sie hatte eine Liste mit den Namen dieser Kinder aufgestellt, und wenn ich mir wirklich sicher sei, würde sie auch meinen Namen darauf setzen. Natürlich sagte ich ihr, dass mein Wunsch auszuwandern felsenfeststehe. Dann erklärte mir Lola ihren Plan. Sehr bald schon würde sich ein Kind nach dem anderen heimlich absetzen. Man müsse sich in einem unbeachteten Moment aus dem Haus schleichen und würde dann von ein paar Leuten der Gruppe Hashomer Hazair abgeholt. Dann werde man in einen zeitweilig eingerichteten Kibbuz in Polen gebracht, wo die Vorbereitungen für die heimliche Ausreise getroffen würden. Entweder über Italien oder über Frankreich könne man dann nach Palästina gelangen. Alle paar Wochen würde ein Kind außer Landes gebracht.

Das Ganze klang schrecklich aufregend. Ich war sofort einverstanden und wollte unter den Ersten sein, die sich aus dem Waisenhaus davonstahlen. Doch Lola erklärte mir, dass ich der Letzte sein müsse, der das Haus verließ, da ich »berühmt« sei. Sie meinte, dass mein Verschwinden sicher zu intensiven Nachforschungen führen würde, da meine Lebensgeschichte von der Leitung des Waisenhauses publik gemacht worden war, und dadurch könnte die ganze Aktion gefährdet werden. Lola versprach mir aber, meinen Namen in jedem Fall auf die Liste der Ausreisewilligen zu setzen. Die zuständigen Behörden in Palästina würden davon in Kenntnis gesetzt, und ich könne sicher sein, dass man mich nicht vergessen würde. Die Aussicht auf das Leben in Palästina begeisterte mich, und obwohl ich enttäuscht war, dass ich noch geraume Zeit warten musste, bis ich an der Reihe war, fand ich alles, was Lola mir sagte, durchaus plausibel und war bereit, mich zu gedulden.

Nach diesem Gespräch gingen einige Monate ins Land, ohne dass ich irgendetwas hörte, was unser Geheimnis betraf. Dann, eines Morgens, als ich schon jede Hoffnung aufgegeben hatte, jemals nach Palästina zu kommen, rief mich die Direktorin des Waisenhauses zu sich in ihr Büro. Da wir gewöhnlich nur vor ihr erscheinen mussten, wenn wir irgendetwas ausgefressen hatten oder wenn eine schwerwiegende disziplinarische Verfehlung bekannt geworden war, glaubte ich, dass sie von Lolas Plan erfahren hatte und mich dazu befragen wollte. Auf dem Weg zu ihrem Büro überlegte ich mir fieberhaft, was ich sagen sollte, und beschloss, lieber zu lügen, als das Geheimnis zu verraten, da die Enthüllung des Plans dazu führen konnte, dass man Lola kündigte. Auf keinen Fall wollte ich Lola verlieren.

Als ich das Büro der Direktorin betrat, wurde ich mit einem herzlichen Lächeln begrüßt. »Sie versucht, mich auszutricksen«, dachte ich, »sie will mich nur zum Reden bringen.« Die Direktorin bat mich zunächst, Platz zu nehmen, und stellte mir dann Fragen über meine Eltern. Ob ich mich an den Namen meiner Mutter erinnerte? »Gerda«, sagte ich. »Wie hast du sie genannt?«, fragte sie dann, und ich erwiderte: »Mutti.« »Weißt du, wo sie geboren wurde?« Ich antwortete: in Göttingen. Es folgten weitere Fragen, die sich auch auf meinen Vater bezogen, wann ich meine Eltern das letzte Mal gesehen hätte und so weiter. Ich antwortete, so gut ich es vermochte, und fragte mich immer noch, worum es eigentlich ging. Dann wollte die Direktorin wissen, ob ich meine Mutter wiedererkennen würde, wenn ich sie sähe. »Natürlich!«, sagte ich und war nun völlig verwirrt. »Worauf will diese Frau hinaus?«, fragte ich mich und wartete darauf, endlich den wahren Grund für unser Gespräch zu erfahren.

Da zeigte die Direktorin auf einen Brief auf ihrem Schreibtisch. »Ich habe dir etwas Wunderbares zu sagen: Deine Mutter lebt! Das hier ist ein Brief von ihr!«, rief sie freudig aus. Aber sobald ich den Brief sah, verschwand das Glücksgefühl, das bei den ersten Worten der Direktorin in mir aufgestiegen war. Er war auf Polnisch geschrieben, und ich wusste, dass meine Mutter nicht Polnisch schreiben konnte. Die Handschrift war ebenfalls nicht die ihre. Das wusste ich sofort, denn ich erinnerte mich, dass mein Vater sich zu der Zeit, als ich noch gar nicht lesen konnte, immer über die Handschrift meiner Mutter lustig gemacht hatte. Es sehe aus, als ob ein Huhn in ein Tintenfass getappt und dann über das Blatt gelaufen sei, hatte er immer gespottet. Deshalb wusste ich, dass der Brief, den die Direktorin mir jetzt gab, nicht von meiner Mutter verfasst worden war.

Ich hätte am liebsten geweint, aber ich wollte nicht zeigen, wie enttäuscht ich war. Der Direktorin sagte ich, dass der Brief nicht von meiner Mutter stamme und wahrscheinlich von irgendjemandem geschrieben worden sei, der mich unter Vorspiegelung falscher Tatsachen adoptieren wollte. Es war für jüdische Lagerüberlebende, besonders diejenigen, die ihre eigenen Kinder verloren hatten, nichts Unübliches, sich an das Waisenhaus zu wenden, um Kinder zu adoptieren. Verschiedene jüdische Organisationen riefen in ihren Publikationen ebenfalls zu Adoptionen auf. Wir älteren Kinder waren besonders stolz darauf, dass wir uns der Adoption verweigerten, und da ich ohnehin sicher war, dass meine Eltern lebten und mich bald finden würden, hatte ich einen noch besseren Grund dafür, im Waisenhaus zu bleiben. Die Direktorin versuchte mich zu trösten und gab zu bedenken, dass ich mich vielleicht doch irrte. Meine Mutter konnte jemanden beauftragt haben, den Brief für sie zu schreiben. Schließlich sei er nicht an mich gerichtet, sondern an das Waisenhaus, weil meine Mutter womöglich fürchtete, ein deutsch geschriebener Brief fände keine Beachtung. Doch dieses Argument überzeugte mich nicht. Als ich in Tränen aufgelöst aus ihrem Büro hinausrannte, hörte ich sie noch sagen, dass sie nicht aufgebe und dass auch ich nicht aufhören solle zu hoffen.

Wochen vergingen. Ich versuchte, mir den Brief aus dem Kopf zu schlagen, aber es gelang mir nicht. Und weil ich so sicher war, dass der Brief nicht von meiner Mutter kam, begann ich mich nun doch zu fragen, warum meine Eltern, wenn sie noch lebten, mich über ein Jahr nach Ende des Krieges noch immer nicht gefunden hatten. Sobald ich mir diese Frage stellte, war ich auch gezwungen, das Undenkbare in Betracht zu ziehen: Wenn so viele andere Menschen ermordet worden waren, war es nicht möglich, dass auch meine Eltern nicht mehr lebten? Nein, das wollte ich nicht glauben. Es konnte einfach nicht wahr sein! Aber ganz allmählich stiegen Zweifel in mir auf, und ich fragte mich, ob vielleicht nur einer von ihnen überlebt hatte. Und dann ging die Überlegung weiter: Wenn nur einer es geschafft hatte, war es meine Mutter oder mein Vater? Ich wusste, dass meine Mutter im Ghetto krank gewesen war – später erfuhr ich, dass sie ein Schilddrüsenleiden hatte –, und ich wusste auch, wie gut sich mein Vater immer darauf verstanden hatte, die Deutschen zu überlisten. Wenn es stimmte, dass nur einer von ihnen überlebt hatte, musste es mein Vater sein. Diese Überzeugung entstand allmählich in mir. Doch andererseits – hätte er mich, wenn er überlebt hatte, inzwischen nicht längst finden müssen? In der Zeit vor der Ankunft des Briefes war ich in der Lage gewesen, jedes Nachdenken über das Schicksal meiner Eltern zu vermeiden, indem ich mich weigerte, mir einzugestehen, dass sie vielleicht beide tot waren. Jetzt wurde mir allmählich klar, dass ich wahrscheinlich völlig allein war auf der Welt und dass es wenig gab, was ich dagegen tun konnte, außer nach Palästina zu gehen. Diese Aussicht schien mir nun verführerischer denn je zu sein.

Ich wusste, dass es noch einige Zeit dauern würde, bis ich das Waisenhaus in Richtung Palästina verlassen konnte. Inzwischen versuchte ich, möglichst wenig an meine Eltern zu denken, indem ich immer mehr Zeit mit Fußball- und Tischtennisspielen verbrachte. Dann, eines Nachmittags, mitten in einem spannenden Fußballspiel, sah ich die Direktorin, die aus ihrem Büro herbeigerannt kam und mit einem Brief winkte. Als ich ihn sah, erkannte ich sofort die unverwechselbare Handschrift meiner Mutter. Der erste Satz darin lautete: »Mein liebster Tommyli.« Ich wusste auf der Stelle, dass sie lebte. »Sie lebt!«, sagte ich mir immer wieder. Es war der glücklichste Augenblick meines Lebens. Ich fing an zu weinen und zu lachen, alles auf einmal, und plötzlich war es vorbei

mit meiner Selbstkontrolle und der Attitüde des hartgesotte-
nen Burschen, die ich seit meiner Ankunft im Waisenhaus so
sorgfältig kultiviert hatte. Ich hatte eine Mutter, und das hieß,
dass ich wieder ein Kind sein konnte.

Wenn das alles heute stattgefunden hätte und nicht 1946,
hätte sich meine Mutter, nachdem sie erfuhr, dass ich noch
am Leben war, sofort in ein Flugzeug oder einen Zug gesetzt,
wäre nach Polen gefahren und hätte mich mitgenommen nach
Göttingen, ihre Heimatstadt, in die sie nach dem Krieg zurückgekehrt war. Aber das war 1946 nicht möglich. Nicht einmal telefonieren konnte sie mit mir. Es hätte sie viele Monate
gekostet, Reisedokumente zu bekommen, die ihr ermöglicht
hätten, von Deutschland nach Polen zu fahren. Und da auch
ich weder einen Pass noch irgendwelche anderen Papiere besaß, die es mir erlaubt hätten, Polen zu verlassen, war klar,
dass, so oder so, viel zu viel Zeit verlorengehen würde und
man andere, weniger übliche Reisepläne würde schmieden
müssen, um mich nach Göttingen zu bringen.

In der Zwischenzeit konnten wir uns nur Briefe schreiben
und auf diese Weise miteinander in Verbindung bleiben. Aber
die Post war in jenen Zeiten ein langsames und wenig ver-
lässliches Kommunikationsmittel. Es dauerte vier bis sechs
Wochen, wenn nicht länger, bis ein Brief aus Deutschland
bei mir in Otwock eintraf, was bedeutete, dass wir, bis wir
uns wiedersahen, wahrscheinlich nur wenige Briefe wechseln
konnten. Doch als ich nun wusste, dass sie lebte, wurde ich
natürlich immer ungeduldiger und konnte es kaum erwarten,
endlich wieder mit ihr zusammen zu sein. Was sie in dieser
Zeit durchgemacht hat, kann ich mir nur annäherungsweise
vorstellen. Oh, wie sehr sehnte ich mich danach, wenigstens
ihre Stimme zu hören!

Es dauerte weitere drei oder vier Monate, bis wir uns wiedersahen. Viele Menschen bemühten sich darum, mich von Otwock nach Göttingen zu bringen: die Direktorin unseres Waisenhauses, die sich wunderbar darauf verstand, alle bürokratischen Hindernisse nach und nach aus dem Weg zu räumen, und diverse jüdische Organisationen, darunter das American Jewish Joint Distribution Committee und Bricha. Letztere war eine geheim operierende jüdische Organisation, die Überlebende aus Europa nach Palästina schmuggelte und dabei auch half, über ganz Europa verstreute Familien wieder zusammenzuführen. Bis auf den heutigen Tag weiß ich eigentlich nicht, wer die verschiedenen Rollen, die diese Organisationen bei dem Vorhaben spielten, mich an mein Ziel zu bringen, koordinierte. Was ich weiß, ist lediglich, dass meine Reise von Otwock über Prag und die Amerikanische Zone in Deutschland nach Göttingen in der Britischen Zone trotz diverser Unterbrechungen mit bewundernswerter Präzision und ohne Pannen vor sich ging. Für mich lief alles wie geschmiert.

Solch eine Reise hätte selbst unter normalen Umständen eine beträchtliche Koordinationsleistung erfordert, denn ich wurde auf dem Weg immer wieder von einer Gruppe beziehungsweise einer Person zur nächsten weitergereicht. Die Schwierigkeit bestand nicht nur darin, dass ich eine ganze Reihe von Grenzen überqueren musste; der Transit musste auf illegalem Weg vor sich gehen, denn ich hatte ja nicht die richtigen Papiere. Einige Leute waren verantwortlich für die Grenzüberquerungen, andere mussten mich an provisorischen oder geheimen jüdischen Treffpunkten und da und dort sogar in offiziellen Hotels unterbringen. Alles in allem waren die Grenzüberquerungen nicht sehr gefährlich und fanden manchmal unter den Augen der Grenzwachen statt, die bestochen sein mussten. Nur einmal musste ich in völliger Dunkelheit in tiefem Schnee durch einen Wald stapfen und dabei ständig aufpassen, dass man mich nicht erwischte. Ich bin mir nicht mehr sicher, ob es die polnisch-tschechoslowakische Grenze war oder die Grenze zwischen der Tschechoslowakei und der Amerikanischen Zone in Deutschland. Woran ich mich bis heute am deutlichsten erinnere, ist nur die Kälte. Dieser Teil der Reise fand entweder im späten November oder Anfang Dezember statt, und da meine Füße wegen meiner früheren Erfrierungen und Amputationen sehr kälteempfindlich waren, tat mir jeder Schritt weh. Das wiederum ließ unangenehme Erinnerungen an den Todestransport von Auschwitz in mir aufsteigen. Glücklicherweise dauerte es nur wenige Stunden, dann hatten wir die Grenze hinter uns und erreichten einen geheizten Transitposten.

Nur einmal war ich der Einzige, der über die Grenze gebracht wurde; sonst reiste ich immer in einer Gruppe, die aus zehn bis zwanzig Leuten bestand – einem »Transport«, wie unsere Bricha-Führer es nannten. Größe und Zusammensetzung dieser Gruppen änderten sich von Mal zu Mal. Nachdem wir eine Grenze passiert hatten, trafen wir dann an einem vorher vereinbarten Treffpunkt auf eine andere Gruppe, die schon auf uns wartete. Diese wurde dann mit Vorrang zu ihrem nächsten Ziel gebracht, während wir uns einige Tage gedulden mussten, bis wir an die Reihe kamen. All das war zwar sehr gut organisiert, aber es dauerte doch sehr lange, bis man uns von einem Land zum anderen geführt hatte.

Nur durch Zufall kam mir ein Ereignis dieser Reise über ein halbes Jahrhundert später wieder lebhaft in Erinnerung. Nachdem man mich über Polen in die Tschechoslowakei geschmuggelt hatte, gab man mich in die Obhut einer jungen Amerikanerin, die mich etwa eine Woche lang in einem eleganten Hotel in Prag unterbrachte, in dem sie selbst logierte. Sie war sehr nett zu mir, führte mich in schöne Restaurants zum Essen aus und zeigte mir viele Sehenswürdigkeiten der Stadt. Als der Tag kam, an dem ich Prag verlassen musste, um mit einer neuen Gruppe in die Amerikanische Zone in Deutschland zu reisen, versprach ich ihr, mich zu melden, sobald ich mein Reiseziel erreicht hätte. Doch dann konnte ich ihr nicht schreiben, denn in der Aufregung über das bevorstehende Wiedersehen mit meiner Mutter verlor ich das Stück Papier, auf das sie ihren Namen und ihre Adresse geschrieben hatte. Am 19. März 2000 arbeitete ich an meinem Computer, als mir auf dem Bildschirm eine E-Mail mit der Betreffzeile »Sind Sie es?« angekündigt wurde. Ich öffnete sie und las die folgenden Worte: »In der *Jerusalem Post* vom 6. März las ich von Ihrer Nominierung als Richter am Internationalen Gerichtshof.« Nach ihrer Gratulation fuhr die Verfasserin fort:

»Nun stellt sich mir die Frage, ob Sie der gleiche Tommy Buergenthal sind, der in den Jahren 1946 oder 1947 mit Sonderbegleitung von Polen nach Prag gebracht wurde und dort ein paar Tage warten musste … weil er dann seine Mutter in Deutschland wiedertreffen sollte. Wenn ja, dann war ich die Betreuerin des American Joint Distribution Committee, die Sie damals unter ihre Fittiche nahm. Damals hieß ich Freda Cohen … Obwohl seitdem mehr als fünfzig Jahre vergangen sind, habe ich dieses Kind namens Tommy Buergenthal nie vergessen, und ich habe mich oft gefragt, was aus ihm wurde und wo es inzwischen wohl ist. Als ich Ihren Namen in der Zeitung las, begann mein Herz zu klopfen, und ich würde mich sehr freuen, erfahren zu können, ob Sie tatsächlich dieser Tommy Buergenthal sind, den ich damals kennenlernte.«

Die E-Mail war von »Freda (Cohen) Koren« unterzeichnet und kam aus Tel Aviv. Natürlich antwortete ich unverzüglich. Wir korrespondierten etwa anderthalb Jahre und hatten vor, uns so bald wie möglich zu treffen. Kurz nachdem sie mir ihre Absicht angekündigt hatte, mich in den Niederlanden zu besuchen, erhielt ich die traurige Mitteilung ihres plötzlichen Todes; sie war zu dieser Zeit Mitte achtzig und hatte ein erfülltes Leben gehabt. Wenigstens hatte ich nach all den vielen Jahren noch die Gelegenheit gehabt, ihr dafür zu danken, dass sie sich 1946 so gut um mich gekümmert hatte. Ihr Name war mir zwar entfallen, doch natürlich hatte ich nie vergessen, wie freundlich sie zu mir war. Ich hatte auch oft an sie gedacht, besonders wenn ich durch eine Drehtür ging. Diese merkwürdige Assoziation zwischen Drehtüren und Freda, so erklärte ich ihr in meiner ersten Antwort, ergab sich aus meiner ersten Begegnung mit einer Drehtür, als sie mich in ihr Hotel gebracht hatte. Da ich so etwas Seltsames nie zuvor gesehen hatte, brauchte ich eine Weile, bis ich darauf kam, wie man sie zu benutzen hatte. »Eine Drehtür gehörte offenbar zu den Dingen, über die ich nicht Bescheid zu wissen brauchte, um in einem Konzentrationslager zu überleben«, lautete mein Kommentar in meiner E-Mail. In unserer Korrespondenz versuchten wir, Entwicklungen in unserem Leben nachzuzeichnen, die eine Zeitspanne von über fünfundfünfzig Jahren umfassten.

Nachdem ich Prag verlassen hatte, überquerte ich mit einem neuen Transport die tschechoslowakische Grenze und erreichte bei Hof die Amerikanische Zone, wo man an einem weiteren Treffpunkt bereits auf uns wartete. Eine letzte

Grenze lag vor mir, die zwischen der Britischen und der Amerikanischen Zone, bevor ich meine Mutter in Göttingen wiedersehen konnte. Ich passierte sie in einem amerikanischen Militärzug, begleitet von einer anderen Vertreterin des American Joint Distribution Committee. Es war der 29. Dezember 1946. Göttingen war nur noch zwanzig Kilometer entfernt.

Als diese letzte Grenze hinter uns lag, hielt es mich nicht mehr auf meinem Sitz. Bis wir im Bahnhof von Göttingen eintrafen, stand ich am Zugfenster. Die Erregung, die mich gepackt hatte, war kaum noch zu kontrollieren. Ich sah sie schon, bevor der Zug zum Halten gekommen war. Wenn ich versuche, die Gefühle zu beschreiben, die mich in diesem Moment überwältigten, wird mir klar, dass ich nicht fähig bin, sie in Worte zu fassen. Selbst jetzt noch, so viele Jahre später, kommen mir die Tränen, wenn ich mich daran erinnere, wie meine Mutter dort stand und mit nervösem Blick die Waggons des langsam einfahrenden Zuges nach mir absuchte. Der Zug war noch nicht zum Halten gekommen, da sprang ich schon hinaus und rannte zu ihr. Wir fielen uns in die Arme und standen noch an derselben Stelle, nachdem der Zug längst wieder den Bahnhof verlassen hatte, umarmten uns immer wieder und versuchten, uns in ein paar Minuten alles zu erzählen, was uns seit jenem Augusttag des Jahres 1944 widerfahren war, als wir in Auschwitz voneinander getrennt wurden. »Und Papa?«, fragte ich endlich. Sie antwortete nicht sofort, schüttelte aber immer wieder den Kopf, und Tränen strömten über ihre Wangen. Da wusste ich, dass mein Vater den Krieg nicht überlebt hatte, während er für mich und meine Mutter nun endlich vorbei war.

Ein neuer Anfang

Nachdem wir wieder miteinander vereint waren, sprachen wir tagelang über all das, was uns während der zweieinhalb Jahre unseres Getrenntseins zugestoßen war. Ich erfuhr, dass sie im Herbst 1944 von Auschwitz in das berüchtigte Frauenkonzentrationslager Ravensbrück, etwa neunzig Kilometer von Berlin entfernt, gekommen war. Gegen Ende April 1945 wurde Ravensbrück vor den anrückenden sowjetischen Truppen von der SS evakuiert. Meine Mutter und alle anderen Insassinnen des Lagers, die in der Lage waren zu gehen, mussten in westlicher Richtung marschieren, bis sie Malchow erreichten, ein Außenlager von Ravensbrück. Viele der Frauen starben während dieses Marsches. Am 28. April 1945 wurde Malchow von sowjetischen Truppen befreit. Es war eine Ironie des Schicksals, dass meine Mutter zu diesem Zeitpunkt kaum mehr als sechzig Kilometer von mir entfernt war, doch bis wir uns wiedersahen, sollte es noch anderthalb Jahre dauern.

In der ersten Woche nach ihrer Befreiung fand meine Mutter zusammen mit einer kleinen Gruppe von Freundinnen ein wenig Ruhe in diversen verlassenen deutschen Häusern, auf die sie stießen. Sie konnten sich Kleider und Nahrung beschaffen, die sie brauchten. Da all diese Frauen, außer meiner Mutter, aus Polen stammten, beschlossen sie, so bald wie möglich nach Hause zurückzukehren, in der Hoffnung, überlebende Angehörige zu finden. Meine Mutter ging mit ihnen. Sie wollte nach Kielce gelangen, weil sie mit meinem

Vater ausgemacht hatte, dass sie sich dort treffen würden, falls sie den Krieg überlebten. Ihre Annahme, dass auch andere Überlebende des Ghettos von Kielce dorthin zurückkehren würden, erwies sich als richtig, und sie hoffte, von ihnen Informationen über meinen Vater und mich zu erhalten, falls wir nicht schon in Kielce waren.

Nach einer grauenvollen Reise, die sie zu Fuß, in LKWs und Zügen zurücklegte und die fast zwei Wochen dauerte, erreichte sie Kielce. Sie hatte kein Geld und nur so viel Nahrung, wie sie unterwegs von Bauern erbetteln oder auf sonstige Weise ergattern konnte, und als sie die Stadt erreichte, war sie völlig erschöpft. Nachdem die kleine Gruppe der Freundinnen sich aufgelöst hatte, musste sie ständig auf der Hut sein, damit man sie nicht für eine Deutsche hielt. Da sie nur sehr wenig Polnisch sprach, beschloss sie, sich als Ungarin auszugeben, wenn man sie nach ihrer Herkunft fragte. Allerdings sprach sie kein Wort Ungarisch, und sie konnte nur hoffen, dass niemand auf die Idee kam, sie in dieser Sprache anzusprechen. Was das betraf, hatte sie Glück, doch bei einer Gelegenheit kam ihre wahre Herkunft doch ans Licht. Und zwar, als ihr jemand auf der Ladefläche eines überfüllten LKWs auf den Fuß trat. In diesem Moment entschlüpfte ihr unwillkürlich ein harmloser deutscher Fluch. Bevor sie etwas dagegen tun konnte, wurde sie vom Rand der Ladefläche gestoßen und musste sich glücklich schätzen, dass sie nicht verprügelt wurde oder ihr noch etwas Schlimmeres widerfuhr.

In der Zwischenzeit waren einige Dutzend Überlebende nach Kielce zurückgekehrt und hatten eine jüdische Gemeinde gegründet. Meine Mutter wurde mit offenen Armen aufgenommen, da die meisten dieser Leute sie vom Arbeitslager und der Henryków-Fabrik her kannten. Nun hatte sie ein Dach über dem Kopf und genug zu essen, und sie fing an, Erkundigungen über meinen Vater und mich einzuholen. Bald musste sie erfahren, dass mein Vater nicht überlebt hatte. Nachdem wir in Auschwitz voneinander getrennt worden waren, kam er in das Konzentrationslager Flossenbürg. Dort starb er einige Tage vor der Befreiung des Lagers zusammen mit vielen anderen Häftlingen, die von der SS erschossen wurden, damit sie nicht in die Hände der Alliierten fielen. Tagelang lief meine Mutter wie betäubt durch die Straßen, unfähig zu glauben, was man ihr berichtet hatte. Doch als immer mehr Überlebende nach Kielce zurückkehrten, die mit meinem Vater zusammen in Flossenbürg gewesen waren, und die Nachricht von seinem Tod bestätigten, blieb ihr nichts anderes übrig, als die Tatsache hinzunehmen.

Keiner der Heimkehrer, den sie befragte, konnte ihr etwas Sicheres über mein Schicksal berichten. Viele von ihnen kannten mich gut aus Kielce und aus Auschwitz, doch nach der Befreiung und in den Monaten danach hatte mich niemand mehr gesehen. Jemand glaubte, mich entweder auf dem Todestransport von Auschwitz oder in Sachsenhausen gesehen zu haben, konnte es aber nicht mit Gewissheit sagen. Als meine Mutter diese Leute immer wieder bedrängte und sie flehentlich bat, sich zu erinnern, ob sie mich nicht vielleicht nach der Befreiung von Sachsenhausen irgendwo gesehen hatten, versuchten sie sie davon zu überzeugen, dass ich unmöglich überlebt haben konnte. »Keines der Kinder hat überlebt«, sagten sie zu ihr. »Warum soll ausgerechnet er es geschafft haben? Er war doch bei weitem der Jüngste von allen, die aus Kielce kamen.« Und sie redeten ihr zu, dass sie jetzt an sich selbst und ihre Gesundheit denken müsse, weil sie sahen, wie zerbrechlich meine Mutter war und dass sie nervlich am

Rand der Erschöpfung stand. Aber sie ließ nichts davon gelten und erklärte eigensinnig, sie wisse, dass ich am Leben sei.

Als ihre Suche in Kielce keine weiteren Ergebnisse brachte, entschloss sich meine Mutter, nach Göttingen zurückzukehren. Falls sie sich in Kielce nicht trafen, hatte sie nämlich mit meinem Vater Göttingen als einen weiteren möglichen Treffpunkt vereinbart. Die Rückkehr nach Deutschland war nicht einfacher als die Reise von Deutschland nach Polen, die gerade hinter ihr lag. Die Straßenverhältnisse waren noch genauso chaotisch und gefährlich wie vorher, und es war nicht weniger schwierig, geeignete Transportmittel ausfindig zu machen. Doch mit Hilfe einer kleinen Geldsumme, die sie von der Jüdischen Gemeinde in Kielce erhalten hatte, gelang es ihr schließlich, Göttingen zu erreichen. Als sie ankam, war sie völlig erschöpft und verfiel in eine tiefe Niedergeschlagenheit. Kurz darauf wurde sie in ein Krankenhaus gebracht und wegen ihres akuten Schilddrüsenleidens behandelt. Die Ärzte kamen zu dem Schluss, dass sie vor allem Erholung brauchte. Da man damals nur wenige Medikamente zur Auswahl hatte, verabreichte man ihr wochenlang starke Schlafmittel.

Als sie das Krankenhaus verließ, hatte sie einen Teil ihrer Kräfte wiedererlangt. Es war nicht einfach für sie, wieder in Göttingen zu sein, an das sich so viele Erinnerungen knüpften, sowohl aus ihrer glücklichen Kindheit wie aus der Nazizeit. Schon kurze Zeit, nachdem Hitler an die Macht gekommen war, hatten die meisten ihrer nichtjüdischen Schulkameradinnen so getan, als hätten sie nie etwas mit ihr zu tun gehabt. Wenn sie sie auf der Straße sahen, gingen sie schnell auf die andere Seite oder sahen in eine andere Richtung, um sie nicht grüßen zu müssen. Noch schäbiger war sie später von ihnen behandelt worden, als sie aus Lubochna kam, um ihre Eltern zu besuchen und voller Stolz mich, ihr eben geborenes Kind, zu präsentieren. Sie war in dieser Zeit zweimal in Göttingen gewesen und hatte nur Feindseligkeit erlebt. Doch jetzt, nach dem Krieg, umarmten die gleichen Frauen sie auf der Straße und redeten, als sei in der Vergangenheit gar nichts passiert.

In der Gronerstraße, einer der beiden Hauptgeschäftsstraßen der Stadt, wo sich das Haus und das Schuhgeschäft meiner Großeltern befunden hatten, konnte man den Namen des alten Geschäfts – »Schuhgeschäft Paul Silbergleit« – unter dem darüber gepinselten Namen des neuen Besitzers immer noch entziffern. Meine Großeltern waren gezwungen gewesen, diesem Mann das Haus für ein Butterbrot zu verkaufen. Meine Mutter war dort geboren und aufgewachsen, und jetzt waren von ihrer Vergangenheit und dem Leben ihrer Familie in Göttingen nur noch diese rasch verblassenden Buchstaben des Namenszugs ihres Vaters übrig. Es überrascht nicht, dass meine Mutter sich in jenen frühen Nachkriegstagen in Göttingen oft die Frage stellte, ob die Tatsache, dass sie die Lager überlebt hatte, nicht eine weitere Strafe sei, die man ihr hier auferlegte.

In dieser äußerst schwierigen Zeit, in der sie ständig die Ungewissheit quälte, nicht zu wissen, was mit mir geschehen war, bat sie eines Tages eine alte Dame, ihr bei der Überquerung einer verkehrsreichen Straße in Göttingen behilflich zu sein. Mit plötzlicher Wut schrie meine Mutter die Frau an: »Meiner Mutter hat auch nie jemand über die Straße geholfen in dieser ganzen verdammten Stadt!« und ging weiter. Jahre später, als die Vergangenheit allmählich ihren peinigenden Stachel verloren hatte, erinnerte sich meine Mutter oft an diesen Vorfall und ihr »beschämendes Verhalten«, wie sie es nannte. Immer wieder machte sie sich den Vorwurf, dass sie diese Frau so schlecht behandelt hatte. »Wie konnte ich die alte Dame nur

Das Wohnhaus der Silbergleits in Göttingen – im Erdgeschoss befand sich ihr Schuhgeschäft.

für das verantwortlich machen, was die Nazis meiner Mutter angetan haben?«, fragte sie.

Nicht lange nach ihrer Entlassung aus dem Krankenhaus stattete meine Mutter der Bäckerei neben dem ehemaligen Geschäft ihrer Eltern einen Besuch ab. Frau Appel, die Bäckersfrau, erkannte sie sofort und begrüßte sie mit einer herzlichen Umarmung. Trotz des Verbots der Nazis, mit Juden zu fraternisieren, hatten die Appels den Kontakt zu meinen Großeltern nicht abreißen lassen und ihnen nach Kräften geholfen, wo immer es ging. Nach dem freudigen und tränenreichen Wiedersehen sagte Frau Appel meiner Mutter, dass sie etwas für sie habe. Sie verschwand und kam einige Minuten später mit einem staubbedeckten Koffer zurück. »Ihre Eltern haben uns diesen Koffer hinterlassen, damit wir auf ihn aufpassen«, sagte Frau Appel. »Wir haben immer Angst gehabt, dass die Nazis ihn finden würden und uns dafür bestrafen, aber wir haben Ihren Eltern versprochen, ihn zu verstecken, und das haben wir getan.« Meine Mutter öffnete den Koffer. Er enthielt Tischdecken und Bettwäsche, dazu einige Stücke ihres silbernen Bestecks. Darunter fand sie einen Stoß Familienfotos und einige Briefe, die meine Großeltern von ihr und von ihrem Bruder Eric aus Amerika bekommen hatten. Für meine Mutter waren die Bilder ein wahrer Schatz. Ihre eigenen Familienfotos, Bilder ihrer Eltern und ihres Mannes und auch Kinderbilder von mir waren in den Lagern verlorengegangen. Die Vernichtung dieser Bilder hatte für meine Mutter bedeutet, dass kein Beweis mehr für die Existenz ihrer Familie bestand. Jetzt konnte sie sich diese Bilder wieder ansehen, die ein glücklicheres Leben zeigten, bevor die Nazis alles zerstörten. Zum ersten Mal nach ihrer Rückkehr nach Göttingen widerfuhr ihr etwas wirklich Gutes.

In Göttingen nach dem Krieg eine Wohnung zu bekommen war sehr schwierig, trotz der Tatsache, dass die Stadt nicht unter Bomben gelitten hatte. Genau das war der Grund, warum eine große Zahl deutscher Flüchtlinge, Vertriebene aus dem Osten, in die Stadt drängte. Die Bevölkerung hatte sich fast verdoppelt. Meine Mutter hatte eine Wohnung zugewiesen bekommen, doch sie war nicht sehr zufrieden mit ihr, weil sie klein und dunkel war. Das Problem wurde gelöst, als sie eines Tages zufällig Herrn Fritz Schügl auf der Straße traf. Sie kannte ihn als den Inhaber eines Schmuckgeschäfts, das sich nicht weit vom Geschäft meiner Großeltern befunden hatte. Er fragte sie, ob sie eine Bleibe suche, und bot ihr eine Wohnung im zweiten Stock seines villenähnlichen Einfamilienhauses an. Damals konnte nicht jeder einfach die Wohnung mieten, die er haben wollte, es war alles sehr streng reglementiert, aber Überlebende der Konzentrationslager wurden bevorzugt behandelt und hatten Anspruch auf etwas mehr Wohnraum als andere. Die neue Wohnung war sonnig und hatte einen großen Balkon, von dem aus man den Garten der Schügls überblickte. Als meine Mutter dort eingezogen war, hellte sich ihre Stimmung beträchtlich auf, und auch gesundheitlich ging es ihr bald besser.

In dieser ganzen Zeit gab sie nie die Hoffnung auf, mich zu finden. Sie trat in Kontakt mit den vielen Suchdiensten in Deutschland und anderswo, die nach dem Krieg entstanden waren und zur Wiedervereinigung auseinandergerissener Familien beitragen wollten. Außerdem korrespondierte sie mit Überlebenden aus Kielce, deren Adressen sie hatte herausfinden können, immer in der Hoffnung, von irgendjemandem zu erfahren, der mich gesehen hatte oder vielleicht wissen konnte, wo ich mich aufhielt. In einem der Briefe in dem Koffer, den Frau Appel für meine Großeltern aufbewahrt hatte, stieß meine Mutter auf die Adresse ihres Bruders Eric in Amerika und setzte sich sofort mit ihm in Verbindung. Bis dahin hatte er weder gewusst, dass seine Schwester überlebt hatte, noch was mit seinen Eltern geschehen war. Er erfuhr von ihr, dass mein Vater umgebracht worden war und dass es von mir keinerlei Lebenszeichen gab. Eric nahm daraufhin Kontakt mit diversen jüdischen Organisationen in den Vereinigten Staaten und in Palästina auf und bat sie bei der Suche nach mir um Hilfe.

Trotz aller negativen Antworten, die sie erhielt, und trotz der Behauptung einiger Freunde, es sei unmöglich, dass ich noch am Leben wäre, und dass sie sich, um ihren Seelenfrieden wiederzugewinnen, endlich dieser traurigen Tatsache stellen müsse, beharrte meine Mutter unerschütterlich darauf, dass ich lebte. »Ich weiß, dass er am Leben ist, ich kann es spüren«, sagte sie. Es sei nur eine Frage der Zeit, bis sie mich finden würde, entgegnete sie all denen, die sie dazu zu bringen versuchten, der »Realität« ins Auge zu sehen. In einer verschwommenen Fotografie, die sie zufällig in einer Zeitung entdeckte, glaubte sie den Beweis für ihre Überzeugung gefunden zu haben. Laut der Legende zeigte das Bild einen britischen Soldaten in Berlin mit einer Gruppe befreiter jüdischer Kinder. Meine Mutter war sicher, mich auf diesem Foto zu erkennen. »Hier ist der Beweis, auf den ich gewartet habe«, sagte sie zu ihren Freunden und legte allen, die mein Überleben bezweifelten, das Bild vor. Ich war etwa zu dieser Zeit tatsächlich in Berlin, doch ich sah niemals einen britischen Soldaten in dieser Stadt, und ich gehörte auch nicht zu den Kindern auf dem Bild. Doch damals wusste meine Mutter das nicht, und das Bild bestärkte sie in dem Glauben, dass ich noch lebte, und gab ihr die Hoffnung, die sie in jenen schwierigen Tagen brauchte.

Über ein halbes Jahr nach ihrer Rückkehr nach Göttingen erfuhr meine Mutter, dass ein Freund der Familie, Dr. Leon Reitter, den Krieg überlebt hatte und sich in einem Lager für so genannte Displaced Persons in der Amerikanischen Zone aufhielt. Das Lager befand sich in unmittelbarer Nähe des Konzentrationslagers Dachau, das von amerikanischen Truppen befreit worden war. Als die Deutschen die jüdischen Ärzte in Kielce exekutiert hatten, war Dr. Reitter als Einziger davongekommen. Er war gebürtiger Pole und hatte seine Ausbildung als Kinderarzt in der Tschechoslowakei erhalten, weil es in jener Zeit nur einer sehr begrenzten Zahl von Juden erlaubt war, in Polen Medizin zu studieren. Meine Eltern und ich lernten ihn im Ghetto kennen; er wurde immer gerufen, wenn ich hohes Fieber oder irgendein anderes Leiden hatte, das behandelt werden musste. Dr. Reitters einzige Tochter war unter den Kindern, die nach der Liquidierung des Arbeitslagers ermordet worden waren. In Henryków arbeitete meine Mutter in der von ihm geleiteten Krankenstation. Dr. Reitter und mein Vater wurden gute Freunde und verbrachten in Henryków viele gemeinsame Abendstunden mit Gesprächen über den Verlauf des Krieges und darüber, was die Zukunft uns wohl noch bringen würde. Meine Mutter war natürlich überglücklich, dass Dr. Reitter lebte, und lud ihn nach Göttingen ein. Obwohl es damals nicht leicht war, von einer Besatzungszone zur anderen zu wechseln, gelang es ihm schließlich, zu ihr zu kommen. Nicht lange danach beschlossen sie zu heiraten. Als ich in Göttingen ankam, stand Dr. Reitter neben meiner Mutter auf dem Bahnsteig.

Wir waren kaum vom Bahnhof zu der Wohnung im Haus

der Schügls gelangt, als ich auch schon anfing, Hunderte von Fragen zu stellen, und meine Mutter fragte mich genauso begierig aus. Die Fragen drängten sich uns einfach auf, und die Antworten, die sie nach sich zogen, waren oft genug von Tränen begleitet. Doch wir wollten beide unbedingt in Erfahrung bringen, was jeder von uns in den über zwei Jahren unseres Getrenntseins durchgemacht hatte. Ich erfuhr weitere Einzelheiten über den Tod meines Vaters, über den Todesmarsch von Ravensbrück, den meine Mutter mitgemacht hatte, über die Befreiung des Konzentrationslagers Dachau, die Dr. Reitter miterlebt hatte, und über den Transport von Auschwitz nach Deutschland, auf dem er mit meinem Vater gewesen war, nachdem man mich von ihm getrennt hatte. Eine Gruppe dieses Transports war offenbar nach Dachau geschickt worden, die andere – zu der mein Vater gehörte – nach Flossenbürg.

Natürlich wollte ich auch wissen, wie meine Mutter mich in Otwock ausfindig gemacht hatte. Es scheint so gewesen zu sein, dass Lola, meine Betreuerin im Waisenhaus, wie versprochen meinen Namen auf die Liste der Kinder gesetzt hatte, die nach Palästina auswandern wollten. Die Liste wurde der Jewish Agency übermittelt. In der Zwischenzeit hatte mein Onkel Eric in den Vereinigten Staaten meinen Namen einem Suchdienst geschickt, der von derselben Organisation unterstützt wurde. Man muss sich vor Augen halten, dass damals Millionen von Leuten nach verlorenen Angehörigen und Freunden suchten; dennoch wurde ein Angestellter der Jewish Agency unter einer riesigen Anzahl von Bitten, die sein Büro erreichten, auf einen Brief aufmerksam, in dem stand, dass eine gewisse Mrs. Gerda Buergenthal in Deutschland nach ihrem Kind suchte. Daraufhin erinnerte er sich, dass er mehrere Tage zuvor den gleichen Familiennamen auf einer Liste von Kindern eines Waisenhauses in Polen gesehen hatte, die nach Palästina gebracht werden wollten. Angesichts der Tatsache, dass dieser Angestellte der Jewish Agency in jener computerlosen Zeit sich bei seiner Suche einzig auf sein Gedächtnis verlassen musste, grenzt es an ein Wunder, dass es ihm gelang, mich und meine Mutter miteinander in Verbindung zu bringen. Deshalb überrascht es nicht, dass meine Mutter, wenn sie die Geschichte unseres Wiedersehens erzählte, immer betonte, dass uns dieses Glück »beschert« worden sei. »Schließlich hat die Wahrsagerin in Kattowitz es vorhergesagt«, erklärte sie.

Die Jewish Agency informierte unverzüglich meinen Onkel in den Vereinigten Staaten, der sich mit meiner Mutter in Verbindung setzte und ihr erzählte, dass ich lebte. Da sie nicht in der Lage war, nach Polen zu reisen, und da sie Angst hatte, mir auf Deutsch zu schreiben, hatte sie Dr. Reitter gebeten, dem Waisenhaus auf Polnisch mitzuteilen, wer sie sei. (Das war der Brief, den ich gesehen hatte. Ich hatte angenommen, ein Fremder, der mich adoptieren wollte, habe ihn verfasst.) In der Zwischenzeit begann auf die Bitte meines Onkels hin das American Jewish Joint Distribution Committee meine Reise von Otwock nach Göttingen zu organisieren.

Etwa zehn Jahre später, bei ihrem ersten Besuch in Israel, kam meine Mutter an einem Gebäude vorbei und las auf einem Schild, dass es sich um die Zentrale der Jewish Agency handelte. Ohne eine Sekunde zu zögern, ging sie hinein und verlangte, mit einem der Verantwortlichen zu sprechen. Dann erklärte sie, dass sie gekommen sei, um ihnen dafür zu danken, dass sie die Wiedervereinigung mit ihrem Sohn ermöglicht hatten. Niemand erinnerte sich an den Fall des Jungen im Waisenhaus von Otwock, der mit Hilfe der Jewish Agency seine Mutter wiedergefunden hatte, doch man bereitete ihr einen herzlichen Empfang. Es war, wie man ihr sagte, das erste Mal, dass irgendjemand gekommen war, um der Organisation für die Zusammenführung einer Familie seinen Dank auszusprechen.

Leben in Göttingen

Als ich Ende Dezember 1946 in Göttingen ankam, war ich zwölfeinhalb Jahre alt. In den ersten Tagen ließ ich meine Mutter nicht aus den Augen. Immer wieder küsste und umarmte ich sie, wahrscheinlich weil ich mich vergewissern wollte, dass ich nicht träumte und dass wir tatsächlich wieder zusammen

Thomas Buergenthal kurz nach seiner Ankunft in Göttingen (1946).

waren. Es war ein so wunderbares Gefühl, bei ihr zu sein, zu wissen, dass ich nicht länger allein war auf der Welt, dass sie mich liebte und sich um mich kümmern würde. Schon als ich sie auf dem Bahnhof zum ersten Mal umarmte, spürte ich, dass eine riesengroße Last von mir abfiel und auf sie überging: Jetzt war sie wieder für mich verantwortlich. Wenn ich heute darüber nachdenke, wird mir klar, dass diese Erwartung wahrscheinlich eine notwendige Folge meiner egoistischen kindlichen Empfindungen war: Bis zu diesem Zeitpunkt hatte ich für mein Leben und Überleben die Verantwortung gehabt; ich konnte es mir nicht leisten, mich auf irgendjemand anderes zu verlassen, außer auf mich selbst; ich musste denken und handeln wie ein Erwachsener und mich ständig gegen jede Art von Gefahr wappnen. Doch als ich mich wieder von ihren Armen beschützt wusste, konnte ich wieder Kind sein und ihr die Sorgen und Kümmernisse überlassen.

Den größten Teil der Zeit, in der ich von meiner Mutter getrennt war, hatte ich nur wenig Gelegenheit, deutsch zu sprechen, und verlor so den selbstverständlichen Umgang mit der Sprache. Doch nach wenigen Wochen in Göttingen fiel mir das Deutsche schon wieder leicht, und ich verlor sogar den leichten polnischen Akzent, von dem meine Mutter behauptete, ich hätte ihn mir während meiner Zeit in der polnischen Armee und im Waisenhaus von Otwock angeeignet. Hilfreich war, dass der junge Fritz Schügl, der Sohn unseres Vermieters, mit seiner Familie im Erdgeschoss unseres Hauses lebte. Er war nur ungefähr zwei Jahre älter als ich, und binnen kurzem wurden wir unzertrennliche Freunde. Da ich oft mit ihm und seinen Freunden spielte, erweiterte sich rasch mein Wortschatz, und ich lernte viele Vokabeln, die für Kinder meines Alters typisch waren. Erst heute fällt mir auf, dass ich bis dahin nie mit deutschen Kindern zusammen gewesen war. Seit meiner Geburt in der Tschechoslowakei und dann wieder in Polen hatte ich nur das Deutsch gehört, das meine Mutter und ihre Freunde sprachen.

Wenn ich auf unserem Balkon an der Wagnerstraße stand, konnte ich den Garten und jenseits davon die Straße sehen, die am Grundstück vorbeiführte. Es war der Hainholzweg, ein beliebter Fußweg, der ins Grüne außerhalb der Stadt führte. Man sah immer viele Bewohner Göttingens, die dort ihren Spaziergang machten, besonders an Sonntagen, wenn ganze Familien an unserem Haus vorbeipilgerten. Ich beobachtete sie voller Neid und Hass. Da waren Väter und Mütter, Großväter und Großmütter, die ihre Kinder und Enkel an der Hand führten – Leute, die, soviel ich wusste, meinen Vater und meine Großeltern umgebracht hatten! Während ich diese Szenen betrachtete – zufriedene Deutsche, die ihr Leben genossen, als ob in der jüngsten Vergangenheit nichts Besonderes geschehen wäre –, wünschte ich mir nichts sehnlicher als ein auf dem Balkon installiertes Maschinengewehr, das mir die Möglichkeit gab, ihnen das anzutun, was sie meiner Familie angetan hatten. Ich brauchte lange, um über diese Gefühle hinwegzukommen und zu erkennen, dass solche wahllosen Racheakte meinen Vater und meine Großeltern nicht wieder lebendig machen konnten. Noch länger brauchte ich, um zu erkennen, dass man nicht hoffen kann, die Menschheit gegen ungeheuerliche Verbrechen wie die, deren Opfer wir geworden waren, zu schützen, wenn man sich nicht darum bemüht, den Teufelskreis von Hass und Gewalt zu durchbrechen, der unvermeidlich dazu führt, dass unschuldige Menschen immer weiter leiden müssen.

Als ich in Göttingen ankam, beschränkte sich mein schulisches Wissen auf das, was ich etwa ein halbes Jahr – wenn überhaupt so lange – in jener polnischen Grundschule in Otwock gelernt hatte. Daher war ich noch nicht so weit, dass ich zusammen mit anderen Kindern meines Alters eine deutsche Schule hätte besuchen können. Meine Mutter zog Erkundigungen ein und fand schließlich einen pensionierten Studienrat, der mir etwas länger als ein Jahr Privatunterricht gab. In diesem Jahr holte ich das Wissen von sechs oder sieben versäumten Schuljahren auf. Otto Biedermann war nach der Annektierung Oberschlesiens durch die Polen vertrieben worden und lebte nach seiner Flucht in Göttingen. Er war ein wunderbarer Lehrer. Wahrscheinlich verdanke ich ihm mehr als den vielen anderen Lehrern, die ich danach noch hatte, nämlich die Einsicht, dass Lernen Freude macht. Jeden Morgen hatte ich zwei Stunden bei ihm Unterricht, dann machte ich die Hausaufgaben, die er mir gab und am nächsten Tag korrigierte. Am Anfang musste er mir natürlich erst einmal Lesen und Schreiben beibringen – eine Zusammenfassung dessen, was Kinder normalerweise in den ersten zwei Grundschulklassen lernen –, bevor er weitergehen konnte zu all den anderen Dingen, die ich gelernt hätte, wenn ich in der Lage gewesen wäre, in der üblichen Weise die Schule zu besuchen. Meine Altersgenossen hatten mittlerweile schon sechs Schuljahre hinter sich. Das bedeutete, dass ich mit Herrn Biedermann vor allem Deutsch, Englisch, Geschichte, Erdkunde und Mathematik lernen musste.

Um mich zum Lesen zu ermuntern, empfahl mir Herr Biedermann die Bücher von Karl May, dessen Wildwestgeschichten bei deutschen Kindern sehr beliebt waren. Ich begann, diese Bücher zu verschlingen. Von einem Autor, der den amerikanischen Kontinent nie betreten hatte, aber seinen Mangel an Wissen aus erster Hand durch Forschungsarbeit und Phantasie wettmachte, lernte ich alles über Cowboys und Indianer, und dabei fiel mir das Lesen immer leichter. Und als ich dank Karl May erst einmal flüssig lesen konnte, war es für

Herrn Biedermann ein Leichtes, mich zum Lesen anderer Bücher anzuhalten und mich so allmählich mit den Werken der deutschen Literatur bekannt zu machen, dem üblichen Lesestoff für Gymnasialschüler meines Alters. Um meine Schreibfertigkeit zu verbessern, hielt er mich dazu an, jeden Morgen einen kurzen Aufsatz abzufassen, in dem ich beschrieb, was ich auf dem Weg von mir zu Hause zu ihm gesehen hatte. Unter normalen Umständen brauchte ich für diesen Weg etwa eine Viertelstunde. Da ich bald nichts Neues mehr zu berichten hatte, suchte ich mir Umwege, die ich gehen konnte, und stand dafür jeden Morgen ein wenig früher auf. So sah ich Gegenden, die völlig neu für mich waren. Auf der Straße begegneten mir alle möglichen Leute, und ich versuchte zu erraten, wer sie waren und wohin sie gingen. In jener Zeit konnte man in den Straßen von Göttingen wie in anderen deutschen Städten noch viele Beispiele des schrecklichen Leids sehen, das der Krieg über die einfache Bevölkerung gebracht hatte. Ich sah Menschen, denen Arme oder Beine amputiert worden waren oder deren Gesichter auf die abscheulichste Weise durch Verbrennungen gezeichnet waren; andere hatten ein Auge verloren oder waren erblindet. Viele Männer trugen noch immer ihre ausgeblichenen Soldatenuniformen oder Militärmäntel und -mützen. Oder mir begegneten Leute, die, ihrem Verhalten und ihrer Kleidung nach zu urteilen, nur Flüchtlinge sein konnten. Es gab Studenten mit Aktentaschen, die offenbar leer waren – ich vermutete, dass die jungen Männer sie dabeihatten, um sich einen bescheidenen Anstrich von Wichtigkeit zu geben –, und ältere, fahrige Männer, die aussahen wie die sprichwörtlich zerstreuten Professoren. Jeden Tag entdeckte ich etwas, und so fiel es mir nicht schwer, die Aufsätze zu schreiben, die Herr Biedermann von mir verlangte und die zu interessanten Gesprächen zwischen mir und ihm über die alltägliche Wirklichkeit führten. In einer normalen Schule hätte ich dieses Vergnügen wahrscheinlich nicht gehabt.

Herr Biedermann sagte meiner Mutter einmal, dass der Unterricht mit mir für ihn eine ganz neuartige Erfahrung sei. Einerseits, so berichtete er ihr, sei ich ein Kind, dem die elementarsten schulischen Kenntnisse fehlten und das in dieser Hinsicht auf der Stufe eines Sechsjährigen stehe; andererseits hätte ich die Lebenserfahrung und Reife eines Erwachsenen, und ich sei in der Lage, über Dinge mit ihm zu diskutieren, die ein Junge meines Alters normalerweise weder bemerkte noch bedachte. Als wir zur deutschen und europäischen Geschichte kamen, fragte ich ihn über das Leben während der Nazizeit aus. Ich wollte wissen, warum die Nazis seiner Meinung nach an die Macht gekommen waren, ob er überzeugte Parteimitglieder gekannt habe und was das für Menschen gewesen seien. Ich war begierig darauf, ihn von seiner Vertreibung aus Oberschlesien erzählen zu hören, und fragte ihn, ob er die Polen oder Hitler für sein Schicksal verantwortlich mache. Als ich anfing, Englisch zu lernen, hielt er mich dazu an, einige dieser Fragen auf Englisch zu stellen. Manchmal sollte ich auch eine kurze englische Zusammenfassung meines täglichen deutschen Aufsatzes schreiben. In Erdkunde sprachen wir über Orte, die ich kannte, und Länder, in denen ich gern leben würde, darüber, wie sich die Bevölkerung dort zusammensetzte, welche Nahrungsmittel angebaut wurden und welche Tiere dort lebten. Mit diesem Lehrer machte das Lernen Spaß, und als ich schließlich in die Schule kam, fehlte mir seine Art zu unterrichten manchmal sehr. Das einzige Fach, für das sich Herr Biedermann nicht kompetent fühlte, war Mathematik – er hatte meiner Mutter diese Tatsache nicht verschwiegen und hielt es für besser, dass sie einen eigenen Mathematiklehrer für mich engagierte –, doch da ich selbst mich weder dafür interessierte noch den Eindruck hatte, zum Rechnen begabt zu sein, war ich sehr froh, dass ich für einige Zeit mit diesem Fach nichts zu tun haben musste, bis meine Mutter einen Studenten engagierte, der mich mit den nötigen mathematischen Kenntnissen ausstatten sollte. Später, in der Schule, hatte ich mit Mathematik und den naturwissenschaftlichen Fächern immer wieder meine liebe Not und schob meine schlechten Noten darauf, dass ich in früheren Jahren keinen adäquaten Unterricht gehabt hatte; doch in Wahrheit wäre ich in diesen Fächern auch ein schlechter Schüler gewesen, wenn ich von Anfang an jeden Tag in der Schule gewesen wäre.

Ein paar Jahre nach meiner Emigration in die Vereinigten Staaten kehrte ich zu einem kurzen Besuch nach Göttingen zurück, und einen der Ersten, den ich dort sehen wollte, war Herr Biedermann. Ich hatte ihm so viel zu erzählen! Er interessierte sich für sehr viele Dinge, und ich wusste, dass es ihm Freude machen würde, wenn ich ihm von meinem Studium in Amerika erzählte, über das Leben dort, über die Bücher, die ich las, und vieles mehr. Als ich bei ihm anrief, erfuhr ich, dass er einen Schlaganfall gehabt hatte und im Krankenhaus lag. Natürlich besuchte ich ihn dort. Als ich sein Zimmer betrat, erkannte er mich sofort. Er konnte zwar nicht sprechen, aber er nahm meine Hand und drückte sie lange. Ich bin sicher, er wusste, dass ich nicht nur gekommen war, um mich zu verabschieden, sondern auch, um ihm dafür zu danken, dass er in mir die intellektuelle Grundlage geschaffen hatte, die es mir später ermöglichte, das mir bestimmte Leben zu führen. Dank Herrn Biedermann habe ich nie geglaubt, irgendetwas Wesentliches versäumt zu haben, nur weil ich bis zum Alter von etwa vierzehn Jahren keine Schule besucht hatte.

Es gab zwei Gymnasien für Jungen in Göttingen (damals waren die höheren Schulen noch nach Geschlecht getrennt); eines mit humanistischem Zweig, in dem man Latein und Altgriechisch lernte; das andere, das Felix-Klein-Gymnasium, mit neusprachlichem Zweig, an dem man mehr Wert auf moderne Sprachen und zeitgemäße Fächer legte. Als Herr Biedermann zu der Ansicht kam, dass ich nun bereit sei, eine Schule zu besuchen, votierte ich für das Felix-Klein-Gymnasium und wurde im Jahr 1948 dort zugelassen. Ich kam in die für meine Altersstufe angemessene Klasse. Mit Ausnahme einiger Schüler, die die Klasse wiederholten, waren wir dort alle ungefähr gleich alt. Es freute mich sehr, dass ich auf derselben Stufe beginnen konnte, auf der ich angelangt wäre, wenn ich eine normale schulische Laufbahn hinter mir gehabt hätte. Es wurde dadurch viel einfacher für mich, mich in der Schule zu integrieren.

Ich war der einzige jüdische Schüler der Schule. Das hatte einen großen Vorteil: Es bedeutete nämlich, dass ich während der Stunden, in denen die anderen Religion hatten, im Schulhof spielen durfte. Die protestantischen Schüler erhielten in der Regel von einem protestantischen Geistlichen oder Theologen ihren Unterricht, die Katholiken lernten bei einem katholischen Priester. Mich entband man vom Religionsunterricht, weil es, wie man mir erklärte, in der Stadt keinen Rabbiner gab, der mir Unterricht geben konnte. Natürlich freute es mich, dass ich in diesen Stunden frei hatte. Und natürlich beneideten mich einige meiner Klassenkameraden um meinen Sonderstatus, weil auch sie lieber gespielt hätten, als den Religionsunterricht zu besuchen.

196

Obwohl ich nie ein Hehl daraus gemacht hatte, dass ich Jude war, glaube ich, dass die meisten meiner Klassenkameraden und viele andere Schüler dieser Schule sich nicht darüber klar waren, bis man mich vom Religionsunterricht befreite. Keiner von ihnen hatte je einen Juden kennengelernt; einige von ihnen erzählten mir später, dass sie Nazi-Zeichnungen gesehen hatten, auf denen Juden als dunkelhäutige, fremdartige Menschen mit langen Hakennasen, schwarzen Bärten und verschlagenen Gesichtern dargestellt waren. In ihrer karikaturhaften Hässlichkeit sollten sie den widerwärtigen Charakter einer »minderwertigen Rasse« illustrieren. Deshalb bezweifelten wohl manche meiner Klassenkameraden, dass ich wirklich Jude war. »Du siehst gar nicht aus wie ein Jude!«, sagten sie. Andere waren überrascht, dass ich ziemlich kräftig und gut in Sport war und keine Angst hatte, mich zu verteidigen, wenn die Stärksten der Klasse mich herausforderten. Offenbar hatte die Nazipropaganda, die Juden als Feiglinge und unsportliche Schwächlinge darstellte, in ihren Köpfen ihre Spuren hinterlassen. Nach der anfänglichen Verlegenheit auf beiden Seiten hatten meine Mitschüler jedoch bald die Tatsache, einen »echten Juden« in der Klasse zu haben, verkraftet; ich wurde als einer der Ihren von ihnen akzeptiert, und mehr noch, ich hatte nach und nach das Gefühl, wirklich zu ihnen zu gehören. Nie hörte ich irgendeine antisemitische Bemerkung von ihnen, nicht einmal während der Raufereien, die auch ich, wie jeder normale Junge, zu bestehen hatte, und ich hatte auch nie das Gefühl, dass sie heimlich antisemitische Gefühle hegten. Doch wenn ich heute an diese Jahre denke, wundert mich vor allem, dass keiner meiner Klassenkameraden und keiner meiner Lehrer mich jemals nach meinem Leben in den deutschen Konzentrationslagern gefragt hat – obwohl ich nie verheimlicht hatte, dass ich während des Krieges in verschiedenen Lagern gewesen war. Wollten sie nichts davon hören, oder glaubten sie, es wäre mir peinlich, über meine Vergangenheit zu sprechen? Ich weiß es nicht.

Bei meinen Lehrern kam es mir so vor, als würde meine Anwesenheit unbehagliche Gefühle in ihnen wecken. Nicht wenige von ihnen waren Parteimitglieder gewesen. Nach dem Krieg mussten sie sich dem Entnazifizierungsverfahren der Besatzungsmächte stellen, bevor sie ihre Unterrichtserlaubnis wiederbekamen. Ich weiß nicht, wie viele frühere Lehrer diesem Verfahren zum Opfer fielen, doch damals herrschte der Eindruck vor, dass viele echte Nazis im Gegensatz zu den harmloseren »Mitläufern« die Entnazifizierung unbeschadet überstanden und häufig ihre früheren Positionen wiedererlangten. In diesen frühen Nachkriegsjahren fürchteten sich die meisten Leute davor, ihre Meinung zu äußern. Es kann daher nicht überraschen, dass ich keinem offenen Antisemitismus begegnete, obwohl ich spürte, dass einige der Lehrer wegen ihrer Vergangenheit immer auf der Hut waren, weil ich in ihrer Klasse war. Sie vermieden sorgfältig, sich zu gewissen heiklen Fragen zu äußern, die während des Unterrichts aufkamen, und wechselten stattdessen schnell das Thema. Ich hatte das Gefühl – mehr als ein Gefühl war es nicht –, dass einige von ihnen entnazifiziert worden waren, ohne dass ihre wahren Ansichten jemals zutage traten. Nur einmal war es anders. Während einer Diskussion in der Klasse erging sich der Lehrer unvermittelt in einer langen Tirade über die alliierte Bombardierung Hamburgs und die vielen Menschen, die den Bomben zum Opfer gefallen waren. Es sei eine beispiellose Barbarei gewesen, behauptete er. Ich hob die Hand und fragte: »Und die Bombardierung von London durch die Deutschen?

Sollten wir nicht auch davon sprechen? Und was ist mit all den Menschen, die in den Konzentrationslagern ermordet wurden?« Der Mann wurde puterrot und gab eine Erklärung ab, die die Konzentrationslager mit den alliierten Bombardierungen gleichsetzte, was mich dazu bewog, das Klassenzimmer zu verlassen – damals in einer deutschen Schule ein unerhörter Akt. Meine Mutter beschwerte sich natürlich unverzüglich beim Direktor, und der Lehrer entschuldigte sich ordnungsgemäß und sagte, ich hätte ihn missverstanden. Mir war allerdings klar, dass er sich nur entschuldigte, weil er Angst hatte, seinen Job zu verlieren. Eine Freundin meiner Mutter, die während des Krieges in Göttingen gelebt hatte, schimpfte mit ihr, weil sie nicht versucht hatte, die Suspendierung des Lehrers zu erreichen, dem man, als »altem Nazi«, der er sei, nie hätte erlauben dürfen, wieder in den Schuldienst einzutreten.

Wir lernten eine Menge über Geschichte in unserer Schule, doch es handelte sich hauptsächlich um alte und mittelalterliche deutsche und europäische Geschichte. Die neuere Geschichte wurde schlicht ignoriert. Man fand nicht nur die Ursachen des Zweiten Weltkriegs und den Aufstieg Hitlers keiner Erörterung wert; wenn ich mich recht erinnere, schien selbst der Erste Weltkrieg ein zu modernes Thema zu sein, das man uns nicht zumuten wollte. All das stand selbstverständlich in krassem Gegensatz zu den beeindruckenden Bemühungen der westdeutschen Erziehungsbehörden in späteren Jahren, in denen man die Lehrpläne drastisch revidierte, um es Schülern zu ermöglichen und sie zu ermutigen, sich ehrlich mit der Vergangenheit auseinander zu setzen und so einen offenen demokratischen Geist zu fördern. Als ich in Göttingen in die Schule ging, war das leider nicht der Fall. Der

Unterschied kam mir drastisch zu Bewusstsein, als ich in die Vereinigten Staaten kam und dort eine High School besuchte. Ich war an die bedrückende Disziplin gewöhnt, die damals noch in deutschen Gymnasien herrschte, und fand die Atmosphäre in meiner amerikanischen Schule beinahe zu frei und undiszipliniert. Was mich aber am meisten beeindruckte, war das Maß an Freiheit beim Ausdruck der eigenen Meinung. Bei fast jedem Gegenstand, der erörtert wurde, tolerierten und wünschten die amerikanischen Lehrer sogar, dass der Schüler freimütig seine Gedanken dazu äußerte. Es gab eine große Zahl von Jugendclubs und Vereinen mit gewählten Repräsentanten; eine Schülervertretung mit einer ganzen Reihe von Sprechern und Amtsinhabern; und jährliche Wahlen für alle Ämter, die von Wahlkampagnen mit Flugblättern und Reden vorbereitet wurden, wie bei den großen politischen Wahlen. Was immer man von den wissenschaftlichen Qualitäten der amerikanischen High-School-Erziehung halten mag – das amerikanische Klassenzimmer schien mir ein wahrer Brutkasten des echten demokratischen Lebensstils zu sein, ganz im Gegensatz zu den Verhältnissen, die ich damals in Deutschland kennenlernte.

Einen großen Teil meiner Freizeit in Göttingen widmete ich dem Sport. Ich gehörte einem Tischtennisclub und einem Turnverein an, und ich spielte mit Fritz Schügl und anderen Jungen aus der Schule und der Nachbarschaft Fußball bis zur Erschöpfung. Ich schwamm im Freibad der Stadt und in einer Kiesgrube, in der das Baden eigentlich verboten war. Fritz und ich erkundeten die nähere Umgebung Göttingens auf unseren Rädern, die wir stundenlang hingebungsvoll putzten und ölten. Als ich mich für das weibliche Geschlecht zu interessieren begann, ging ich mit Klassenkameraden abends die

Hauptstraße auf und ab, machte den Mädchen schöne Augen und versuchte, mich mit ihnen zu verabreden. Es gab Partys, es wurde getanzt und auch ein wenig getrunken. Kurz: Ich lebte wie ein ganz normaler deutscher Teenager dieser Zeit.

Als ich nach Göttingen kam, gab es dort nur eine Hand voll Juden. Die meisten von ihnen waren schon recht alt. Der inoffizielle Leiter der winzigen Jüdischen Gemeinde war Richard Gräfenberg, Nachkomme einer der ältesten, wenn nicht der ältesten Göttinger jüdischen Familie überhaupt. Einst hatte diese Familie einen so genannten Freibrief erhalten, der es ihr erlaubte, sich bereits im späten Mittelalter in der Stadt niederzulassen. Herr Gräfenberg war sehr alt (wenn auch wahrscheinlich nicht so alt, wie ich glaubte), als ich ihn kennenlernte. Er hatte während des Krieges unbehelligt in Göttingen leben können, offenbar weil seine Frau keine Jüdin war und vermutlich auch deshalb, weil sie über gute Beziehungen zum Gestapochef der Stadt verfügte. Gräfenberg war es gelungen, seinen Familiensitz zu behalten, der aus einem großen Haus und einem wunderschönen Garten mit vielen Obstbäumen bestand. Ab und zu durfte ich Äpfel, Pfirsiche und Pflaumen in seinem Garten pflücken, was in jener Zeit, in der fast alles Essbare knapp war, ein besonderes Privileg darstellte. Meine Mutter, die als Vertreterin von Herrn Gräfenberg in der Jüdischen Gemeinde wirkte – heute klingt das fast kurios, wenn man bedenkt, dass es wahrscheinlich nicht mehr als sechs oder sieben Juden in der Stadt gab, uns mitgerechnet –, regelte in Absprache mit ihm jeden Monat die Verteilung der Essenspakete, die die Gemeindemitglieder vom American Jewish Joint Distribution Committee erhielten. Die Pakete mussten in Hildesheim, der nächsten Kreisstadt, oder im ehemaligen Konzentrationslager Bergen-Belsen abgeholt werden, in dem damals Displaced Persons untergebracht waren. Diese Aufgabe oblag meiner Mutter, und gelegentlich begleitete ich sie bei ihren Fahrten. Man freute sich auf die Pakete, weil sie nicht nur Essbares enthielten, sondern auch amerikanische Zigaretten und Kaffee, höchst begehrte Artikel, die auf dem Schwarzmarkt als Währung eingesetzt wurden. Man konnte sie gegen fast alles eintauschen, von Butter und Fleisch bis zu Perserteppichen und Schmuck. Die Leute, die in Hildesheim und Bergen-Belsen für die Verteilung zuständig waren, versuchten uns oft zu betrügen; aber damit nicht genug: Sie sagten auch, meine Mutter sei dumm, nicht eine höhere Zahl von Juden in Göttingen anzugeben, um dann die restlichen Pakete für sich behalten zu können. Meine Mutter wurde bei solchen Gelegenheiten furchtbar zornig, und auf dem Rückweg sagte sie immer, dass die falschen Leute die Lager überlebt hätten. Es machte sie nur noch ärgerlicher, wenn ich sie daran erinnerte, dass auch wir überlebt hatten. Natürlich dachte sie an meinen Vater. Es war ihre feste Meinung, dass er, wenn er noch am Leben gewesen wäre, all die Diebe und Betrüger in den Verteilungsstellen längst hinausgeworfen hätte. Als Herr Gräfenberg starb, wurde meine Mutter seine Nachfolgerin als Vorsitzende der Gemeinde. Leider – so sah ich es damals – bedeutete das nicht, dass wir nun mehr Pakete bekamen, als uns zustanden.

Nachdem meine Mutter die formelle Bestätigung erhalten hatte, dass mein Vater in Flossenbürg gestorben war, heiratete sie Dr. Reitter, der gleich nach meiner Ankunft in Göttingen mein Ersatzvater wurde. Er war ein sanfter, freundlicher und äußerst geduldiger Mensch, den ich immer mehr liebte und bewunderte. Er half mir bei meinen Hausaufgaben, gab mir Hilfestellungen beim Lernen und ermutigte mich zum Lesen und zum Nachdenken über das, was ich gelesen hatte. Ich interessierte mich sehr für seine umfangreiche medizinische Bibliothek, besonders für die anatomischen und dermatologischen Bücher mit Bildern nackter Frauen, die ich heimlich studierte. In Polen war Dr. Reitter Kinderarzt gewesen, doch

Dr. Leon Reitter (1947)

er entschloss sich in Göttingen für die Dermatologie, weil die Kinderheilkunde, wie er sagte, »einfach zu anstrengend ist, wenn man es mit dem Herz hat wie ich«, und er fügte hinzu: »Ich habe einfach die Kraft nicht mehr, Hausbesuche zu machen.« Ich hatte schon bemerkt, dass er ab und zu Herztabletten nahm, besonders wenn wir von der Stadt aus bergauf in die Wagnerstraße gingen, wo wir wohnten. Manchmal nahm er mich in die dermatologische Abteilung des Universitätskrankenhauses mit und zeigte mir Patienten, die dort mit Geschlechtskrankheiten lagen. Er erklärte mir, wie man sich mit diesen Krankheiten ansteckt und wie sie in ihrem letzten Stadium wirken. Da ich diese Ausflüge mit ihm sehr gern hatte, beschloss ich, eines Tages ebenfalls Medizin zu studieren. In der Zwischenzeit übte ich schon einmal meine Unterschrift mit Doktortitel – Dr. med. Thomas Buergenthal –, den ich selbstverständlich erwerben würde.

Die Ausflüge ins Krankenhaus wurden allmählich immer seltener. Wenn wir zusammen unterwegs waren, bemerkte ich, dass Dr. Reitter bei der geringsten Steigung auf der Straße stehen bleiben musste, um seine Herzpillen zu nehmen. Er klagte über Schmerzen in der Brust, und schon nach der kleinsten Anstrengung geriet er außer Atem. Als die Schmerzen stärker wurden, entschloss sich der Herzspezialist, in dessen Behandlung er war, ihn ins Krankenhaus bringen zu lassen; vermutlich hatte er einen kleineren Herzinfarkt gehabt. Meine Mutter, die keinerlei Erfahrung mit Herzkrankheiten hatte, glaubte zuerst, er übertreibe. Doch als ihr klar wurde, wie ernst sein Zustand war, machte sie sich nicht nur Tag und Nacht Sorgen um seine Gesundheit, sondern versuchte auch, seine Heilung mit ihrer ganzen seelischen Energie zu fördern. Damals kannte man weder Bypass-Operationen, noch wurden aufwendige Herzoperationen durchgeführt; bei Angina pectoris und kleineren Herzinfarkten (falls es sich darum handelte) verschrieben die Ärzte nur Ruhe und nochmals Ruhe. Dr. Reitter bekam Spritzen und Infusionen, aber sein Zustand besserte sich nicht. Wenn ich ihn besuchte, sprachen wir über seine Genesung, doch er selbst glaubte immer weniger daran, jemals wieder gesund zu werden. Manchmal malte er mir ein Bild von seinem Herzen und zeigte mir, wo die Gefäße vermutlich verstopft waren und warum das Organ nicht ausreichend mit Blut versorgt werden konnte. Hin und wieder, wenn die Schwester sehr beschäftigt war, sagte er, ich solle ihm die Injektion, die er brauchte, geben – es war gewöhnlich Morphium –, und zeigte mir, wie es ging. Am Ende konnte ich es recht gut. Doch er wurde von Tag zu Tag schwächer. Wasser sammelte sich in seiner Lunge und musste in immer kürzeren Abständen abgesaugt werden. Dann sagte er mir eines Tages, dass er bald sterben werde und dass es meine Aufgabe sei, mich um meine Mutter zu kümmern. Doch ich sollte ihr nicht sagen, dass das Ende bevorstand. Kurze Zeit nach diesem Gespräch starb Dr. Reitter friedlich im Schlaf. Es war das zweite Mal, dass ich einen Vater verlor und meine Mutter einen Ehemann. In diesem Augenblick hatten wir beide das Gefühl, dass es keinen Gott im Himmel gab, denn welcher Gott würde zulassen, dass ein so guter Mensch so jung starb – er war erst achtundvierzig Jahre alt –, und über eine einzige kleine Familie so viel Leid verhängen?

Es dauerte lange, bis wir über Dr. Reitters Tod hinweggekommen waren – wenn man überhaupt davon sprechen konnte. Meiner Mutter machte wieder die Schilddrüse zu schaffen; davon ausgelöst, bekam sie zusätzlich Herzrhythmusstörungen. Nicht sehr erfolgreich versuchten wir, einander zu trösten, denn wir wussten beide, dass das Leben weiterging und dass wir das Beste daraus machen mussten.

Eines Tages wurde unser trauriger Alltag von einem freudigen Ereignis unterbrochen. Ich hatte meiner Mutter und Dr. Reitter schon kurz nach meiner Ankunft in Göttingen von dem Norweger erzählt, der mir im Krankenrevier von Sachsenhausen so viel geholfen und mir wahrscheinlich sogar das Leben gerettet hatte. Ich hatte zwar seinen Namen vergessen, aber ich erinnerte mich, dass er eines Tages, als er mir eine

Dose mit Keksen vom schwedischen Roten Kreuz brachte, auf das Bild eines Mannes, das die Dose zierte, gezeigt und gesagt hatte, das sei sein Vater. Als meine Mutter diese Geschichte hörte, vermutete sie, dass der Mann, dessen Sohn ich in Sachsenhausen kennengelernt hatte, ein Keksfabrikant sei; die Chance, meinen Freund aus Sachsenhausen jemals wiederzufinden, hielt sie für äußerst gering. Doch dann, irgendwann zu Beginn des Jahres 1948, las sie einen Artikel in einem Mitteilungsblatt, das von einer Organisation ehemaliger KZ-Insassen publiziert wurde. In dem Artikel wurde berichtet, dass vor kurzem das Tagebuch eines Norwegers namens Odd Nansen, Sohn des berühmten norwegischen Nordpolfahrers, Forschers und Staatsmanns Fridtjof Nansen, veröffentlicht worden sei, das dieser in verschiedenen Lagern in Norwegen und im KZ Sachsenhausen geführt hatte. Das Buch sei zum meistgelesenen Buch in Norwegen geworden.* Meine Mutter zeigte mir den Artikel und schlug mir vor, dem Autor des Buches zu schreiben und ihn zu fragen, ob er mir helfen könne, jenen Mann zu finden, der in Sachsenhausen so nett zu mir gewesen war. Das tat ich. Mein Brief an ihn begann so:

»Lieber Herr Nansen,

bitte entschuldigen Sie, dass ich Sie störe. Vor ein paar Tagen lasen wir einen Artikel, in dem stand, dass das meistgelesene Buch in Norwegen Ihr Tagebuch über Ihre dreijährige Gefangenschaft in Sachsenhausen ist. Ich war auch in

---

* Odd Nansens dreibändiges Tagebuch *Fra Dag til Dag* wurde zuerst 1947 in Norwegen publiziert. Zwei gekürzte englischsprachige Versionen des Buches kamen 1949 in den Vereinigten Staaten (*From Day to Day*) und in Großbritannien (*Day after Day*) heraus. Eine noch wesentlich kürzere deutsche Übersetzung des Buches (*Von Tag zu Tag*) erschien ebenfalls 1949.

206

Sachsenhausen. Mein Name ist Tommy Buergenthal, und ich war damals zehn Jahre alt. Ich war im Revier, und zwei Zehen wurden mir amputiert.«

Dann erzählte ich von dem Norweger, den ich dort kennengelernt hatte, dass er sehr freundlich zu mir gewesen sei und mir sehr viel geholfen habe, dass ich aber seinen Namen und seine Adresse nicht mehr wisse. Im letzten Absatz meines Briefes berichtete ich, dass ich nach zweijähriger Trennung meine Mutter wiedergefunden hätte. Dann fuhr ich fort:

»Der Name Nansen kommt mir sehr bekannt vor, deshalb schreibe ich Ihnen diesen Brief. Ist es möglich, dass Sie selbst dieser Mann sind? Falls nicht, bitte ich Sie, in Ihrem Freundeskreis zu fragen, wer er sein könnte, denn ich möchte ihm sehr gern danken.«

Da ich die Adresse des Autors der Tagebücher nicht kannte, schrieb ich einfach »Herr Odd Nansen, Norwegen« auf den Umschlag und schickte ihn weg.

Nun begann das Warten. Wochen gingen ins Land, ohne dass eine Antwort kam. Am Ende vergaß ich den Brief vollkommen. Dann klingelte es eines Tages an der Tür. Als ich öffnete, begrüßte mich ein norwegischer Soldat, der mit einem norwegischen Militärlastwagen gekommen war. (Zu dieser Zeit gab es eine kleine norwegische Garnison in der Britischen Zone in Deutschland.) Er deutete auf das Fahrzeug und sagte, er habe ein »Paket« abzuliefern. Als ich fragte, warum er es mir nicht einfach gebe, sagte er, es sei zu groß für mich. Da sah ich auch schon zwei weitere Soldaten, die von dem Lastwagen sprangen und die hintere Ladeklappe öffneten. Sie zogen eine riesige Holzkiste heraus und trugen sie ins Haus, die Treppe hinauf und in unsere Wohnung. »Sie ist von Odd Nansen«, sagte einer der Soldaten. Dann gab er mir einen Brief, der mit

ODD NANSEN

ARKITEKT

WERGELANDSVEIEN 7
TELEFON 330264

Angekommen den 7.II.48.

OSLO , den 4.2.1948

Lieber, lieber Tommy !

    Du weisst garnicht, welch' grosse Freude Du mir und vie-
len, vielen anderen durch Deinen Brief bereitest hast, wofür
ich Dir herzlichst danke. Erstens bekamen wir dadurch zu hören,
dass Du lebst und Deine Mutter wiedergefunden hast. Und für
alle Deine Freunde, Du hast nach und nach noch viele dazube-
kommen, wovon Du keine Ahnung hast, war es eine unsäglich grosse
Freude. Siehst Du, Tommy, das hängt folgendermassen zusammen:
Zuerst einmal war ich "der betreffende Herr", der Dich im Revier
von Sachsenhausen besuchte, und in meinem Tagebuch, wovon Du ja
selbst gehört hast, habe ich mehrere Kapitel um Dich geschrieben, um meine Gespräche mit Dir während der Besuche im Revier, wo
ich Dich kennengelernt und Dich, sowie viele andere Gefangenen-
kameraden so lieb gewonnen haben, dass wir Dich nie mehr vergessen können. Dieses Tagebuch wurde von Tausenden von Menschen
gelesen und vielen scheint es, Dich dadurch zu kennen. Sie haben
Dich natürlich genau so lieb gewonnen wie wir. Ständig haben sie
mich gefragt, ob ich nichts mehr über den kleinen Tommy gehört
habe, aber immer wieder musste ich sie durch mein Kopfschütteln
enttäuschen. Während der Zeit, die seit dem Kriegsende vergangen
ist, habe ich überall versucht herauszubekommen, ob Du nach dem
Kriege aus Sachsenhausen mit dem Leben davongekommen bist und wo
Du Dich zufällig aufhältst. Alle Nachforschungen waren leider vergebens. Wir mussten nach und nach glauben, Du lebst nicht mehr.
Ich bin gerade auf einer langen Reisedurch Europa gewesen und
habe überall wo ich glaubte, es gäbe eine Möglichkeit, eine Spur
von Dir zu finden, Untersuchung eingeleitet, aber leider ohne
Ergebnis. Du kannst Dir deswegen vorstellen, wie gross die Freude
für mich war, Deinen Brief auf meinem Schreibtisch nach meiner
Rückkehr zu finden. Jetzt kann ich all denen, die nach Dir fragen,
mit Freude antworten und ihnen die leuchtende frohe Botschaft
überbringen: Tommy lebt! Tommy wohnt in Göttingen zusammen mit
seiner Mutter.
    Auch meine Frau und meine Kinder, ich habe vier Kinder,
sowohl älter und auch jünger als Du. Sie jubelten vor Freude,
als ich ihnen Deinen Brief laut vorleste, denn sie denkten auch
oft an Dich und wünschten sich so innig dass es gelingen möge,
Dich wiederzufinden. Und so lebst Du ja, sozusagen mitten unter
uns und hast noch dazu Deine Mutter wiedergefunden. Das klingt ja
wie ein unglaublisches, leuchtendes und gutes Märchen mitten in der
Elendigkeit in der Welt. Hätte ich nur gewusst, dass Du lebst und
in Göttingen wohnst, Du kannst sicher sein, ich hätte Dich auf
meiner neulichen Tur durch Deutschland aufgesucht. Ich kam auch
durch Hannover, welches ja nicht so schrecklich lang von Göttingen
liegt.

So gebe ich mich doch vorläufig mit der grossen Freude zufrieden, die es für mich und für uns alle war als wir erfuhren, dass Du all das Böse und Schreckliche überlebt hast. Ich habe einen Freund in Göttingen, einen Norweger, den ich darum bitten werde, Dich aufzusuchen. Vielleicht kann er Dir auch aus meinem Tagebuch, welches ich Dir senden werde, übersetzen, wo ich um Dich geschrieben habe. So willst Du dann auch sicher besser verstehen, warum wir alle so um Dich und Dein Schicksal interessiert sind. Ich werde Dir auch Pakete schicken, Tommy, mit diesen und jenen, was sicher von Nutzen sein wird. Das wollen auch sicher andere gerne tun.

So musst Du mir nun, sobald Dich dieser Brief erreicht hat, zurückschreiben und mir von Dir selbst und von Deiner Mutter erzählen, und ob Du schon etwas über Deinen Vater gehört hast. Erzähle, wie es Dir geht, woran es fehlt, Bekleidung, Essen oder was es sonst sein kann. So wollen wir versuchen, es an Euch zu senden. Erzähle mir, ob Du fernerhin Lust hast, nach Norwegen zu kommen. Ich könnte es vielleicht schon so ordnen, dass Du mit Deiner Mutter hierher kommen kannst und ihr hier wohnen könnt. Du weisst, wir haben es doch in mancher Beziehung hier oben in Norwegen besser als in Deutschland. *(ich weiss)*

Grüsse Deine Mutter von mir und sage ihr, sie muss doch trotz allem glücklich sein, denn sie hat ja ihren lieben Jungen wiederbekommen. Sage ihr, es sind so viele, viele, die sich zusammen mit ihr darüber so sehr freuen.

Lebe wohl bis auf weiteres, lieber Tommy, Du wirst öfters von mir hören und recht bald, hoffe ich, wirst Du dann auch einige Lebensmittel bekommen. Jetzt werde ich mit Spannung auf Deinen nächsten Brief warten.

Mit den herzlichsten Grüssen und Wünschen für Dich und für Deine Mutter bin ich

Dein "Onkel"

Odd (Nansen)

Brief von Odd Nansen an Thomas Buergenthal (1948).

den Worten »Lieber, lieber Tommy!« begann und folgender-
maßen weiterging:

»Du kannst Dir nicht vorstellen, wie groß die Freude war,
als ich Deinen Brief erhielt – aber nicht nur meine Freude,
sondern auch die von vielen, vielen anderen … So erfuhren
wir zum ersten Mal, dass Du lebst und Deine Mutter wiedergefunden hast. Dein Brief machte Deine vielen alten Freunde,
aber auch die vielen neuen Freunde, die Du jetzt hast, ohne es
zu wissen, sehr glücklich … Zuerst muss ich Dir sagen, dass
ich wirklich dieser Mann bin, der Dich im Revier in Sachsenhausen immer besuchte. In meinen Tagebüchern, von denen
Du ja schon gehört hast, widme ich Dir und unseren Gesprächen im Krankenrevier eine Reihe von Kapiteln. Dort, im
Revier, habe ich Dich kennengelernt und dort haben wir, ich
und viele meiner Genossen, Dich ins Herz geschlossen. Wir
konnten Dich nie vergessen. Viele Tausende von Menschen
haben jetzt meine Tagebücher gelesen und viele von ihnen
glauben aufgrund dieses Buches, Dich zu kennen. Sie haben
mich schon oft gefragt, ob ich irgendetwas über den kleinen
Tommy erfahren hätte, und immer wieder habe ich sie enttäuschen müssen …«

Dann berichtete mir Herr Nansen von seiner langen erfolg-
losen Suche nach mir und wie er allmählich zu der Überzeugung gekommen war, dass ich nicht überlebt hätte. Mein
Brief änderte alles. Für ihn und seine Familie und meine vielen alten und neuen Freunde war es wunderbar zu erfahren,
dass ich überlebt hatte und wieder mit meiner Mutter zusammen war. Er bat mich, ihm gleich zu schreiben und ihm
alles über mich selbst und meine Mutter zu erzählen. Er fragte
auch, ob ich meinen Vater gefunden hätte, und wollte wissen,
ob wir etwas brauchten, zum Beispiel Nahrungsmittel oder

Kleidung. Er bot an, uns behilflich zu sein, wenn wir nach Norwegen ziehen wollten, wo die Lebensbedingungen damals besser waren als in Deutschland. Der Brief war unterzeichnet mit: »Dein ›Onkel‹ Odd (Nansen).«

Während wir die Holzkiste öffneten, die die Soldaten uns gebracht hatten, schalt ich meine Mutter. »Siehst du?«, sagte ich, »ich habe dir ja gesagt, dass sein Vater kein Keksfabrikant ist! Und niemand hat mir geglaubt, dass ich ihn eines Tages finden würde und dass mein Brief ankommen würde. Und er hat ihn bekommen, obwohl nicht einmal eine richtige Adresse darauf stand!« Die Kiste war mit den herrlichsten Lebensmitteln gefüllt: Büchsen mit Sardinen und Heringen, Kondensmilch, Trockenobst, Reis, Mehl und Zucker, Salzgebäck, viele, viele Schokoladenriegel und andere Süßigkeiten. Meine Mutter und ich konnten es einfach nicht fassen. Hatte man jemals so viel Essen auf einmal gesehen? Sollte das wirklich alles uns gehören? Zu dieser Zeit waren Lebensmittel in Deutschland immer noch streng rationiert, und trotz der Zuwendungen vom American Joint hatten wir niemals genug zu essen, ganz zu schweigen von all diesen »exotischen« Dingen, wie es sie in dieser Kiste gab. Wir fühlten uns wie im siebenten Himmel und aßen in den darauf folgenden Tagen mehr Schokolade, als wir vertragen konnten. Später erfuhr ich, dass diese Schokolade und die anderen Süßigkeiten von norwegischen Schulkindern für mich gesammelt worden waren. Nachdem eine norwegische Zeitung berichtet hatte, dass ich lebte und in Göttingen wohnte, hatte es eine Hilfskampagne gegeben. Odd Nansen hatte sein Buch »dem lebendigen Gedächtnis« einiger seiner Freunde aus dem Lager und »Dir, kleiner Tommy!« gewidmet und hatte mich als einen von »Raffaels Engeln« im Revier beschrieben.

»Stelle dir einen von Raffaels Engeln vor! So sah er aus, ja,
man musste unwillkürlich schauen, ob die Kopfkissenenden,
die hinter seinem Rücken hervorsahen, nicht vielleicht doch zwei
kleine Flügel seien!« (Zeichnung von Odd Nansen,
Zitat aus seinen Tagebüchern »Von Tag zu Tag«).

So war ich in Norwegen berühmt geworden und galt den Kindern des Landes als eine Art Held. Inzwischen kam auch das dreibändige Buch an, und als ich es aufschlug, las ich die folgenden Sätze:

»Lieber Tommy, hier ist mein Lagertagebuch. Wie Du siehst, ist es auch Dir gewidmet. Auch wenn Du es in meiner Sprache nicht lesen kannst, möchte ich es Dir schenken. Es kommt von einem Menschen, der Dich sehr liebt und seinen jungen Freund, den kleinen, tapferen Engel vom Revier Nr. III in Sachsenhausen nie vergaß und nie vergessen wird.«

Einige Zeit darauf kam Odd Nansen nach Göttingen und organisierte die Reise, die mich zu seiner Familie in Norwegen führen sollte. Es war gar nicht leicht für mich zu reisen, denn ich hatte keinen richtigen Pass.

Kurz nach ihrer Rückkehr nach Göttingen hatte man meiner Mutter die Wiederanerkennung ihrer deutschen Staatsangehörigkeit angeboten. Dem Beamten gegenüber, der sie aufsuchte, lehnte sie mit den Worten ab: »Sie haben sie mir aberkannt, jetzt können Sie sie behalten!« Das hieß, dass wir keine deutschen Pässe besaßen und nur berechtigt waren, Reisedokumente als Staatenlose zu erhalten. Erst als ich meinen Pass als Staatenloser bekam, konnte ich ein Visum nach Norwegen beantragen. Meine Mutter und ich trafen uns mit Odd Nansen in Hamburg, von wo er mit mir nach Oslo flog. Am Flughafen machte er mich mit einem Deutschen bekannt, den er mir mit den Worten vorstellte: »Das ist ein guter Freund von mir, er heißt Willy Brandt und hat im norwegischen Widerstand gegen die Nazis gekämpft.« Natürlich hatte ich keine Ahnung, wer Willy Brandt war – ich glaube, er war damals Stellvertretender Bürgermeister von Berlin. Jahre später durfte ich voller Stolz behaupten, dass ich Willy Brandt schon lange kannte, bevor er berühmt geworden war.

Auf meiner Reise nach Norwegen erlebte ich ein Abenteuer nach dem anderen. Das erste war, dass ich noch nie in einem Flugzeug gesessen hatte und mir allein der Flug daher schon äußerst aufregend vorkam. Auf einer Pressekonferenz im Flughafen von Oslo musste ich dann Hunderte von Fragen beantworten. Von der ganzen Familie Nansen, Herrn und Frau Nansen und ihren vier Kindern Marit, Eigil, Siri und Odd Erik, wurde ich wie ein sehr lieber Verwandter behandelt, der verschollen und endlich wieder aufgetaucht war. Odd

Mit Odd Nansen (1951).

Nansen organisierte auch Treffen mit ehemaligen Häftlingen von Sachsenhausen, die mich noch von damals kannten; unter ihnen – wenn ich mich recht entsinne – ein Premierminister und andere hohe Regierungsbeamte und führende Persönlichkeiten. Natürlich kam ich mir sehr wichtig vor, obwohl es mir eigentlich am meisten Spaß machte, mit den Nansenkindern im Oslofjord zu schwimmen, der direkt an das Grundstück der Nansens grenzte. Nie zuvor war ich auch nur in der Nähe eines Meeres gewesen, und der Fjord mit den ihn umgebenden Bergen war ein ganz besonderes Erlebnis für mich. Ich fuhr mit der ganzen Familie Nansen in ihre Hütte in den Bergen. Herr Nansen war Architekt und dazu ein ausgezeichneter Maler. Sein Lagertagebuch enthielt viele seiner Skizzen von Häftlingen und Nazibewachern, und in seinem Haus in Oslo hingen diese Skizzen, zusammen mit anderen Zeichnungen und Gemälden an den Wänden. Wenn wir zu

214

Abend aßen, gab es immer viel zu lachen, aber immer wieder kamen wir auch auf unsere gemeinsamen Erinnerungen zu sprechen. Ich lernte sogar ein paar Brocken Norwegisch, weil beschlossen wurde, dass an einem Tag in der Woche die Sprache am Esstisch Norwegisch sein sollte, und wenn ich etwas zu essen haben wollte, musste ich auf Norwegisch darum bitten – ein starker Anreiz für mich.

Die Heimreise erwies sich als äußerst unerfreulich. Am gleichen Tag, an dem ich Oslo verlassen sollte, hatten amerikanische Freunde der Nansens vor, mit dem Zug über Schweden nach Kopenhagen zu fahren. Die Nansens nahmen an, dass es mir Spaß machen würde, wenn ich auf dem Weg nach Deutschland in Gesellschaft dieser Freunde die Stadt Kopenhagen und besonders das Tivoli besichtigen könnte. Mein Flugticket wurde also gegen eine Zugfahrkarte eingetauscht, und wir machten uns auf den Weg. Doch ich kam nicht sehr weit. An der norwegisch-schwedischen Grenze wurde ich aufgehalten. Da ich kein Transitvisum für Schweden und Dänemark besaß, das ich als Staatenloser brauchte, durfte ich nicht weiterreisen. Das bedeutete, dass ich nach Oslo zurückkehren musste, wo die Nansens die nötigen Reisedokumente für mich besorgten. Als ich wieder in Göttingen war – ohne Kopenhagen gesehen zu haben –, erzählte ich meiner Mutter, welche Probleme ich mit meinem Pass als Staatenloser gehabt hatte. Es wurmte sie sehr, dass ihre Prinzipientreue zu Schwierigkeiten geführt hatte. »Zum Teufel mit den Prinzipien!«, sagte sie, und am Tag darauf bewarb sie sich um die Wiedererlangung unserer deutschen Staatsangehörigkeit.

Als 1949 die deutsche Übersetzung von Odd Nansens Tagebuch erschien, bemerkte er im Vorwort, dass er den Erlös des Buches einem Fonds spenden werde, der gegründet worden war, um deutschen Vertriebenen zu helfen. Ich fragte mich, warum sich ein Mann, der über drei Jahre in einem nationalsozialistischen Konzentrationslager verbracht hatte, um das Schicksal dieser Menschen Gedanken machte. Nach einiger Zeit und ganz allmählich wurde mir jedoch klar, wie wichtig es war, dass Männer wie Nansen und alle anderen von uns, die als Häftlinge der Deutschen Schreckliches erlitten hatten, mit menschlicher Anteilnahme auch auf das Leid von Deutschen reagierten; nicht aus der Erwartung von Dankbarkeit heraus oder weil uns daran gelegen wäre zu zeigen, wie großmütig wir sein konnten, sondern einfach deshalb, weil unsere Erfahrung uns gelehrt haben sollte, Teilnahme zu empfinden mit Menschen in Not, ganz gleichgültig, wer diese Menschen waren. Gleichzeitig war ich natürlich davon überzeugt, dass jene Deutschen, die die Befehle zur Durchführung der nationalsozialistischen Verbrechen gegeben oder sie selbst ausgeführt hatten, bestraft werden mussten; doch nicht die Deutschen generell, nur weil sie Deutsche waren. Inzwischen schämte ich mich dafür, dass ich mir kurz nach meiner Ankunft in Göttingen ein Maschinengewehr für unseren Balkon gewünscht hatte. Ich kam zu der Überzeugung, dass die bloße Vorstellung einer solchen Handlungsweise mich geistig auf das Niveau jener Deutschen herunterziehen würde, die unschuldige Menschen getötet hatten. Und mehr noch, es entehrte das Andenken an jene, die in den Lagern gestorben waren. Diese Gedanken festigten sich im Lauf der Zeit zu Überzeugungen, die mein Denken und mein Handeln im späteren Leben prägen sollten. In den neunziger Jahren des letzten Jahrhunderts beispielsweise, als ich den Vorsitz des Committee on Conscience of the United States Holocaust Memorial Council übernahm, gewann ich die Unterstützung meiner Kollegen, als ich äußerte, dass wir das Andenken der Opfer des Holocaust am wirkungsvollsten ehren konnten, wenn wir uns in ihrem Namen gegen zeitgenössische Akte von Völkermord und Verbrechen gegen die Menschlichkeit aussprachen. Wir sind dazu verpflichtet – das habe ich schon häufig erklärt –, für eine Welt zu arbeiten, in der andere, gleich welcher Nationalität, ethnischer Zugehörigkeit oder Religion sie sein mögen, nicht dem Leid ausgesetzt sind, das wir selbst erfahren mussten.

1951, kurz bevor ich Deutschland verließ, um in die Vereinigten Staaten zu gehen, hielt Odd Nansen anlässlich der Verleihung des Friedenspreises des deutschen Buchhandels an den berühmten Humanisten Albert Schweitzer eine programmatische Rede. Die Zeremonie fand in der Paulskirche in Frankfurt statt. Ich wusste natürlich, wer Albert Schweitzer war, und es bewegte mich sehr, ihn persönlich kennenzulernen. In seiner Rede rief Nansen die internationale Gemeinschaft dazu auf, sich mit der Notlage der deutschen Flüchtlinge zu beschäftigen. Zu dieser Zeit wurde die Frage, ob es Deutschland erlaubt werden sollte, 1952 an den Olympischen Spielen teilzunehmen, noch immer weltweit diskutiert. In seiner Rede drang Nansen mit folgenden Worten auf die Erteilung der Erlaubnis: »Es ist ungerecht und sinnlos, die Kinder für die Sünden ihrer Väter zu bestrafen. Doch genau das will man tun, indem man Deutschlands Jugend aus Verbänden und Vereinen ausschließt, die zu dem Zweck gegründet wurden, die internationale Zusammenarbeit zu fördern.«

Das Leitmotiv der Veranstaltung, Frieden und Menschenwürde, war für mich sehr beeindruckend, und ich glaube, ich begann damals über die Werte nachzudenken, denen ich seither den größten Teil meines Lebens widme. Ich besitze noch heute ein abgegriffenes Exemplar der Rede Nansens und ein Foto von Albert Schweitzer, der ein kleines Kätzchen auf dem Arm hält. Mitten in der feierlichen Zeremonie in der Paulskirche – es war die erste Veranstaltung dieser Art, die ich miterlebte –, drehte ich mich zu meiner Mutter und flüsterte: »Wer hätte geglaubt, dass man uns je erlauben würde, hier zu sein? Erst vor kurzem waren wir noch Untermenschen, und jetzt sind wir geladene Gäste. Wenn nur Papa bei uns sein könnte!« Im Lauf der Jahre habe ich immer wieder an meinen Vater gedacht, wenn ich bei ähnlichen Feierlichkeiten in Deutschland und Österreich als geladener Gast zugegen war. Leider war ihm, der fest daran geglaubt hatte, dass Hitler und die Nazis früher oder später bezwungen würden, nie die Genugtuung vergönnt, mit eigenen Augen zu sehen, dass er recht gehabt hatte; leider durfte er die Verwandlung Deutschlands in einen demokratischen Staat nicht miterleben.

Vor der Veranstaltung in Frankfurt kam Nansen nach Göttingen und teilte meiner Mutter und mir mit, dass er ein Buch über unsere Erfahrungen im Konzentrationslager schreiben wolle. Offenbar hatte er viele Briefe von Lesern seiner Tagebücher erhalten, die ihn dazu drängten, meine Geschichte von Anfang an zu erzählen. Natürlich willigten wir ein, ihm über alles Rede und Antwort zu stehen. Es dauerte einige Tage, bis er sich alles notiert hatte, was wir ihm erzählten. In den folgenden Jahren standen wir zwar weiter mit Nansen in Kontakt, doch von dem Buch hörten wir nichts mehr und nahmen an, er hätte sich entschlossen, es doch nicht zu schreiben. Es erschien erst neunzehn Jahre später, 1970, unter dem Titel *Tommy*.* Sobald es herauskam, schickte er mir ein Exem-

* *Tommy. Ein sannferdig fortelling fortalt av Odd Nansen*, Oslo, 1970.

plar. Die lange Verzögerung zwischen den ersten Notizen und der Fertigstellung des Buches sei, wie er erklärte, darauf zurückzuführen, dass er in den letzten Jahren als Architekt sehr viel zu tun gehabt hatte und das Buchprojekt beiseite legen musste. Doch 1969 wurde er krank, und seine Ärzte rieten ihm dringend, seine Arbeit als Architekt aufzugeben. Jetzt erst hatte er die Zeit gehabt, sich mit seinen Aufzeichnungen von 1951 und den Berichten von mir und meiner Mutter zu beschäftigen, und er hatte das Buch geschrieben.

Tommy erschien nur in Norwegen. Nansen starb einige Jahre später, ohne dass das Buch im Ausland veröffentlicht war. Glücklicherweise sah ich ihn noch einmal vor seinem Tod. Ich nahm an einer Menschenrechtskonferenz in Schweden teil und beschloss, nicht sofort in die Vereinigten Staaten zurückzufliegen, sondern noch einige Tage in Oslo zu verbringen, um Nansen zu besuchen. Ich hatte nichts von seiner Krankheit gewusst und war entsetzt, ihn in so schlechter Verfassung zu sehen. Er weigerte sich, über seinen Gesundheitszustand zu sprechen, und sagte mir immer wieder, wie sehr er sich über mein Engagement für die internationale Durchsetzung der Menschenrechte freue. Natürlich wollte er nichts davon hören, dass er selbst, mehr als jeder andere, meine berufliche Laufbahn entscheidend beeinflusst hatte.

Erst 1985, in meinem letzten Jahr als Dekan der Juristischen Fakultät der American University in Washington, D.C., konnte ich *Tommy* endlich lesen. Als mein Büro das Programm für die letzte Examensfeier unter meiner Ägide vorbereitete, wurde ich vom Vertreter der Studentenschaft um die Erlaubnis gebeten, bei der Zeremonie im Namen der Examensklasse ein paar persönliche Worte sagen zu dürfen. Natürlich gewährte ich diese Bitte und bat ihn, als es so weit war, zum Mikrophon zu kommen. Er ging aufs Podium hinauf, packte einen schwarzen Aktenordner aus und sagte dem Publikum, dass er die englische Übersetzung des Buches *Tommy* in Händen halte. Er erklärte, dass sich das Buch mit meinen Erfahrungen während des Zweiten Weltkriegs beschäftige, und fuhr fort: »Sehr geehrter Herr Dekan! Unsere Klasse hat diese englische Übersetzung von *Tommy* privat in Auftrag gegeben. Wir wollten damit ausdrücken, wie hoch wir Sie schätzen, und Ihnen ermöglichen, endlich das Buch zu lesen, das Ihre Geschichte erzählt.« Dann wurde mir die Übersetzung überreicht, und ich stand da, von Gefühlen überwältigt und unfähig, auch nur ein Wort zu äußern.* Es dauerte geraume Zeit, bis ich in der Lage war, mit dem üblichen Festprogramm fortzufahren.

Während meiner Jahre in Göttingen vollzogen sich in Deutschland dramatische Veränderungen, besonders hinsichtlich der wirtschaftlichen Lage. Das vom Krieg verwüstete Land erholte sich allmählich. Die Währungsreform, bei der wir die weitgehend wertlose Reichsmark gegen die neue Deutsche Mark eintauschen konnten, machte großen Eindruck auf mich, denn fast über Nacht waren die bisher leeren Schaufenster mit Artikeln gefüllt, die ich nie zuvor gesehen hatte. Ich glaube, in dieser Zeit aß ich meine erste Orange. Meine Mutter sagte mir, dass Orangen sehr viel Vitamin C enthielten und dass man sie, weil sie so teuer und noch immer schwer zu bekommen waren, nur kaufen dürfe, um eine drohende Erkältung oder Grippe abzuwehren. Ebenfalls in

---

* *Tommy* ist auf Englisch nie erschienen. Nachdem ich die Übersetzung des Buches gelesen hatte, beschloss ich, mich nicht um eine Publikation zu bemühen, denn ohne eine substanzielle Überarbeitung hätte ich es nicht aus der Hand geben können.

dieser Zeit probierte ich das erste Mal Coca-Cola. Ich weiß nicht, von wem oder wo meine Mutter die Flasche bekommen hatte. Sie zeigte sie mir und sagte, sie habe gehört, dass das ein ganz spezielles Getränk sei, das mit nur wenigen Schlucken den Durst lösche, und dass ich es nur trinken dürfe, wenn ich ganz besonders durstig sei. Dann stellte sie die Flasche in den Küchenschrank – Kühlschränke gab es damals noch nicht –, und dort blieb sie, bis ich eines Tages heimkehrte und schrecklich durstig war, weil ich stundenlang Fußball gespielt hatte. Nun schien mir der Zeitpunkt gekommen, die Cola-Flasche öffnen zu können, und meine Mutter willigte ein. Je mehr ich aber von der süßen, lauwarmen Flüssigkeit trank, desto durstiger wurde ich. Und noch Jahre später brauchte ich eine der braunen Flaschen nur anzusehen, um mich an den unangenehmen Geschmack meines ersten Schlucks Coca-Cola zu erinnern.

Als das Reisen in Deutschland leichter wurde, hatten wir oft Besuch. Einige der Besucher waren alte Bekannte aus Kielce, die gehört hatten, dass wir jetzt in Göttingen lebten. Aber es kamen auch ausländische Studenten oder Professoren, die in Göttingen studieren oder unterrichten wollten. Einige von ihnen wohnten im Fridtjof-Nansen-Haus. Diese Einrichtung war nach dem Krieg von Olav Brennhovd gegründet worden, einem norwegischen Pastor, der im Konzentrationslager gewesen war, weil er geholfen hatte, Juden von Norwegen nach Schweden zu schmuggeln. Er war mit Odd Nansen befreundet, der ihn uns vorstellte. Brennhovd und seine Frau wurden enge Freunde von uns und überbrachten uns oft Grüße von Nansen und anderen Norwegern, die mit mir in Sachsenhausen gewesen waren. Ein weiterer Besucher war ein junger englischer Soldat. Er hieß damals Greville Janner und war als Ermittler in Kriegsverbrecherverfahren tätig. Von meiner Mutter und mir hatte er gehört, als er sich darum bemühte, jüdische Familien in Göttingen kennenzulernen. Es wurde ihm bald klar, dass es außer uns fast niemanden mehr gab. Greville war nur ein paar Jahre älter als ich. Wir wurden gute Freunde und stehen bis auf den heutigen Tag miteinander in Kontakt. Viele Jahre lang saß er im britischen Unterhaus, bevor er ins Oberhaus gewählt wurde. Die lebenslangen Bemühungen Lord Janners of Braunstone um die Opfer des Holocaust wurzeln wahrscheinlich in jener frühen Zeit in Göttingen und anderen deutschen Städten, wo er die Bekanntschaft vieler Überlebender machte.

Die Jahre, die ich nach dem Krieg in Göttingen verbrachte, haben mich in meiner Haltung gegenüber Deutschland und den Deutschen sehr geprägt. Es waren keine leichten Jahre, weder für meine Mutter noch für mich, und oft beneideten wir andere Überlebende aus Kielce, die gleich nach dem Krieg nach Schweden gegangen waren. Nicht nur die wirtschaftlichen Schwierigkeiten, mit denen wir im Nachkriegsdeutschland zu kämpfen hatten, blieben ihnen erspart; sie mussten auch nicht mit dem entsetzlichen Gefühl leben, nun womöglich inmitten von Menschen zu wohnen, die einst danach getrachtet hatten, uns zu ermorden. Andererseits half uns die Tatsache, dass wir nur so kurze Zeit nach der Befreiung aus dem Konzentrationslager in Deutschland lebten und immer wieder gezwungen waren, uns mit diesen Gefühlen auseinander zu setzen, allmählich unseren Hass und unser Bedürfnis nach Rache zu überwinden. Später, in Amerika, sah ich, dass sich viele meiner jüdischen Freunde und Bekannten, die vor dem Krieg in die Vereinigten Staaten gekommen und dadurch der Vernichtung entgangen waren, viel weniger versöhnlich zeigten als meine Mutter und ich. Ich bezweifle, dass wir in der Lage gewesen wären, unsere geistige Gesundheit zu bewahren, wenn wir für den Rest unseres Lebens von Hass erfüllt gewesen wären. Viele unserer Verwandten und Freunde in Amerika haben nie verstanden, was wir meinten, wenn wir ihnen sagten, dass es zwar wichtig sei, unsere Erfahrungen während des Holocaust nicht zu vergessen, dass es aber auch darauf ankomme, die Nachkommen der Täter nicht verantwortlich zu machen für das, was uns angetan wurde, weil sonst der Teufelskreis von Hass und Gewalt niemals enden könne.

Nach Amerika

Am 4. Dezember 1951 traf ich in New York ein. Das Schiff, auf dem ich die Vereinigten Staaten erreichte, war ein amerikanischer Militärfrachter, die U.S.N.S. *General A.W. Greely*, eines der vielen so genannten Liberty-Schiffe, die in den Vereinigten Staaten während des Krieges massenhaft produziert worden waren. Jener Tag im Dezember war für mich ein schicksalhaftes Datum. Ein neues Leben sollte beginnen, das alte Leben ließ ich zurück. Damals hatte ich noch keine Vorstellung von dem, was mich erwartete: dass ich mich für immer hier niederlassen würde. Alles, was ich wusste, war, dass ich Amerika einmal sehen wollte – das Amerika der Wolkenkratzer und Straßenkreuzer, der Hollywoodfilme und des Kaugummis, der Cowboys und Indianer. Es war das Amerika, das wir Kinder uns in Göttingen vorstellten, wenn wir versuchten, einen Friseur zu finden, der wusste, wie man einen amerikanischen Bürstenschnitt hinbekam – groß in Mode damals in der Schule. Natürlich freute ich mich darauf, meine Verwandten kennenzulernen: meinen Onkel und meine Tante, Eric und Senta Silbergleit – in Amerika war der Name zu Silberg geworden – und ihre Tochter Gay. Ich sollte bei ihnen wohnen, in Paterson, New Jersey, weniger als eine Stunde von New York entfernt, also in fast unmittelbarer Nähe von Manhattan, dem Broadway und den Hunderten von Kinos, von denen ich gehört hatte. Allein der Gedanke daran war sehr aufregend.

*Senta und Eric Silberg (ehem. Silbergleit),
Thomas Buergenthals Tante und Onkel (1978).*

Doch das waren beileibe nicht die einzigen Gründe für mich, das Schiff nach Amerika zu besteigen. 1951, mit siebzehn, überlegte ich zum ersten Mal ernsthaft, ob ich wirklich für den Rest meines Lebens in Deutschland bleiben wollte. Ich war zwar nicht unglücklich in Göttingen, doch ich fühlte mich nicht als Deutscher, wie es zum Beispiel meine Klassenkameraden taten. Das Wort »Vaterland«, das bei der Mehrheit der Deutschen patriotische Gefühle auslöste, weckte in mir Erinnerungen an Hitler und die Nazis; und mit der Melodie und dem Text der deutschen Nationalhymne ging es mir nicht anders. Es war mir unmöglich, mich von diesen Assoziationen zu befreien, obwohl ich nun in einem ganz anderen Deutschland lebte, einem Deutschland, das im Begriff war, sich zu einem wahrhaft demokratischen Staat zu wandeln. Mir standen ständig die Verbrechen vor Augen, die im Namen des deutschen »Vaterlands« begangen worden waren. Die Tatsache, dass ich alle möglichen nationalen Schlagworte und Symbole nicht von meiner Vergangenheit trennen konnte, ließ eine Distanz zu den normalen Deutschen entstehen und trug zu der Überzeugung bei, dass ich mich in Deutschland immer anders fühlen würde als der »Normalbürger«. Dieses Gefühl, nicht dazuzugehören oder anders zu sein, stammte also aus meiner Vergangenheit. Außerdem konnte ich mich nicht von der Angst befreien, die Nazis könnten erneut an die Macht kommen. Von heute aus gesehen scheinen diese Ängste völlig irrational zu sein. Doch 1951, als ich begann, ernsthaft über meine Zukunft nachzudenken, waren erst sechs Jahre seit dem Zusammenbruch des Naziregimes vergangen, und die meisten von uns Überlebenden der Konzentrationslager konnten es immer noch nicht recht glauben, dass der Albtraum tatsächlich vorbei war. All diese Zweifel und Überlegungen über die Zukunft führten schließlich zu der Überzeugung, dass es mir in Deutschland nie möglich sein würde, die Vergangenheit endgültig hinter mir zu lassen, und dass es daher nur vernünftig sei, irgendwann zu emigrieren.

Ich spürte auch deshalb den Zwang, mir über meine Zukunft Gedanken zu machen, weil mein Onkel und meine Tante in Amerika meine Mutter und mich ständig dazu drängten, Deutschland zu verlassen und uns in den Vereinigten Staaten dauerhaft niederzulassen. Meine Mutter schreckte aus vielen Gründen vor der Auswanderung zurück. Ihre erste Sorge bestand darin, dass sie keinen Beruf hatte und mit ihrer deutschen Pension in Amerika nicht würde leben können. Das bedeutete für sie, dass sie trotz ihrer schlechten gesundheitlichen Verfassung wahrscheinlich gezwungen wäre, dort in einer Fabrik zu arbeiten. Ich weiß nicht genau, wie sie auf diese Idee kam. Mein Onkel und meine Tante hatten nach ihrer Ankunft in den Vereinigten Staaten 1938 in verschiedenen Fabriken gearbeitet und uns davon erzählt; vielleicht glaubte meine Mutter deshalb, dass sie jetzt ein ähnliches Schicksal erwarte. Wie auch immer – die Angst davor wurde bei ihr geradezu zur Obsession. Es ist gut möglich, dass ihre Entscheidung, Jacob (Jack) Rosenholz zu heiraten – auch er war ein Überlebender aus dem Ghetto von Kielce –, mit ihren Vorbehalten gegenüber einem Leben in Amerika in Zusammenhang stand. Zu dieser Zeit wusste sie bereits, dass Jack vorhatte, nach Italien zu ziehen. Dort hatte er Verwandte, die mit ihm ein Geschäft aufbauen wollten.

Für mich war die Situation ganz anders. Ich nahm die Einladung meines Onkels Eric und meiner Tante Senta, nach Amerika zu kommen, zwar begeistert an, doch ich dachte dabei keineswegs an einen endgültigen Umzug. Im Hinter-

Im Sommer 1951, kurz vor der Abreise in die USA.

kopf war bei mir immer der Gedanke, mich nach ein, zwei Jahren in Amerika vielleicht in Israel niederzulassen. Die Vorstellung, in einem Kibbuz in Israel zu leben und beim Aufbau eines jüdischen Staates mitzuhelfen, hatte etwas Romantisches. Noch wichtiger war jedoch, dass ich zwar wenig über die Realität des Lebens in Israel wusste, doch sicher war, mich in Israel nicht »anders« zu fühlen, und dieses Gefühl der Zugehörigkeit spielte bei meinen Erwägungen über die Zukunft eine wichtige Rolle. Kurz: Ich wusste eigentlich nicht, was ich in den nächsten Jahren tun wollte oder sollte; da ich noch so jung war, schienen mir die nächsten Jahre auch sehr weit entfernt zu sein. Der Gedanke, nach Amerika zu gehen, ob für immer oder nur für ein, zwei Jahre, übte allerdings eine enorme Anziehungskraft auf mich aus.

Die Entscheidung, Deutschland zu verlassen, fiel mir nach der Heirat meiner Mutter mit Jack Rosenholz sehr viel leichter. Sie hatte vor, mit ihm nach Italien zu ziehen. Andernfalls wäre es mir sehr schwer gefallen, sie in Deutschland allein zurückzulassen. Trotz ihrer Wiederverheiratung war es für meine Mutter nicht leicht, sich mit der erneuten Trennung von mir abzufinden. Sie stimmte zwar zu, dass ich in Amerika eine bessere Zukunft hätte, und versuchte auch nicht, mich davon abzubringen, Deutschland zu verlassen, aber sie hoffte dennoch, dass ich im Lauf weniger Jahre wieder nach Europa zurückkehren würde. Wahrscheinlich glaubte auch ich damals daran. Während dieser Zeit lagen wir beide nachts oft wach und machten uns Gedanken darüber, was wir tun sollten. Es stellte sich dann heraus, dass einige der Probleme, die uns damals so schreckliches Kopfzerbrechen bereiteten, ganz leicht zu lösen waren. In den Jahren nach meiner Auswanderung in die Vereinigten Staaten konnte ich meine Mutter

Gerda Buergenthal in Triest/Italien (1957).

fast jedes zweite Jahr in Italien besuchen, weil ich auf Fracht-
schiffen über den Atlantik reisen konnte, die mich nichts
kosteten. Auch meine Freunde in Göttingen konnte ich auf
diesen Reisen besuchen.

Meine Mutter hatte ein wunderbares Leben in Italien und war dort sehr glücklich. Und nachdem ich mein Studium beendet und geheiratet hatte, besuchten sie und Jack uns regelmäßig in Amerika. Nach der Geburt unserer Söhne wurden diese Besuche sogar noch häufiger, denn in demselben Maß, in dem sich meine Mutter zuvor für mich interessiert hatte, standen nun plötzlich die Enkelkinder im Mittelpunkt ihrer Aufmerksamkeit. Jetzt, da ich selbst Großvater bin, verstehe ich das; doch damals betrachtete ich ihr Verhalten mit einer gewissen Eifersucht, aber auch sehr viel Amüsement. Ich bin sehr dankbar, dass meine Söhne noch Gelegenheit gehabt haben, ihre Oma kennenzulernen, die eine ganz besondere Frau war.

Als ich mich erkundigte, welche formalen Schritte zur Einreise in die USA nötig waren, erfuhr ich, dass es für mich sinnvoller war, als Einwanderer eine Aufenthaltsgenehmigung zu bekommen, als einen Antrag für ein Besucher- oder Studentenvisum zu stellen. Es gab eine Aufnahmequote für Flüchtlingskinder mit festgelegten Kriterien, die ich alle erfüllte. Damals gab es in den Vereinigten Staaten ein sehr strenges Quotensystem bei der Aufnahme von Immigranten. Ausschlaggebend war nicht die Nationalität, sondern der Geburtsort. Da ich in der Tschechoslowakei geboren wurde, wäre ich unter die tschechoslowakische Quote gefallen, was bedeutet hätte, dass man mich auf eine lange Warteliste setzte. Im Unterschied dazu war bei den Flüchtlingskindern noch viel Platz. Ich beantragte also ein Visum als Flüchtlingskind und erhielt es nach kurzer Wartezeit.

Ein, zwei Monate später wurde ich aufgefordert, mich in ein Durchgangslager in Bremerhaven zu begeben. Dort blieb ich etwa zwei Wochen. Ein Arzt untersuchte mich, und ich wurde von Beamten der amerikanischen Einwanderungsbehörde befragt. Die ganze Zeit war meine Mutter bei mir. Sie freute sich für mich, denn sie sah, wie sehr ich mich auf die bevorstehende Reise freute, andererseits war sie auch traurig bei dem Gedanken, mich eine lange Zeit nicht sehen zu können. Für damalige Verhältnisse schien Amerika sehr weit weg, und ich habe sicher eine nur unzulängliche Vorstellung davon, wie schwer die bevorstehende Trennung für sie gewesen sein muss. Immer wieder gab sie mir alle möglichen mütterlichen Ratschläge, angefangen damit, dass ich mich im Winter warm genug anziehen und ausreichend essen sollte, und so weiter. Einer dieser Ratschläge amüsiert mich heute noch. »Denk immer daran, Tommy«, sagte sie mehr als einmal, »es ist besser, viele Freundinnen zu haben als nur eine. Das wird verhindern, dass du zu jung heiratest.« Leider konnte ich diesen Rat nicht konsequent befolgen. Auf dem Schwarzmarkt hatte sie einen Fünfzigdollarschein erstanden – damals eine Menge Geld. Sie sagte, ich solle ihn in meinem Schuh verstecken, damit er bei der Einreise in die Vereinigten Staaten nicht beschlagnahmt würde. Wahrscheinlich nahm sie an, dass man in Amerika wie in Europa damals Reisende nach Fremdwährungen durchsuchte. Ich tat, wie geheißen, und kann heute nur mutmaßen, wie dieser Geldschein bei meiner Ankunft gerochen haben muss – angesichts der Tatsache, dass die sanitären Verhältnisse auf unserem Schiff sehr zu wünschen übrig ließen. Jahre später, als ich das berühmte Diktum des Kaisers Vespasian las, dass Geld nicht stinke, dachte ich an den Fünfzigdollarschein in meinem Schuh. In diesem Fall befand sich Vespasian definitiv im Irrtum.

Während meines Aufenthalts im Durchgangslager in Bremerhaven passierte nicht viel. Das Lager war voller Flücht-

linge aus ganz Europa. Unter ihnen befand sich auch eine
große Zahl von Bauern und Arbeitern aus Osteuropa und der
Sowjetunion. Viele dieser Menschen waren als Zwangsarbeiter oder Kriegsgefangene nach Deutschland gebracht worden.
Ich erfuhr später, dass es in dieser Gruppe höchstwahrscheinlich auch Kollaborateure der Nazis gab, die während des Krieges als Polizisten und Lagerwächter gedient hatten und nun
behaupteten, ebenfalls Zwangsarbeiter in Deutschland gewesen zu sein. Eine weitere Flüchtlingsgruppe bestand aus Leuten, die nach dem Krieg aus verschiedenen osteuropäischen
Ländern geflohen waren, nachdem die Regierungen dieser
Länder von den Kommunisten übernommen worden waren.
Viele von ihnen waren Akademiker – Rechtsanwälte, Professoren, Lehrer und Ärzte. Da ich Deutsch und Polnisch und
mein Schulenglisch sprach, wurde ich ab und zu gerufen und
musste bei den Gesprächen der amerikanischen Beamten mit
den Ausreisewilligen dolmetschen. Ich brauchte nicht lange,
um zu erkennen, dass es für diejenigen, die sich als Bauern
und Arbeiter ausgaben, nicht schwer war, die ihnen gestellten
Prüfungsfragen richtig zu beantworten. Flüchtlinge, die ihre
Länder aus politischen Gründen verlassen hatten und im Allgemeinen gebildeter waren, fragte man detailliert nach ihrem
Hintergrund und ihren politischen Ansichten. Bei denjenigen, die behaupteten, Zwangsarbeiter gewesen zu sein, lief der
Auswahlprozess gewöhnlich so ab, wie ich ihn einmal selbst
als Dolmetscher miterlebte: Zunächst wurde der potenzielle
Einwanderer gefragt, wie lange er in die Schule gegangen sei.
Die Antwort war: »Zwei Jahre und drei Monate.« Es folgten
eine Reihe weiterer Fragen zum gleichen Thema. Dann fragte der Beamte der Einwanderungsbehörde, welchen Beruf
der Befragte vor seiner Zeit in Deutschland in seinem Hei-

matland Polen ausgeübt habe. »Ich habe auf dem Hof eines Großgrundbesitzers Schweine gehütet«, lautete die Antwort. Dann wurde er gefragt, wie viele Ferkel eine Sau pro Wurf haben konnte. Wenn er diese Frage korrekt beantwortete – ich habe mich seither immer gefragt, ob der Beamte selbst wohl die richtige Antwort wusste –, wurde ihm erklärt, dass er das Aufnahmeverfahren bestanden habe. Überraschend war für mich, dass der Beamte nie wirklich herauszufinden versuchte, wo der Befragte sich während des Krieges aufgehalten und welche Arbeit er verrichtet hatte.

Die Fragen, die die Beamten der Einwanderungsbehörde stellten, zeigten mir, dass sie kein wirkliches Interesse daran hatten herauszufinden, ob es unter den Ausreisewilligen Nazikollaborateure gab oder nicht. Ihr eigentliches Augenmerk war darauf gerichtet, Kommunisten oder Leute mit linken Ansichten auszusieben. Erst später erfuhr ich, dass die Vereinigten Staaten in den frühen neunzehnhundertfünfziger Jahren, als der Kalte Krieg immer heißer wurde und Senator McCarthy seine Hexenjagden veranstaltete, Tausende von Immigranten aus Osteuropa einreisen ließen, darunter nicht wenige, die mit der nazideutschen Besatzungsmacht zusammengearbeitet hatten. Erst viele Jahre später begann die Regierung, Einwanderer abzuschieben, die erwiesenermaßen in der Nazizeit Kriegsverbrechen begangen hatten, und es wurde entdeckt, dass einige dieser Leute in die Vereinigten Staaten einwandern konnten, weil die Beamten der Einwanderungsbehörde damals so schludrig gearbeitet hatten. Für mich war das keine Überraschung.

Die Reise nach Amerika dauerte etwa zehn Tage. Kürzlich fand ich unter meinen Papieren ein Exemplar des hektographierten Informationsblatts, das auf unserem Schiff hergestellt und verteilt wurde, eine Gedenkedition der *Greely News*. Darin war zu lesen, dass sich 1271 Flüchtlinge an Bord der *General Greely* befanden. Sie stammten aus zwanzig verschiedenen Ländern und gehörten zehn verschiedenen Religionen an. Die größte Gruppe waren die Katholiken mit 743 Personen, die kleinste waren die Baptisten, zu denen nur zwei Leute gehörten. Außerdem gab es 50 Juden, 16 Buddhisten und acht Muslime; die übrigen Passagiere gehörten anderen christlichen Gemeinschaften an. In vielerlei Hinsicht war die Zusammensetzung der Einwanderer auf unserem Schiff für die damalige Zeit charakteristisch. Ich hatte noch nie Menschen aus so unterschiedlichen Ländern auf einem Fleck gesehen und machte viele Fotos. Besonders fasziniert war ich von einer Kalmückenfamilie, die für mich chinesisch aussahen, aber Russisch sprachen. Sie kamen aus dem asiatischen Teil der Sowjetunion und hatten ebenfalls Verwandte in New Jersey, bei denen sie in der ersten Zeit unterkommen konnten. Ich erfuhr nie, auf welche Weise sie nach Deutschland gekommen waren.

Die meisten von uns schliefen in den unteren Decks in vierstöckigen Betten. Der Zwischenraum zwischen den einzelnen Etagen war klein, sodass man in seinem Bett kaum aufrecht sitzen konnte. Als wir an Bord kamen, wurden wir davon in Kenntnis gesetzt, dass wir alle zu arbeiten hätten. Wir sollten beim Schrubben der Decks mithelfen, Toiletten putzen, Wände weißen und so weiter. Ich war mir sicher, dass es auch interessantere Tätigkeiten gab und dass ich versuchen musste, eine solche Arbeit zu bekommen. Sobald ich dann erfuhr, dass es während der gesamten Reise über den Schiffslautsprecher Durchsagen in verschiedenen Sprachen geben würde, meldete ich mich für diese Aufgabe und wurde engagiert. Ich sollte die

Ansagen in Polnisch und in Deutsch machen. Dann stellte es sich heraus, dass ich mich auch als deutschsprachiger Redakteur des schiffseigenen Informationsblattes eignete. Diese beiden wichtigen Aufgaben berechtigten mich, auf dem Oberdeck in einer sehr angenehmen Doppelkabine zu arbeiten. Da der Schiffslautsprecher sich auf der Brücke befand, durfte ich mich sogar in diesem Teil des Schiffes aufhalten, der für alle anderen Passagiere verboten war. Bald hatte ich den Kapitän und die diensthabenden Offiziere kennengelernt, und mit ihrer Erlaubnis durfte ich mich auch nach der Verlesung meiner Nachrichten auf der Brücke aufhalten. Alle beantworteten bereitwillig meine Fragen nach den Navigationsinstrumenten an Bord. Einmal erzählte mir der Kapitän Niels H. Olsen voller Stolz, dass er als junger Mann aus Dänemark nach Amerika gekommen sei, ohne ein Wort Englisch zu sprechen, und dass er in seiner Wahlheimat sehr viel Gutes erfahren habe. Auch mir, so versicherte er mir, winkten in Amerika Glück und Erfolg.

Den Köchen der *General Greely* verdanke ich meinen ersten Eindruck von der amerikanischen Küche. Die Mahlzeiten wurden in der Messe serviert, an langen, erhöhten Metalltischen. Wir aßen im Stehen und mussten unsere Tabletts festhalten, wenn das Schiff sich zur einen oder anderen Seite neigte. Bei rauer See landeten die Tabletts unaufmerksamer Passagiere mit einem lauten Krachen am anderen Ende des Raums. Unser typisch amerikanisches Frühstück bestand aus Schinken mit Eiern, Milch, Kaffee und einer kleinen Schachtel Cornflakes. Letztere bereiteten mir und vielen anderen Probleme, denn wir hatten keine Ahnung, um was es sich handelte und wie man es aß. Schließlich sagte ich mir, dass es eine Art amerikanisches Dessert sein müsse, und nahm die Schachtel mit aufs Oberdeck, wo ich die Cornflakes wie süße Kekse einzeln aufaß. Ich war beileibe nicht der Einzige, der Schwierigkeiten mit dieser amerikanischen Spezialität hatte, denn man sah auf allen Decks Passagiere, die nach dem Frühstück die trockenen Cornflakes mit der Hand aßen. Ein- oder zweimal bekamen wir zum Mittag- oder Abendessen Truthahnfleisch. Gewöhnlich gab es dazu eine Beilage, die ich für Karotten hielt. Den ersten Bissen bekam ich jedoch kaum hinunter, denn ich hatte noch nie Süßkartoffeln gegessen. Nicht nur, dass sie gar nicht nach Karotten schmeckten – meinem Lieblingsgemüse –, sie erinnerten mich auch an Rüben, und ich hatte mir geschworen, nie wieder Rüben zu essen, wenn ich den Krieg überlebte. Erst später entwickelte ich Geschmack für die Süßkartoffeln, die man in Amerika gewöhnlich zu Weihnachten und Thanksgiving auf den Tisch bringt. Allerdings werden sie dann meist auf eine wesentlich wohlschmeckendere Art zubereitet, als es damals auf dem Schiff der Fall war.

Am Abend des 3. Dezember 1951 machte unser Schiff im Hafen von New York fest. Bis zum nächsten Morgen mussten wir an Bord bleiben. Die Skyline von New York leuchtete in den unterschiedlichsten Farben. Wir passierten die Freiheitsstatue, die für mich bis heute Symbol des herzlichen Empfangs in Amerika ist. New York bei Nacht zu sehen ist immer eine ganz besondere Erfahrung, gleichgültig, wie oft man sie schon gemacht hat. Doch wenn man die Stadt zum ersten Mal sieht und wenn man gerade erst ein düsteres Europa hinter sich gelassen hat, das noch dabei war, sich von den Verwüstungen des Krieges zu erholen, ist es eine wahrhaft atemberaubende Erfahrung. Ich werde diesen Moment nie vergessen. Als ich hinaussah auf diese riesige Stadt, die im Glanz von Millionen Lichtern glitzerte, schossen mir viele Gedanken und Bilder durch den Kopf. Da gab es den immer wiederkehrenden Traum, den ich in Sachsenhausen gehabt hatte, dass einer der alliierten Bomber auf dem Weg nach Berlin einen langen Haken herablassen, meine Baracke daran aufhängen und mich nach Amerika bringen würde. Dieser Traum war schließlich wahr geworden, wenn auch in einer weniger märchenhaften Weise. Ich fragte mich zudem, nicht ohne einen gewissen Schauder zu verspüren, welches Leben ich in Amerika führen würde, wann ich meine Mutter wiedersehen würde und ob ich richtig gehandelt hatte, als ich Göttingen verließ. Doch je länger ich an der Reling des Schiffes stand und mich von dem Himmel verzaubern ließ, der in den Farben der vielen Lichter der Stadt glänzte, desto deutlicher wurde die Erinnerung an Auschwitz, und ich sah plötzlich den rötlich-braunen Rauch wieder vor mir, der aus den Schornsteinen der Krematorien quoll. Blitzartig zog mein bisheriges Leben an meinem inneren Auge vorbei – Kielce, Auschwitz, der Todestransport, Sachsenhausen. Da wusste ich auf einmal, dass ich mich von dieser Vergangenheit nie völlig würde befreien können und dass sie mein Leben für immer prägte. Doch ich wusste auch, dass ich nicht zulassen würde, dass die Vergangenheit das neue Leben, an dessen Schwelle ich nun stand, beeinträchtigte oder gar zerstörte. Im Gegenteil: Sie würde meine Zukunft erhellen und ihr Bedeutung verleihen.

Überleben. Einige Gedanken

In den sechs Jahrzehnten, die seit dem Ende des Zweiten Weltkriegs und meiner Befreiung vergangen sind, habe ich mich oft gefragt, warum und wie es mir gelang, die Lager zu überleben. Anlass dieser Überlegungen waren nicht Schuldgefühle, dass ich davonkam, während so viele andere umgekommen sind. Meine Gedanken konzentrierten sich vielmehr auf die Umstände, die mir das Überleben ermöglichten. Wenn es ein Wort gibt, das die Schlussfolgerungen zusammenfasst, zu denen ich immer wieder kam, so ist es Glück. Doch Glück ist nur die Formel für eine Vielzahl von miteinander verknüpften Faktoren, denen ich meine Rettung verdankte. Dazu gehört zunächst die Tatsache, dass ich während der Zeit des Ghettos und des Arbeitslagers in Kielce mit meiner Mutter und meinem Vater zusammen war, die mich nicht nur beschützten, sondern mir auch die wesentlichen Dinge zum Überleben beibrachten. In der Anfangszeit in Auschwitz, nachdem ich bereits von meiner Mutter getrennt war, hatte ich immer noch meinen Vater an meiner Seite. Ich bekam stets Anweisungen von ihm, wie ich verhindern konnte, in der Gaskammer zu enden. Natürlich war die Tatsache, dass ich bei der Ankunft in Auschwitz nicht den tödlichen Selektionsprozess über mich ergehen lassen musste, ein besonderes Glück. Wenn es eine Selektion gegeben hätte, wäre ich nie ins Lager hineingelangt, und das wäre das Ende meiner Geschichte gewesen.

Ganz auf mich gestellt, half mir in Auschwitz und dann in

Zurück in Auschwitz-Birkenau: 55 Jahre nach Beginn
des berüchtigten »Todesmarsches«.

Sachsenhausen, dass ich, inzwischen etwas älter, ein echtes Lagerkind geworden war, das heißt, dass ich die Tricks gelernt hatte, die ich zum Überleben brauchte. Ich gebrauche bewusst den Ausdruck »Lagerkind«, weil ich immer den Eindruck hatte, dass meine Überlebensinstinkte nicht viel anders waren als die der »Straßenkinder« etwa in Lateinamerika, die jeden Tag vielen Gefahren und Entbehrungen ausgesetzt sind. Diese Kinder sind oft im gleichen Alter oder sogar jünger, als ich damals war. Ich weise stets auf sie hin, wenn Freunde sich überrascht darüber zeigen, wie jung ich damals war. Kinder, selbst relativ kleine Kinder lernen, schlau und gerissen zu sein, wenn die Umstände es erfordern, und sie lernen schnell, wenn es darum geht, den nächsten Tag zu überleben. Als meine eigenen Kinder so alt waren wie ich in jener Zeit, fragte ich mich oft, ob diese verwöhnten amerikanischen

Sprösslinge oder die Kinder meiner Freunde es in ähnlichen Umständen ebenfalls geschafft hätten, sich zu retten. Jetzt bin ich immer mehr davon überzeugt, dass auch sie mit einigem Glück davongekommen wären, denn der Überlebensinstinkt von Kindern ist stark genug, dass sie in der Lage sind, sich den Erfordernissen ihrer Umgebung anzupassen. Natürlich half mir, dass ich eine relativ lange Trainingsphase hatte. Wer weiß, ob ich es geschafft hätte, wenn ich direkt aus einem ganz normalen bürgerlichen Milieu nach Auschwitz gekommen und unvermittelt mit den brutalen Lagerbedingungen konfrontiert gewesen wäre. Es war wiederum Glück, daß mein Abstieg in die Hölle stufenweise verlief – während ich diese Worte niederschreibe, ist mir durchaus klar, wie grotesk das Wort »Glück« hier klingt, doch in diesem Zusammenhang war es nichts anderes.

Vermutlich war es für mein Überleben außerdem nicht unerheblich, dass ich akzentfrei und fließend Deutsch und Polnisch sprach und nicht jüdisch aussah. Mein Deutsch half mir bei einer Reihe von Gelegenheiten ebenso wie meine »arischen« Gesichtszüge, das glaube ich zumindest. Vielleicht erinnerte ich einige der Nazioffiziere an ihre eigenen Kinder. Dies mag auch zu der Entscheidung des Lagerkommandanten von Kielce beigetragen haben, der mich am Leben ließ, als ich ihm sagte, ich könne arbeiten. Dass ich Polnisch sprechen konnte, erwies sich ebenfalls bei vielen Gelegenheiten als nützlich. Alle diese Faktoren zusammengenommen spielten zweifellos für mein Überleben eine Rolle, und die meisten waren völlig zufällig.

Hin und wieder werde ich gefragt, ob ich jemals unter dem so genannten KZ-Syndrom oder Survivor Syndrome gelitten hätte, das offenbar einige Überlebende dazu bringt, sich selbst

immer wieder quälende Vorwürfe zu machen, weil sie überlebten, während so viele andere, besonders Mitglieder ihrer
Familien, umgekommen sind. Das KZ-Syndrom hat einige
Überlebende dazu gebracht, Selbstmord zu begehen; andere
leiden unter gravierenden psychologischen Problemen. Diese
Gefühle habe ich nie gehabt. Ich weiß nicht, warum das so
ist, doch wenn ich eine Hypothese äußern sollte, würde ich
es dem instinktiven Glauben von Kindern an ihre Unsterb-
lichkeit und ihr Recht zu leben zuschreiben. Etwas anderes
mag ebenfalls ins Gewicht fallen. Ich betrachtete mein persönliches Weiterleben immer als reine Glückssache; Überleben und Nichtüberleben sah ich als Fügungen des Zufalls,
über die ich keine Kontrolle hatte und wofür ich folglich auch
nicht verantwortlich war. Wie sonst soll man die Tatsache
erklären, daß ich keine Diphtherie bekam, obwohl ich das
Bett mit meinem Freund teilte, der diese äußerst ansteckende
Krankheit hatte? Man könnte natürlich einwenden, daß mein
Vertrauen auf das Glück zur Erklärung meines Überlebens
selbst nur ein Abwehrmechanismus gegen die seelischen Ver-
letzungen ist, von denen die unter dem KZ-Syndrom Leiden-
den heimgesucht werden. Und doch stimmt es, dass Glück
sehr viel mit meinem Überleben zu tun hatte.

Ich habe mich auch hin und wieder gefragt, warum ich
sehr ungezwungen und offen über meine Lagererfahrungen
sprechen und schreiben kann, während ich nicht in der Lage
bin, Filme über den Holocaust zu sehen oder Bücher zu lesen, die sich damit beschäftigen. Das heißt nicht, dass es beim
Schreiben dieser Erinnerungen nicht Momente gab, in denen
ich nur mit Mühe meine Fassung bewahren konnte. Als ich
zum Beispiel das Wiedersehen mit meiner Mutter oder die Ermordung von Ucek und Zarenka beschrieb, stiegen mir Tränen

in die Augen. Im Großen und Ganzen sprudelte die Geschichte jedoch einfach aus mir heraus. Vor Beginn der Niederschrift hatte ich befürchtet, dass einige meiner Auschwitz-Albträume wiederkehren könnten, wenn ich erst einmal anfing, mich an scheinbar längst vergessene Ereignisse zu erinnern, doch das war nicht der Fall. Ganz anders ging es meiner Mutter. Als meine Kinder sie baten, von einigen ihrer Erfahrungen während des Holocaust zu erzählen, begann sie zu schreiben, musste ihren Bericht jedoch nach den ersten Seiten abbrechen. Sie sagte ihnen danach, dass sie schon bei den ersten Sätzen zu weinen angefangen habe und nicht mehr weiterschreiben konnte. Und doch konnte sie mündlich recht frei über diese Ereignisse berichten. Wie soll man diese Eigenarten der Seele erklären? Natürlich beraubte der Holocaust meine Mutter der besten Jahre ihres Lebens, und obwohl sie nach dem Krieg ein relativ behagliches Leben führte, war es sicher nicht das normale glückliche Leben, das sie wahrscheinlich hätte haben können. Als sie anfing, ihren Enkeln von ihren Erfahrungen während des Krieges zu erzählen, stiegen all die unterdrückten Gefühle wieder in ihr auf. Von diesem Standpunkt aus gesehen, waren die Auswirkungen meiner Vergangenheit auf mein späteres Leben gering.

Im Lauf der Jahre lösten zeitgenössische Ereignisse immer wieder Erinnerungen an meine Lagererfahrungen in mir aus. Während des Balkankrieges in den 1990er Jahren zum Beispiel gab es im Fernsehen ständig Kolonnen erschöpfter Menschen zu sehen, die aus den Kampfzonen flohen. Beim Betrachten dieser Szenen erkannte ich mich selbst in den entsetzten Gesichtern der Kinder. Die Fernsehbilder brachten Erinnerungen an deutsche Panzer auf polnischen Landstraßen zurück, wo wir Flüchtlinge uns in unserer kleinen Gruppe voller Angst aneinanderdrängten. Bei der Befragung der einzigen Überlebenden des El-Mozote-Massakers in El Salvador, die uns erzählte, wie die Ermordung von etwa fünfhundert Männern, Frauen und Kindern vor sich ging, fühlte ich mich zurückversetzt in die Zeit der Liquidierung des Ghettos von Kielce; ich hörte wieder die Schüsse und Schreie um uns herum, als die Kranken und Gebrechlichen umgebracht wurden. Ein anderes Mal, als ich in El Salvador den Hof eines Anwesens inspizierte, in dem eine Reihe von Jesuiten hingerichtet worden waren, erzählte man mir, dass der Blick auf einen Aussichtsturm in einiger Entfernung, der für meine Untersuchung relevant war, von Rosenbüschen behindert werde, die man nach dem Tod der Priester gepflanzt hatte. Als ich versuchte, durch die Zweige dieser Rosen zu spähen, standen mir plötzlich die schönen Feldblumen vor Augen, die ich ein Jahr zuvor bei einem Auschwitzbesuch gesehen hatte. Die Blumen bedeckten den einst kahlen Boden des Lagers, als versuchten sie, die grausigen Verbrechen zu verdecken, die dort begangen worden waren, genau wie die Rosen in jenem Hof in El Salvador den Mord an den unschuldigen Priestern zu verbergen versuchten. Einige Jahre zuvor hatte ich in San José, Costa Rica, eine ganz ähnliche Erfahrung gemacht. Ich hörte die Aussage eines Zeugen vor dem Interamerikanischen Gerichtshof für Menschenrechte, die sich auf das gewaltsame Verschwinden von Menschen, Folter und Morde in Honduras bezog. Während ich dem Zeugen zuhörte, musste ich an die brutalen Schläge in jener Baracke in Auschwitz denken, unter denen Spiegel zusammengebrochen war; an die Ermordung der jungen Polen, die man bei Plünderungen während der Liquidierung des Ghettos von Kielce ertappt hatte; und an die Gefangenen in Henryków, die nach ihrem Fluchtversuch zuerst entsetzlich verprügelt und dann gehängt worden waren.

Diese und ähnliche Erinnerungen haben mich häufig bei meinen Menschenrechtsaktivitäten begleitet. Während ich als Richter oder Ermittler in Menschenrechtsverfahren tätig war, fragte ich mich immer wieder, was in uns Menschen es ist, das uns erlaubt oder uns dazu treibt, auf solch grausame und brutale Weise zu handeln – in voller Absicht benutzte ich nicht das Wort »unmenschlich«, um diese furchtbaren, von Menschen begangenen Taten zu beschreiben. Das Erschreckende ist, dass diejenigen, die solche Taten begehen, zum größten Teil keine Sadisten sind, sondern gewöhnliche Menschen, die abends nach Hause gehen zu ihren Familien, sich die Hände waschen, bevor sie sich im Kreis ihrer Lieben zum Abendessen an den Tisch setzen, als ob ihr Tun ein Job wäre wie jeder andere. Erschreckend ist es, dass wir Menschen uns so einfach das Blut unserer Mitmenschen von den Händen waschen können. Welche Hoffnung gibt es dann, dass wir zukünftigen Generationen eine Wiederholung von Genozid und Massenmord ersparen können? War der Holocaust lediglich ein Trainingslauf für die nächste Runde von Völkermorden? Das alles macht mir Sorgen, besonders wenn ich von neuen Gräueltaten höre oder sehe, wie sie in irgendeinem Teil der Welt begangen werden. Meistens jedoch zwinge ich mich, die Hoffnung nicht aufzugeben und weiterhin zu glauben, dass Gesetze und juristische Institutionen eingesetzt werden können, um zu verhindern, dass die schreckliche Vergangenheit, die einige von uns durchleben mussten, sich wiederholt. Den Hauptteil meines beruflichen Lebens habe ich diesem Ziel gewidmet.

Zweifellos hat meine Lagererfahrung viel mit meinem späteren Berufsleben und mit meiner allgemeinen Haltung dem Leben gegenüber zu tun. Anders als die meisten meiner ehemaligen Kommilitonen hat mich die herkömmliche Ausübung meines Berufs nie wirklich interessiert. Das, was Juristen in den meisten Ländern tun – Kriminelle verteidigen oder anklagen, Mandanten in zivilrechtlichen Prozessen vertreten, Hilfestellungen geben beim Aufbau von Körperschaften –, hat mich immer wenig interessiert. Stattdessen zog es mich zum Völkerrecht und zu den Menschenrechten, weil ich glaubte, etwas naiv zunächst, man könne zukünftigen Generationen die schrecklichen, von Nazideutschland über die Welt verhängten menschlichen Tragödien ersparen, wenn man jene Bereiche des Rechts stärkt. Ich wollte Teil dieser großen Aufgabe sein, weil es immer sehr wichtig für mich war, dass wir dieses Ziel erreichen. Natürlich sind meine Erwartungen nach Kambodscha, Ruanda, Darfur und den vielen anderen entsetzlichen Menschenrechtsverletzungen sehr gedämpft worden, doch keineswegs meine Begeisterung für das Völkerrecht und den internationalen Schutz der Menschenrechte. Vor langer Zeit schon kam ich zu dem Schluss, dass der Weg zu einer Welt, in der Menschen in Frieden und in Würde zusammenleben können, lang ist und man dennoch Schritt für Schritt darauf hinarbeiten muss, ohne durch Fehlschläge als Zyniker zu enden. Die Tatsache, dass wir in den letzten Jahrzehnten das Ende der Apartheid in Südafrika erleben konnten, den Zusammenbruch der Sowjetunion und den Sturz so vieler unterdrückerischer Regime, besonders in Lateinamerika, half mir, eben nicht dem Zynismus zu verfallen, den ich für einen starken Feind des Fortschritts auf dem Gebiet der Menschenrechte halte. Wir können einfach nicht aufhören mit dem Versuch, eine Welt zu schaffen, die sich auf Recht und Gerechtigkeit gründet, ganz gleich, wie langsam wir dabei vorankommen.

Anhang

Historische Anmerkungen

SEITE 17 **durchquerten wir die Tschechoslowakei:** Bis 1989 bestand die Tschechoslowakei (Ceskoslovenska Socialistická Republika CSSR) aus den beiden Nationalstaaten der tschechischen und slowakischen sozialistischen Republik unter der Führung der kommunistischen Partei der CSSR. Die ersten Reformversuche zur Liberalisierung und Demokratisierung des Landes begannen bereits im März 1968 unter dem 1. Sekretär der Kommunistischen Partei Alexander Dubcek. Nach der Niederschlagung des so genannten Prager Frühlings im August 1968 durch die militärische Intervention der Truppen des Warschauer Paktes (außer Rumänien), entwickelte sich eine Dissidentenbewegung unter maßgeblicher Mitwirkung von Intellektuellen, u. a. des Dramaturgen Václav Havel. Die seit 1975 mehr und mehr erstarkende oppositionelle Bürgerrechtsbewegung (»Charta 77«) wurde von der Regierung zwar bekämpft, gewann jedoch immer mehr Sympathie unter der Bevölkerung. Unter der Führung der Bürgerrechtsbewegung begann am 17. November 1989, acht Tage nach dem Fall der Berliner Mauer, die so genannten samtene Revolution. Die kommunistische Führung trat ohne Blutvergießen ab, und Václav Havel wurde am 29. 12. 1989 zum Staatspräsidenten gewählt. 1990 entstand die Föderative Tschechische und Slowakische Republik (ČSFR). National separatistische Bewegungen in der Slowakei führten 1993 zur Trennung beider Nationalstaaten.

SEITE 17 **kamen wieder Brote von oben:** Die von tschechischer Seite geleistete Hilfe für die Häftlinge auf den Evakuierungszügen war keine organisierte Aktion. Ähnlich wie es Thomas Buergenthal darstellt, schildern auch andere Zeitzeugen in ihren Erinnerungsberich-

249

ten die von der tschechischen Bevölkerung beim Anblick der brutalen Behandlung der Evakuierten spontanen Hilfeleistungen. Das SS-Begleitpersonal der Evakuierungszüge versuchte diese Hilfe zu verhindern, indem es sowohl auf Häftlinge als auch auf tschechische Helfer schoss. Gefangene, denen es gelang, auf tschechischem Gebiet von den Waggons zu fliehen, wurden vielfach von der einheimischen Bevölkerung versteckt. Da das so genannte Protektorat Böhmen und Mähren bis Anfang Mai 1945 von Deutschen besetzt war, wurden solche Aktionen geahndet. Wie viele Tschechen aufgrund ihrer Hilfeleistung inhaftiert oder mit dem Tode bestraft wurden, ist nicht bekannt.

SEITE 19 **mit seinem Freund Erich Godal** (1899–1969): Karikaturist, Illustrator, Werbegraphiker. Godal war in den zwanziger Jahren Mitarbeiter des »8-Uhr-Abendblatts« und des satirischen Magazins »Uhu«. Godal floh 1933 in die Tschechoslowakei und arbeitete für verschiedene deutsche Zeitungen in Prag, bis er 1935 in die USA emigrierte. Als freier Werbegraphiker, aber auch als politischer Karikaturist verschiedener Zeitungen und Zeitschriften lebte er in New York und Los Angeles, bis er 1954 nach Deutschland zurückkehrte. In Hamburg arbeitete er als Buchillustrator und war Mitarbeiter des »Hamburger Abendblattes«, der »Welt am Sonntag« und der Frauenzeitschrift »Constanze«. Seine Autobiographie erschien 1969 in Romanform unter dem Titel: »Kein Talent zum Tellerwäscher.«

SEITE 24 **während des Russisch-Polnischen Kriegs:** Die nach dem Ersten Weltkrieg wiedererstandene Republik Polen erhob seit 1919 territoriale Ansprüche auf Teile Weißrusslands, Litauens und der Ukraine. Der Russisch-Polnische Krieg 1919/20 wurde ausgelöst durch militärische Vorstöße Polens nach Weißrussland und in die Ukraine. Im Mai 1920 drangen polnische Truppen bis nach Kiew (Ukraine) vor. Die Gegenoffensive der Roten Armee, die daraufhin bis Warschau vorstieß, konnte von polnischer Seite im August 1920 niedergeschlagen werden. Der so genannte Rigaer Frieden (März 1921) legte die Ostgrenze Polens fest und bestätigte der Republik einen territorialen Zugewinn, der mehr als 200 km über die nach dem Ersten Weltkrieg festgesetzte Demarkationslinie (Curzon-Linie) verlief.

SEITE 30   **dass die Hlinka-Garde, eine faschistische Miliz:** Das Territorium der Tschechoslowakei, das bis Ende des Ersten Weltkrieges zu Österreich-Ungarn gehörte, gründete sich Ende Oktober 1918 aus den Gebieten Böhmen, Mähren, Schlesien, der Slowakei und Karpatorussland. Nach dem Münchner Abkommen (29./30.9.1938) verfügten die Staatschefs Italiens, Frankreichs, Großbritanniens und des Deutschen Reichs die Abtretung des Grenzgebiets Mähren, die so genannten Sudetengebiete, bis zum 10.10.1938 an das Deutsche Reich. Auf Druck der deutschen Regierung trennte sich der slowakische Teil und proklamierte am 14.3.1939 die Slowakei als selbständigen Staat. Am 14./15.3.1939 besetzten deutsche Truppen das restliche tschechische Gebiet, während die Slowakei sich unter der Führung des katholischen – und extrem antisemitischen – Priesters Joseph Tiso mit Deutschland verbündete. Unter Präsident Tiso, der auch Vorsitzender der alleinregierenden Hlinka-Volkspartei (HSLS) war und sich selbst »Führer« nannte, agierte die bewaffnete Hlinka-Garde, die die Ziele der HSLS brutal durchsetzte. So war die Hlinka-Garde maßgeblich an antijüdischen Maßnahmen wie Arisierungen, Misshandlungen und Einweisungen von Juden in Arbeitslager und auch an den Deportationen der slowakischen Juden beteiligt.

SEITE 39   **seine polnische Staatsbürgerschaft:** Eine Änderung des polnischen Passgesetzes trat Ende Oktober 1938 in Kraft. Dieses sah vor, dass alle polnischen Staatsangehörigen, die sich länger als fünf Jahre außerhalb Polens aufgehalten hatten, ausgebürgert werden sollten. Anlass dieser Änderung war u.a. der Anschluss Österreichs an das Deutsche Reich, der die polnische Regierung fürchten ließ, ein Großteil der 20 000 polnischen Juden werde nach Polen zurückkehren, um antisemitischen Übergriffen und Verfolgungen zu entgehen. Etwa 10 000 Juden aus dem österreichischen und dem deutschen Staatsgebiet wurden von den polnischen Behörden ins Land gelassen, doch noch ungefähr 8000 Menschen hielten sich im Winter 1938/39 auf deutsch-polnischem Grenzgebiet auf. Da die Familie Buergenthal, wie Thomas Buergenthal es beschreibt, ebenfalls im Winter 1938/39 versuchte, nach Polen zu gelangen, verlor der Vater mit hoher Wahrscheinlichkeit seine polnische Staatsbürgerschaft. Vermutlich hatte die Mutter von Thomas Buergenthal ihre deutsche Staatsbürgerschaft bereits verloren, da ihr Vater, der 1881 in Warschau geboren wurde und 1910 nach Göttingen kam, sich während der Zeit der Weimarer Republik in Deutschland einbürgern ließ, ihm aber aufgrund des »Gesetzes über den Widerruf von Einbürgerungen und die Aberkennung der deutschen Staatsangehörigkeit« vom 14. 7. 1933 (RGBl I, S. 480), die deutsche Staatsbürgerschaft wieder entzogen wurde. Dieses Gesetz zielte vor allem auf eingebürgerte Juden aus Osteuropa, die nach dem Ersten Weltkrieg aufgrund von Vertreibung, Pogromen und Hungerkatastrophen nach Deutschland gekommen waren, wie dies auch in der Verordnung vom 26. 7. 1933 deutlich wird: »Widerruf der Einbürgerung insbesondere von Ostjuden erfolgt, es sei denn, dass sie auf deutscher Seite an der Front gekämpft (…) haben (RGBl 1, S. 538 f.).« Insgesamt wurden etwa 39 000 Einbürgerungen im Deutschen Reich widerrufen. Gerda Buergenthal, die am 28. August 1912 geboren wurde, hatte somit möglicherweise ihre Staatsangehörigkeit kurz vor ihrer Volljährigkeit verloren, bzw. ganz sicher verlor sie sie durch ihre Heirat, da nach dem Personenstandsgesetz vom 3. November 1938 jeder deutschen Frau, die eine Ehe mit einem Ausländer einging, die deutsche Staatsangehörigkeit aberkannt wurde.

SEITE 40   **im März 1939:** Einmarsch der deutschen Truppen in die Tschechoslowakei, siehe auch Anm. *Hinka-Garde*.

SEITE 41 **der erste chassidische Jude:** Der Chassidismus ist eine
jüdische Frommenbewegung, die sich in der 2. Hälfte des 17. Jahrhunderts in Litauen und Polen gegründet hatte. In ihrer mystisch-
volkstümlichen Gottesverehrung und asketischen Lebensweise stre-
ben die Chassidim eine Verinnerlichung des religiösen Lebens an.
Die heute noch aktiven chassidischen Gemeinden mit etwa 200 000
Mitgliedern leben vor allem in den Vereinigten Staaten. Nach dem
Zerfall der Sowjetunion ist ein Wiederaufleben des Chassidismus in
Osteuropa, vor allem in der Ukraine, zu verzeichnen.

SEITE 46 **zum Datum des Einmarsches in Polen:** Am 1.9.1939
begann der *Einmarsch* deutscher Truppen in Polen. Adolf Hitler
rechtfertigte die militärische Offensive mit wiederholten polnischen
Provokationen und Grenzverletzungen, die mit dem vermeintlichen
polnischen Überfall auf den Sender Gleiwitz und dem polnischen
Beschuss eines Zollhauses im Grenzgebiet einen militärischen Ge-
genschlag von deutscher Seite erfordere. Beide Überfälle wurden
jedoch von Deutschen durchgeführt. Deutsche Truppen marschierten – unterstützt von der Luftwaffe – in Polen ein. Am 7. September
standen deutsche Wehrmachtseinheiten vor Warschau, zehn Tage
später rückten russische Truppen in Ostpolen ein. Das überfallene
Land kapitulierte am 27. September 1939. Die zwischen dem Deutschen Reich und der Sowjetunion vereinbarte »Demarkationslinie«
zerbrach die Republik. Das deutsche Herrschaftsgebiet gliederte sich
in die Teile des Reichsgaus Danzig-Westpreußen, des Reichsgaus
Wartheland (mit den Zentren Posen und Lodz) und dem »Generalgouvernement« (mit den Distrikten Warschau, Radom, Krakau und
Lublin). Nach dem deutschen Überfall auf die Sowjetunion im Juni
1941 wurde das Gebiet um Lemberg als 5. Distrikt dem »Generalgouvernement« eingegliedert. Die weißrussischen und ukrainischen
Gebietsteile, die vor 1939 zu Polen gehörten und bei Kriegsbeginn
von russischen Truppen besetzt wurden, fielen an die Reichskom-
missariate Ostland und Ukraine.

SEITE 54 **lebten ungefähr vier Jahre in** *Kielce:* Die Wojewod-schaftshauptstadt *Kielce,* nördlich von Krakau gelegen, entstand im 14. Jahrhundert. Die ersten Juden ließen sich um 1833 in der Stadt nieder, wurden aber 1847 wieder ausgewiesen. Fünf Jahre später gründete sich die erste jüdische Gemeinde und wuchs bis 1909 auf mehr als 11 000 Mitglieder. 1921 zählte Kielce etwa 46 000 Einwoh-ner, darunter 15 500 Juden. Als die Stadt von deutschen Truppen am 4. September 1939 eingenommen wurde, lebten in der Stadt etwa 25 000 Juden, deren Zahl in wenigen Monaten auf 27 000 wuchs, als Juden aus Lodz und Krakau nach Kielce deportiert wurden. (1940 wurden die Juden der Stadt und der Umgebung zwangsumgesiedelt und in Kielce ghettoisiert, an Pessach (jüdisches Ostern) 1941 wur-de das Ghetto geschlossen und von der Außenwelt abgeriegelt.) Ein religiöses und kulturelles Leben in den Ghettos, wie auch der Schul-unterricht, waren untersagt. Durch die Verbringung von Juden aus Posen und Wien stieg die Zahl der Ghettobewohner bis Ende 1941 auf 28 000. Bis zur Auflösung der Ghettos im August 1942 starben mehr als 6000 Juden vor allem an einer Typhusepidemie, aber auch an Hunger und Kälte. Die Ghettoräumung fand vom 20. bis 24. Au-gust 1942 statt. Während die Ghettobewohner zusammengetrieben wurden, erschossen die deutschen Sicherheitskräfte vor allem Kin-der, Frauen und Kranke. Unter diesen 1500 bis 2000 Ermordeten befanden sich auch die Kinder des jüdischen Waisenhauses. 14 500 bis 15 000 Menschen wurden in das Vernichtungslager Treblinka de-portiert und dort direkt nach ihrer Ankunft ermordet. Nur etwa 300 bis 500 Juden gelang die Flucht. Im Ghetto verblieben 1500 bis 2000 Menschen, unter ihnen Ärzte, Judenratsmitglieder und Ordnungs-dienstmänner, die als so genannten »Arbeitsjuden« in Zwangsar-beitslager eingewiesen wurden.

SEITE 54 **Ghetto und den Arbeitslagern:** Innerhalb des Ghettos in Kielce wurde Ende August 1942 das spezielle Arbeitslager in der »Stolarskastraße« eingerichtet. Die etwa 1300 Juden arbeiteten hier

254

in verschiedenen Schneider-, Schuster- oder Möbelwerkstätten wie auch in Steinbrüchen außerhalb der Stadt. Überlebende Ghetto-bewohner erinnerten sich, dass im Lager »Stolarska« auch das geplünderte Hab und Gut der ins Ghetto verbrachten Juden zum Weiterverkauf aufgearbeitet wurde. Am 1. April 1944 wurde das Lager aufgelöst.

Das Arbeitslager »Hasag Granat« (Hugo Schneider AG) existierte vom 2.9.1942 bis 20.8.1944. Hier arbeiteten etwa 500 Juden in Steinbrüchen und Munitionswerkstätten. Die Hasag hatte Ende 1939 im Generalgouvernement eine Munitionsfabrik, eine Granatenfabrik und ein Hüttenwerk übernommen und war 1942 das größte Unternehmen, das hier für die Wehrmacht produzierte. Bis 1945 wurden in den Hasag-Werken schätzungsweise 40000 Juden zur Zwangsarbeit herangezogen. Nach Auflösung des Arbeitslagers wurden die Juden nach Buchenwald oder Auschwitz deportiert.

Die beiden Lager »Henryków« und »Ludwików« (Ludwigshütte) lagen in unmittelbarer Nähe nebeneinander. Während in Henryków die Häftlinge Holzteile für Fuhrwerke herstellen mussten, arbeiteten sie in Ludwików in einer Gießerei. Beide Arbeitslager wurden im Juni 1943 eingerichtet. Nach Auflösung beider Lager, am 1. August 1944, wurden die etwa 750 Juden nach Auschwitz deportiert.

SEITE 56 **ein schabbes goy:** Bezeichnung für einen Nichtjuden, der die für den gläubigen Juden an Fest- und Feiertagen verbotenen Tätigkeiten ausführt.

SEITE 56 **ihre langen pejess** (**Schläfenlocken**): Gläubige Juden rasieren sich nicht die Haare, die seitlich an den Schläfen wachsen. Dies ergibt sich aus dem Gebot nach Leviticus 19,27, dass ein gläubiger Jude sich weder Bart- noch Schläfenhaare schneiden darf.

SEITE 56 **wie die taléjssim** (**Gebetsmäntel**): *Gewandquasten* sind Schaufäden am *Gebetsmantel* eines frommen Juden, den dieser täglich trägt. Das sichtbare Tragen dieser vier Schnüre oder Fransen geht zurück auf Numeri 15, 38–39: »Rede zu den Israeliten und sprich zu ihnen: Sie sollen sich Quasten an die Zipfel ihrer Kleider machen, sie und ihre Nachkommen, und an jeder Zipfelquaste eine Schnur von blauem Purpur anbringen. Und die Quasten sollen für euch dies bedeuten: Wenn ihr sie anseht, sollt ihr euch an all die Gebote Jahwes erinnern, um nach ihnen zu tun und nicht nach den Gelüsten eurer Herzen und eurer Augen abzuschweifen, hinter denen ihr in Untreue her sein möchtet.« (Zit. nach: Jerusalemer Bibel, hrsg. von Diego Arenhoevel u. a., Freiburg 1968.)

SEITE 56 **die t'filu (Gebetsriemen):** Gebetsriemen und Gebetskapseln (hebr. Tefillin) bestehen meist aus Streifen von Leder oder Pergament, die um den Oberarm und auf der Stirn angelegt werden. Die Gebetskapseln bergen auf Pergament geschrieben die vier Verse aus Deuteronomium 6,4 (Höre, Israel). Die Tefillin werden von frommen Juden zum Gebet am Arm und am Kopf angelegt. Die Vorschrift hierfür findet sich in Deuteronomium 11,18: »… bindet sie euch als ein Zeichen an die Hand, ja sie sollen als Marken auf eurer Stirn sein!« (Zit. nach: Jerusalemer Bibel, hrsg. von Diego Arenhoevel u. a., Freiburg 1968.)

SEITE 57 **aus der Thora:** Die fünf Bücher Mose.

SEITE 58 **eher gojim glichen:** Bezeichnung von Nicht-Juden.

SEITE 58 **»jekkes!«:** Jiddisches Scherzwort für deutsche Juden.
SEITE 58 **nannten mich immer wieder »jekke putz«:** Jiddisches vulgäres Schimpfwort.

SEITE 61 **nach der Einrichtung des Ghettos machte der Rat der Jüdischen Gemeinde:** Einer der ersten Schritte bei Errichtung von jüdischen Ghettos war die Installierung eines so genannten Juden-

rates, der als Vertretung vor den deutschen Aufsichtsorganen auf-
trat. Meist handelte es sich um mehrere Personen, die entweder
von den deutschen Besatzungsbehörden bestimmt oder aus den
Reihen der jüdischen Bewohner berufen wurden. Der Judenrat
hatte zum einen auf Weisung der SS-Organe zu handeln, zum an-
dern bestand seine Aufgabe in einer »jüdischen Selbstverwaltung«
des Ghettos. Das bedeutete, dass der Judenrat u.a. die Verteilung
von Wohnraum und Lebensmitteln vornahm, die Alten- und
Krankenpflege sicherte, einen jüdischen Ordnungsdienst (Ghetto-
polizei) aufstellen musste. Als Handlanger missbraucht, waren
die Judenräte gezwungen, der Besatzungsmacht die angeforderten
Zwangsarbeiter zu überstellen. Den Bemühungen des Judenrates,
die jüdische Existenz innerhalb des Ghettos zu sichern, waren somit sehr enge Grenzen gesetzt. Schließlich wurde der Judenrat zu
den Maßnahmen bei der Auflösung des Ghettos herangezogen und
ab Sommer 1942 gezwungen, Namenslisten zur Deportation in die
Konzentrations- und Vernichtungslager zusammenzustellen. Der
erste jüdische Vorsitzende des Ghettos Kielce, Moses Pelc, wurde
nach Auschwitz deportiert, da er sich weigerte, mit den deutschen
Behörden zusammenzuarbeiten Er wurde durch Hermann Levy er-
setzt, der im September 1942, nach Auflösung des Ghettos, erschossen wurde.

SEITE 77   dass [Benito] Mussolini (1883–1945): Der Lehrer, Publizist und Herausgeber der nationalistischen Zeitung »Popolo d'Italia«
gründete im März 1919 in Mailand die faschistische Sammlungsbe-
wegung »Fasci di combattimento« (Kampfbund), die im November
1921 zur Partei PNF (Partito Nazionale Fascista) umgewandelt und
von Mussolini als »Duce« (Führer) autoritär geleitet wurde. Nach
seinem »Marsch auf Rom« am 28.10.1922, der unterstützt wurde
von konservativen italienischen Führungsgruppen aus Kirche, Wirt-
schaft, Militär und Verwaltung, wurde die Regierung gestürzt, und
König Viktor Emmanuel II. ernannte Mussolini zum Ministerprä-

sidenten. Er begann nun mit dem Aufbau einer Einheitspartei und der Etablierung eines »totalen Staates«. An der Seite Deutschlands trat Italien im Juni 1940 in den Krieg ein. Innere italienische Krisen führten im Juli 1943 zu einem Misstrauensvotum des faschistischen Großrats gegen Mussolini, der nun auf Befehl des Königs festgenommen wurde. Am 12. September 1943 wurde Mussolini mit Hilfe deutscher Fallschirmgruppen aus der Haft befreit. Italien fiel in zwei Machtbereiche, im Süden das Königreich unter der Militärregierung Badoglios, der aufseiten der Alliierten stand und das Gebiet in Mittel- und Norditalien, der faschistischen Republik, die im September von Mussolini als Regierungschef ins Leben gerufen wurde. Nach der Kapitulation Italiens wurde Mussolini im April 1945 von Partisanen erschossen.

SEITE 82 **dass wir uns genau genommen auf dem Weg nach [Auschwitz] Birkenau befanden:** Mit der Errichtung des Konzentrations- und Vernichtungslagers Auschwitz wurde im Mai/Juni 1940 nahe der polnischen Stadt Oswiecim begonnen.

Bis Ende 1943 entstand ein Komplex aus drei selbständigen Lagern: Das so genannte Stammlager Auschwitz (A I), Birkenau (A II, das etwa 3 km vom Stammlager entfernt lag) und Monowitz (A III, das für die I.G. Farben errichtet wurde). Im September 1941 begannen im so genannten Stammlager die ersten Tötungen von 900 Häftlingen durch das Giftgas Zyklon B; die Opfer waren sowjetische Kriegsgefangene, nicht mehr arbeitsfähige Häftlinge und Juden. Das Lager Birkenau wurde Ende 1941/Anfang 1942 erbaut und ständig bis auf eine Fläche von 175 ha erweitert. In den etwa 250 Baracken waren zurzeit der Höchstbelegung etwa 100 000 Menschen untergebracht. Die ersten Massenvernichtungen in Birkenau begannen Anfang 1942, nach Installierung der ersten Gaskammer. Der Bau der zweiten Gaskammer war im Juni fertig gestellt. Ab Juli 1942 selektierten SS-Ärzte die ankommenden Häftlinge. Arbeitsfähige Häftlinge wurden vor allem zur Zwangsarbeit nach Monowitz verbracht, ihre Lebenserwartung lag dort bei etwa drei Monaten. Nicht-arbeitsfähige, vor allem Kinder und alte Menschen, wurden nach der Selektion in den Gaskammern ermordet. Bis zum Frühjahr 1943 wurden vier Krematorien errichtet, die aus Umkleideraum, Gaskammer und Verbrennungsöfen bestanden. Ab Mitte Mai 1944 bis Ende Juli trafen über 470 000 ungarische Juden in Birkenau ein, nur etwa 10 % von ihnen wurden als »arbeitsfähig« selektiert. Im Oktober 1944 gelang es den Häftlingen eines Sonderkommandos, ein Krematorium zu sprengen, wenig später wurden die Tötungen eingestellt, die Vernichtungsanlagen abgebaut und die letzte im Januar 1945 gesprengt. In Auschwitz-Birkenau wurden von 1942 bis 1944 unter Einsatz von Giftgas mindestens 1,1 Millionen Menschen ermordet. Beim Herannahen sowjetischer Truppen im Januar 1945 wurden etwa 60 000 Häftlinge in Richtung Westen geschickt, von denen mindestens 15 000 diese Todesmärsche nicht überlebten.

SEITE 84 **besser bekannt als »Zigeunerlager«:** Auf Befehl Himmlers am 16. 12. 1942 sollten alle so genannten Zigeuner, die sich noch im deutschen Herrschaftsbereich aufhielten, in Konzentrationslager eingewiesen werden. Die Deportationen von über 22 000 Menschen aus elf Ländern Europas nach Auschwitz-Birkenau begannen im März 1943, nachdem ein so genanntes Zigeunerlager im Abschnitt B II e eingerichtet worden war. Die meisten der Deportierten starben an Misshandlungen, Seuchen und Unterernährung. Das Lager sollte im Mai 1944 liquidiert werden, scheiterte aber am Widerstand der Insassen. Daraufhin deportierte man die »Arbeitsfähigen« in andere Konzentrationslager, während man die Verbliebenen, etwa 2900 Menschen, vergaste. Mindestens 17 000 so genannte Zigeuner wurden in Auschwitz ermordet. Am 2. August 1944 war das so genannte Zigeunerlager aufgelöst.

SEITE 86 **das genaue Datum meiner Ankunft [in Birkenau]:** Vater und Sohn Buergenthal trafen am 2. August 1944 in Auschwitz ein, dies geht aus den Aufzeichnungen von Danuta Czech hervor. »Kalendarium der Ereignisse im Konzentrationslager Auschwitz-Birkenau, 1939–1945; Hamburg 1989.«

SEITE 86 **Unser »Block«:** Der Block oder die Baracke innerhalb des Konzentrationslagers bezeichnet das Gebäude, in dem die Häftlinge untergebracht waren. In Birkenau wurden etwa 250 Stein- und Holzbaracken (so genannte Pferdestallbaracken) errichtet. In den gemauerten Baracken mit einer Größe von ca. 11 m × 36 m dienten lediglich zwei Eisenöfen als Heizmöglichkeit. Die hölzernen Pferdebaracken, die in Fertigteilen geliefert wurden, maßen etwa 40 m × 9,5 m und waren in 18 Boxen unterteilt. Ein Ofen mit einem die Baracke durchziehenden Kaminrohr sollte die Unterkunft beheizen. Die Unterkünfte waren für jeweils 300 bis 500 Häftlinge geplant, die tatsächliche Belegung lag jedoch bei etwa 800 bis 1000 Menschen. Sanitäre Anlagen waren in beiden Gebäudetypen nicht vorhanden. Für jeweils 16 Baracken standen drei Latrinen mit Waschmöglichkeit zur Verfügung. Die einzelnen Abschnitte der Blocks waren unterteilt; so waren ab 1942 im Abschnitt B Ia in den Blocks 1 bis 10 weibliche Häftlinge untergebracht, deren Zahl im August 1944 auf 39 000 stieg.

SEITE 86 **der »Blockälteste«:** Der Blockälteste gehörte zu den so genannten Funktionshäftlingen, also Gefangene, die eine Position innerhalb des Lagers hatten. An der Spitze der Funktionshäftlinge stand der Lagerälteste, der von der SS bestimmt wurde und sowohl deren Befehlsempfänger als auch der verantwortliche Vertreter des Lagers gegenüber der SS war. Die Lagerältesten setzten – mit Genehmigung der SS – in den einzelnen Baracken die Blockältesten ein, die für alles, was im Block geschah, verantwortlich waren. Der Blockälteste bestimmte in Absprache mit dem Lagerältesten und der Zu-

260

stimmung des SS-Blockführers die so genannten Stubendienste und Stubenältesten. Diese waren für Aufrechterhaltung der Ordnung im Block zuständig und hatten die Verteilung von Kleidung, Lebensmitteln etc. inne.

SEITE 87   **die sie als »Kapos« auswiesen:** Die Kapos, abgeleitet vom französischen *caporal*, die den SS-Kommandoführern unterstanden, hatten den Befehl über die Arbeitskommandos. Größere Arbeitskommandos unterstanden einem Oberkapo und mehreren Unterkapos sowie Vorarbeitern. Die Kapos waren ausschließlich Aufsichtspersonen, arbeiteten nicht selbst im Arbeitskommando, sondern trieben die Häftlinge an. Die Kapos waren von der Häftlingslagerverwaltung, wie dem Lager- oder Blockältesten, unabhängig.

SEITE 92   **unter Aufsicht des berüchtigten Dr. [Josef] Mengele** (1911–1979): studierte Medizin und war seit 1934 Mitglied des Forschungsstabes des Instituts für Erbbiologie und Rassenhygiene. Seine Fachgebiete waren Zwillingsforschung, Rassenkunde und Vererbungslehre. Er trat 1937 der NSDAP bei, wurde 1938 Mitglied der SS, gehörte 1940 zur Sanitätsinspektion der Waffen-SS und war 1941 Bataillonsarzt der SS-Division Wiking. 1943 begann er seinen Dienst als Lagerarzt im Konzentrationslager Auschwitz. Während der Selektionen wählte Mengele Zwillinge und Menschen mit besonderen körperlichen Merkmalen aus, an denen er in seinem Labor medizinische Versuche durchführte. Seine Opfer tötete Mengele anschließend selbst oder ließ sie vergasen. Nach Kriegsende wurde er in einem britischen Militärgefängnis inhaftiert, konnte jedoch fliehen und kam über Italien nach Argentinien und wurde 1959 Staatsbürger von Paraguay. Er starb vermutlich 1979 in Brasilien.

SEITE 94   **Zyklon B:** (chem. Cyanwasserstoff HCN) ist eine hochgiftige Blausäure, die seit 1923 als Mittel für Ungezieferbekämpfung eingesetzt wurde. Hersteller war die Deutsche Gesellschaft für

Schädlingsbekämpfung (DEGESCH), die zu je 42,5 % der I.G. Farben und der Deutschen Gold- und Silberscheideanstalt (Degussa) gehörte. Die Blausäure, die beim Zyklon B mit einem Stabilisator versetzt und an Kiselgur gebunden ist, wurde durch die Öffnungen in die als Duschräume getarnten Gaskammern geschüttet. Beim Überschreiten des Siedepunktes von 25,7 Grad trat aus der kristallinen Form Gas aus, das beim Einatmen zum Tode durch Erstickung führte. Zyklon B wurde ab 1941 in Auschwitz und Majdanek, aber auch in anderen Konzentrationslagern, zur Tötung von Menschen eingesetzt.

SEITE 98   **im Lager F:** Birkenau war in mehrere Abschnitte eingeteilt. Der Lagerabschnitt F (B II f) diente mit 12 Baracken als Häftlingskrankenbau.

SEITE 101   **verlegt würde in den Kinderblock:** Einen offiziellen deklarierten Kinderblock in Birkenau gab es nicht. Doch wurde durch die Initiative eines Häftlings und mit der Erlaubnis der SS eine Baracke für Kinder eingerichtet. Sie lag im Lagerabschnitt B II b des so genannten Familienlagers, das für Juden aus dem Konzentrationslager Theresienstadt eingerichtet wurde. Im September 1943 waren hier etwa 5000 Menschen untergebracht, darunter 280 Kinder im Alter zwischen zwei Monaten und 14 Jahren. Im Dezember 1943, als weitere Transporte aus Theresienstadt nach Birkenau kamen, erhöhte sich die Zahl der unter 14-jährigen Kinder in diesem Lagerabschnitt auf 467. Auch im so genannten Zigeunerlager, im Lagerabschnitt B II e, entstand im Sommer 1943 auf Anweisung des Lagerarztes Josef Mengele ein »Kindergarten« für Kinder bis zu sechs Jahren. (In der zweiten Jahreshälfte 1944 kamen überwiegend Familien mit Kindern polnischer Nationalität in das Lager. Ein Teil der Frauen und Kinder wurde im Abschnitt B II b untergebracht, die Männer und die älteren Jungen in den Abschnitt B II a verbracht. Ein Teil der Jungen wurde wenig später in andere Konzentrationslager überstellt, die in Birkenau ver-

262

bliebenen konzentrierte man in der Baracke 13, wahrscheinlich auch in der Baracke 11 im Abschnitt B II d.) Schätzungen gehen davon aus, dass insgesamt etwa 232 000 Kinder und Jugendliche nach Auschwitz deportiert wurden.

SEITE 106 **Der Todestransport von Auschwitz hatte begonnen:** Als Todestransport bzw. Todesmarsch bezeichnet man die »Evakuierung« von Häftlingen nach der Räumung der Konzentrationslager. In Polen begann die Räumung der meisten Konzentrationslager beim Herannahen der Roten Armee im Januar 1945. Häftlinge wurden gezwungen, weite Strecken zu einem vorgegebenen Stützpunkt – sei es zu anderen Konzentrationslagern oder Bahnhöfen – zu Fuß zurückzulegen. Am 18. Januar 1945 begann der Todesmarsch der Häftlinge von Auschwitz, die ohne Verpflegung und ohne ausreichende Kleidung von deutschen Wachmannschaften nach Westen getrieben wurden. Männer, Frauen und Kinder, die mit dem Tempo der Märsche nicht mithalten konnten, blieben erschossen am Wegrand zurück. Von den 66 000 Häftlingen, die aus Auschwitz in Marsch gesetzt wurden, überlebten etwa 15 000 diese Todesmärsche nicht. Vermutlich verließ Thomas Buergenthal Auschwitz-Birkenau zwischen dem 18. und 20. Januar 1945.

SEITE 115 **Unser Ziel war das Konzentrationslager Sachsenhausen:** 1936/37 entstand in einem Ortsteil von Oranienburg, nahe Berlin, das Konzentrationslager Sachsenhausen, das von Häftlingen errichtet wurde. Nach Fertigstellung des Lagerkomplexes wurden die Häftlinge zum Bau einer nahe gelegenen Großziegelei, nach dessen Fertigstellung zur Klinkerproduktion und zur Zwangsarbeit in den Außenlagern, vor allem in Rüstungsbetrieben in Berlin und Brandenburg, eingesetzt. In Sachsenhausen waren, einschließlich der Nebenlager, mehr als 200 000 Menschen aus über 40 Nationen inhaftiert, darunter mehr als 10 000 sowjetische Kriegsgefangene. Die Zahl der Todesopfer in Sachsenhausen wird auf 100 000 geschätzt.

Bei der Räumung des Lagers 20./21. April 1945 wurden 33 000 Häftlinge nach Nordwesten getrieben. Die Überlebenden dieses Todesmarsches konnten Anfang Mai nahe Schwerin und Ludwigslust von sowjetischen und amerikanischen Truppen befreit werden. Als die Rote Armee am 23. April 1945 in Sachsenhausen eintraf, befanden sich dort nur noch etwa 3000 Häftlinge.

SEITE 117 **in die Flugzeugfabrik Heinkel:** Ernst Heinkel Flugzeugwerke war eine der größten Flugzeugbaufirmen Deutschlands, mit Hauptsitz in Rostock/Warnemünde. Ab Mitte der dreißiger Jahre konzentrierte sich das Unternehmen durch staatliche Förderung des Reichsluftfahrtministeriums auf den Raketenbau. Am Standort Oranienburg wurden vor allem Antriebsteile hergestellt. Während des Zweiten Weltkrieges beschäftigten die Heinkel-Werke etwa 50 000 Menschen, darunter in großem Umfang ausländische Zwangsarbeiter.

SEITE 122 **Er hieß Odd Nansen** (1901–1973): Sohn des Polarforschers und Hochkommissars des Völkerbundes Fridtjof Nansen. Odd Nansen wurde 1941 in Norwegen inhaftiert und kam am 6. Oktober 1943 nach Sachsenhausen. Er gründete 1946 den Internationalen Kinderhilfsfonds (später UNICEF), um die vom Zweiten Weltkrieg betroffenen Kinder zu unterstützen. Schon während seiner Haft in Norwegen schrieb er ein Tagebuch und konnte dies auch in Sachsenhausen fortführen. Seine Erinnerungen an Sachsenhausen wurden in deutscher Sprache bereits 1949 unter dem Titel: »Von Tag zu Tag« veröffentlicht. Nach Nansens Aufzeichnungen kam Thomas Buergenthal in der ersten Februarwoche 1945 nach Sachsenhausen.

SEITE 125 **dass er und die anderen Norweger [norwegischen Häftlinge]:** Ende 1944 befanden sich etwa 10 000 norwegische Männer und Frauen als Gefangene in Deutschland, der überwiegende Teil von ihnen im Konzentrationslager Sachsenhausen. Durch die

Initiative des schwedischen Grafen Folke Bernadotte, des ehemaligen norwegischen Botschafters Ditleff und des dänischen Ehepaars
Hammerich begannen im Sommer 1944 Planungen, die skandinavi-
schen Häftlinge zu repatriieren. Infolge von Verhandlungen, die Folke Bernadotte mit der deutschen Seite führte, wurden in den letzten
beiden Märzwochen 1945 insgesamt 2176 skandinavische Häftlinge
aus Sachsenhausen in das Konzentrationslager Neuengamme (bei
Hamburg) gebracht. Wenig später konnten die Häftlinge in ihre Heimatländer zurückkehren. Mit dieser »Aktion Weiße Busse« wurden
skandinavische KZ-Häftlinge auch aus anderen Konzentrationslagern befreit.

SEITE 133   **hatten von Befreiung gesprochen:** Nach Erinnerungs-
berichten wurde *Sachsenhausen* am 22. April 1945 befreit. Nach sowjetischen Militärberichten jedoch erst am 23. April 1945.

SEITE 157   **[das] American Joint Distribution Committee (genannt »Joint«)** wurde 1914 als Hilfsorganisation in Amerika gegründet, um die Not vor allem der Juden Osteuropas zu lindern.
Der Joint finanzierte bis 1938 jüdische Ackerbausiedlungen in der
UdSSR und unterstützte die Emigration aus den osteuropäischen
Ländern. Nach dem Zweiten Weltkrieg leistete der Joint umfangreiche Hilfe für die jüdischen Überlebenden des Holocaust, hier
vor allem in den so genannten Displaced Person Camps, in denen
etwa 75 000 Juden, die die Konzentrationslager überlebt hatten,
erste Aufnahme fanden. Der Joint versorgte die jüdischen DPs mit
Lebensmitteln, Bekleidung, installierte in den DP-Camps Schulen,
Bibliotheken, Lehrerseminare, druckte Schulbücher etc. und finanzierte die berufliche und universitäre Ausbildung der Überlebenden.
In den fünfziger Jahren unterstützte der Joint sowohl den Wieder-
aufbau jüdischer Gemeinden in Europa als auch die Auswanderung
jüdischer DPs in die USA.

SEITE 164 **lag die Verwaltung in den Händen des Allgemeinen jüdischen Arbeiterbundes** [BUND]: Der BUND wurde 1897 als erste jüdische sozialistische Partei in Wilna gegründet. Als autonome Fraktion gehörte der BUND ab 1898 zur Russischen Sozialdemokratischen Arbeiterpartei. Der russische Flügel des BUND trat 1921 der Russischen Kommunistischen Partei bei, der polnische Flügel blieb bis 1948 autonom. Die Forderungen des BUND waren die nationale und soziale Gleichheit der jüdischen Bevölkerung in der Diaspora, die Anerkennung der jiddischen Sprache als Nationalsprache der Juden sowie die Förderung der Kultur und des Unterrichts dieser Sprache. Der BUND wandte sich strikt gegen zionistische Bestrebungen, also auch gegen eine jüdische Besiedlung Palästinas und forderte vielmehr eine völlige Gleichberechtigung der jüdischen Arbeiterschaft in den Ländern mit großer jüdischer Bevölkerung.

SEITE 164 **bei den zionistischen Gruppen:** Der Zionismus entstand Ende des 19. Jahrhunderts als Reaktion auf den Antisemitismus und hatte zum Ziel, einen jüdischen Staat in Palästina zu errichten. Politische Richtungskämpfe innerhalb der zionistischen Bewegung führten zu unterschiedlichen zionistischen Vereinigungen. 1913 gründete sich der *Hashomer Hazair* (Junge Wächter) und fand vor allem in Galizien seine Anhänger. Die Mitglieder stammten aus osteuropäischen bürgerlichen Familien, die eine polnische oder deutsch-österreichische Bildung genossen hatten. Von der deutschen Jugendbewegung des Wandervogels beeinflusst, betrachteten sie Sigmund Freud, Karl Marx und Friedrich Nietzsche als ihre geistigen Führer. Viele Mitglieder des Hashomer Hazair wanderten Ende des Ersten Weltkrieges nach Palästina ein und suchten bis zur Teilung des Landes eine jüdisch-arabische Verständigung, bzw. plädierten für die Errichtung eines binationalen Staates. Der Haschomer Hazair gehörte zum linken Flügel der Zionistischen Bewegung.

SEITE 171   **und Bricha** [hebr. Flucht]: Die Bricha war eine illegale
Fluchthilfeorganisation, die im Herbst 1944 von jüdischen Partisanen in Wilna initiiert wurde. Da Palästina seit Ende des Ersten Weltkrieges unter britischer Verwaltung stand und während des Zweiten Weltkrieges eine legale Einwanderung von Juden aus Europa
der restriktiven Immigrationspolitik der Mandatsmacht unterstand, versuchte die Bricha die Überlebenden des Holocaust illegal
ins Land zu bringen. Mit Hilfe dieser Fluchtorganisation konnten
Flüchtlingsgruppen über die Slowakei nach Rumänien, bzw. über
Ungarn und Österreich nach Italien gebracht werden, um von dort
den Seeweg nach Palästina zu nehmen. Die Bricha agierte bis Ende
1946 hauptsächlich in Osteuropa und brachte jüdische Flüchtlinge
in die Amerikanische Besatzungszone Deutschlands.

SEITE 171   **über Prag und die Amerikanische Zone:** Auf der Konferenz von Jalta, im Februar 1945, beschlossen die Staatschefs der
Sowjetunion, Englands und der USA, das Deutsche Reich nach
Kriegsende in *vier Besatzungszonen* aufzuteilen und eine gemeinsame Verwaltung durch eine alliierte Zentralkommission einzusetzen.
Frankreich, das als vierte Macht zur Mitarbeit hinzugezogen werden
sollte, trat Anfang Mai diesem Kontrollsystem bei. Nach der bedin-
gungslosen Kapitulation der deutschen Wehrmacht am 8. Mai 1945
wurde die oberste Regierungsgewalt des besiegten Deutschlands
durch die vier Mächte (USA, UdSSR, Großbritannien und Frankreich) übernommen und nach der Potsdamer Konferenz (Juli–August 1945) das Land in vier Besatzungszonen geteilt.

SEITE 176   **das berüchtigte Frauenkonzentrationslager Ravensbrück:** Das Konzentrationslager Ravensbrück wurde 1938/39 nahe
des Luftkurortes Fürstenberg an der Havel von Häftlingen des Konzentrationslagers Sachsenhausen errichtet. Als so genannte Frauenkonzentrationslager wurde es 1939, mit der Einlieferung von 1000
weiblichen Häftlingen, in Betrieb genommen. Die Gefangenen

wurden zum weiteren Lagerausbau, zum Gartenbau, aber auch in Industriebetrieben wie Siemens & Halske, bei Volkswagen und in Rüstungsbetrieben eingesetzt. 1941 entstand auf dem Areal ein kleineres Männerlager. Seit 1942 führten Ärzte bei den Häftlingen medizinische Versuche durch, indem den inhaftierten Frauen u.a. Gasbrand- und Tetanuserreger injiziert wurden. In Ravensbrück befanden sich zahlreiche Mütter mit ihren Kindern bzw. Schwangere, die ihre Kinder im Konzentrationslager zur Welt brachten. Die meisten der über 800 im Lager geborenen Kinder starben nach wenigen Tagen. Im Frühjahr 1942 wurden ca. 1400 Häftlinge nach Bernburg gebracht und dort in einem Krankenhaus durch Kohlenmonoxyd ermordet. Ravensbrück zählte etwa 132 000 weibliche und 20 000 männliche Häftlinge, die sich aus über 20 Nationen zusammensetzten. Ende April 1945 trieb die SS mindestens 15 000 Frauen auf Todesmärsche. Die Zahl der Todesopfer in Ravensbrück liegt bei etwa 30 000. Als die Rote Armee am 30. April in Ravensbrück eintraf, lebten im Lager noch etwa 3500 Kranke und Kinder.

SEITE 178 **das Konzentrationslager Flossenbürg:** Das Konzentrationslager Flossenbürg in Nordbayern, nahe der tschechischen Grenze, existierte von Mai 1938 bis April 1945. In den ersten beiden Jahren wurden vor allem deutsche Häftlinge – zumeist so genannte Asoziale, Kriminelle, Homosexuelle, Zeugen Jehovas und Politische – nach Flossenbürg verbracht; ab 1940 kamen in großer Zahl ausländische Gefangene hinzu. Die Häftlinge leisteten in den Steinbrüchen der SS-eigenen Deutschen Erd- und Steinwerke Zwangsarbeit und wurden ab 1942 auch in der Rüstungsfirma Messerschmitt zur Fertigung von Flugzeugteilen eingesetzt. Bis Ende 1944 zählte Flossenbürg mehr als 40 000 Häftlinge, 25 000 von ihnen arbeiteten in den mehr als 100 Außenlagern. Etwa ein Drittel der Inhaftierten überlebten das Lager nicht. Das Konzentrationslager diente auch als Exekutionsstätte für Gegner des NS-Regimes, so wurden noch drei Wochen vor Kriegsende Männer des militärischen Widerstands, wie

z. B. Wilhelm Canaris und Hans Oster, in Flossenbürg hingerichtet. Im April 1945 wurde der größte Teil der 45 000 Häftlinge Flossenbürgs und seiner Außenlager, darunter 16 000 Frauen, auf Todesmärsche getrieben. Als die US-Armee das Lager wenige Tage später befreite, fand sie noch 1500 Häftlinge vor.

SEITE 185   **in einem Lager für so genannte Displaced Persons:** Als Displaced Persons wurden alle Personen bezeichnet, deren Rückführung in ihre Heimatländer vorerst nicht möglich war, so Zwangs- und Fremdarbeiter, Kriegsgefangene und Überlebende aus den Konzentrationslagern. Insgesamt handelte es sich um etwa acht Millionen Menschen. Für diese Nichtrepatriierbaren richteten die drei westlichen Besatzungsarmeen so genannten DP-Lager ein und stellten Nahrungsmittel, Kleidung und Medikamente zur Verfügung. Die Verwaltung der Camps übernahm die Hilfsorganisation der Vereinten Nationen (UNRRA), ab Juli 1947 die »International Refugee Organization« (IRO). In den drei Westzonen existierten 70 DP-Lager, in denen ausschließlich Juden untergebracht waren. Die Zahl der jüdischen DPs von etwa 75 000 erhöhte sich 1946, als etwa 200 000 Juden aus Polen infolge des virulenten Antisemitismus und Pogromen nach Deutschland flüchteten. Bis 1951 waren fast alle jüdischen DP-Lager aufgelöst, lediglich das Camp in Föhrenwald (Bayern) wurde erst 1957 geschlossen.

SEITE 186   **der Jewish Agency:** Die Jewish Agency for Palestine (JA), die jüdische Vertretung für Palästina war die von 1922 bis zur Gründung des Staates Israel 1948 vom Völkerbund offiziell anerkannte Vertretung der Zionistischen Weltorganisation. Sie vertrat als offizielle Körperschaft die jüdischen Interessen Palästinas bei der britischen Mandatsmacht und vor dem Völkerbund. Ihre Verwaltungsinstitutionen waren zu jeweils 50 % von Zionisten und Nicht-Zionisten jüdischer Organisationen aus 26 Ländern besetzt. Bis 1948 förderte sie die jüdische Siedlungstätigkeit in Palästina und nahm nach der Staatsgründung Israels sowohl am Aufbau der Staatsverwaltung teil, als auch vor allem an der Eingliederung (Aufnahmelager, Schul- und Berufsbildung, soziale Dienste etc.) von Neueinwanderern.

SEITE 201 **einen so genannten Freibrief:** gemeint ist ein so genannter Schutzbrief. Vom Mittelalter bis ins 18. Jahrhundert gewährten die jeweiligen Landesherren einem einzelnen Juden oder einer jüdischen Gemeinschaft gegen besondere finanzielle Abgaben ein oft zeitlich befristetes Niederlassungsrecht und somit einen besonderen Schutz. Da Juden als Fremde und so genannten Ungläubige betrachtet wurden, galten sie als rechtlos und konnten sich nur mit einem Schutzbrief ansiedeln. Neben der Niederlassung war ihnen mit dem Schutzbrief auch der Handel und eine eingeschränkte Berufstätigkeit erlaubt.

SEITE 201 **weil seine Frau keine Jüdin war:** Die Nationalsozialisten definierten als so genannte Mischehe die Heirat eines »arischen« mit einem »nicht-arischen« Partner. Solch eine Eheschließung war ab September 1935, nach Erlass der so genannten Nürnberger Gesetze, verboten. Bestand diese Ehe bereits, wurde in der Regel der »arische« Teil aufgefordert, sich von seinem »nicht-arischen« Partner zu trennen, doch bestehende Mischehen wurden nicht zwangsweise aufgelöst. Der »nicht-arische« Partner blieb unterschiedlich lange geschützt, im Falle des Todes des arischen Teils erfolgte unweigerlich die Deportation. Ab Herbst 1944 deportierte man jedoch die »nicht-arischen« Partner in Arbeitslager und ab Frühjahr 1945 in das Ghetto- und Konzentrationslager nach Theresienstadt.

SEITE 201 **Konzentrationslager Bergen-Belsen:** Das Konzentrationslager Bergen-Belsen, 40 km nördlich von Hannover, war zunächst ein Kriegsgefangenenlager für französische, belgische, vor allem aber für sowjetische Soldaten. Bis zum Februar 1942 starben von den etwa 18 000 Inhaftierten ca. 90 % durch Hunger, Kälte und Krankheiten. Die Todesrate unter den sowjetischen Soldaten war besonders hoch, da diese unter freiem Himmel kampieren mussten.

Im Mai 1943 wurde Bergen-Belsen als letztes Konzentrationslager eingerichtet und diente vorerst als Sammellager für jüdische Geiseln, in der Absicht, sie gegen finanzielle oder politische Gegenleistungen (im Ausland inhaftierter Reichsdeutscher) austauschen zu können. Ab Juli 1943 wurden vier Teillager eingerichtet, in denen Juden inhaftiert wurden, die bereits Einwanderungspapiere für unterschiedliche Länder besaßen. Bis Herbst 1944 wurden etwa 6000 Juden nach Bergen-Belsen deportiert. Von den insgesamt 10 000 »Austauschhäftlingen« erlangten nur 2500 die Freiheit. Im März 1944 richtete man in einem gesonderten Abschnitt ein Lager für eingelieferte kranke Häftlinge ein, im August ein Zeltlager für weibliche Gefangene, vor allem aus Polen und Ungarn. Als bei Kriegsende die frontnahen Konzentrationslager geräumt wurden, war Bergen-Belsen das Ziel vieler dieser »Evakuierungstransporte«. Als die britischen Truppen am 15. April 1945 das Lager befreiten, fanden sie 56 000 kranke Häftlinge sowie über 10 000 unbeerdigte Leichen vor. Trotz rasch eingeleiteter Hilfsmaßnahmen starben in den ersten drei Monaten nach der Befreiung noch 13 000 Menschen. Insgesamt kamen in Bergen-Belsen etwa 50 000 KZ-Häftlinge und mindestens 30 000 sowjetische Kriegsgefangene ums Leben.

Eine Woche nach der Befreiung des Konzentrationslagers erreichte das britische, zwei Wochen später das Schweizer Rote Kreuz das Lager, um die schwerkranken Häftlinge zu versorgen. Nachdem die Baracken des Konzentrationslagers aufgrund einer Typhusepidemie niedergebrannt wurden, richtete man in den nahe gelegenen Gebäuden der ehemaligen SS-Kommandantur Kranken- und Versorgungsstationen ein. Bis 1950 diente diese Gebäudeanlage, offiziell Belsen-Höhne, als Lager für Displaced Persons.

SEITE 213   **ein guter Freund von mir, er heißt Willy Brandt** [1913–1992]: Publizist, Politiker, trat 1930 der SPD und 1931 der SAP (Sozialistische Arbeiterpartei) bei. Als politisch Verfolgter emigrierte er 1933 nach Norwegen und 1940 nach Schweden. Nach Kriegsende kehrte er als Korrespondent für skandinavische Zeitungen nach Deutschland zurück. Er trat erneut der SPD bei und war von 1949 bis 1957 MdB, von 1957 bis 1966 Regierender Bürgermeister von Berlin, von 1966 bis 1969 Vize- und von 1969 bis 1974 Bundeskanzler der Bundesrepublik Deutschland. Willy Brandt war maßgeblich an einer neuen Ostpolitik und einer Entspannung im Ost-West-Konflikt beteiligt. 1971 erhielt er den Friedensnobelpreis, und von 1976 bis zu seinem Tod war Brandt Präsident der Sozialistischen Internationalen.

SEITE 220   **Die Währungsreform:** Im Juni 1948 wurde in den drei westlichen Besatzungszonen Deutschlands die Geldumstellung von der Reichsmark auf die Deutsche Mark vorgenommen. Am Währungsstichtag erhielt jede natürliche Person im Verhältnis 1:1 40 Deutsche Mark gegen Reichsmark. Die so genannten Altgeldguthaben (Bank- und Sparguthaben) wurden 1:10 umgestellt.

SEITE 234   **und Senator McCarthy seine Hexenjagden veranstaltete:** Joseph Raymond McCarthy (1909–1957), Jurist, war ab 1947 republikanischer Senator für Wisconsin. Im Zuge des »Kalten Krieges«, als in Amerika eine antikommunistische, nationalistische und auch antisemitische Bewegung einsetzte, wurde eine ständige Kommission zur Untersuchung »unamerikanischer Umtriebe« gegründet, dessen Vorsitz McCarthy seit 1950 innehatte. Unter seiner Leitung intensivierte sich die antikommunistische Verfolgungswelle, die sich vor allem gegen Regierungsmitarbeiter, Künstler und Intellektuelle richtete, und klang erst ab, als McCarthy der Vorsitz 1954 entzogen wurde.